7가지 키워드로 여는
하브루타 교육의 **본질**

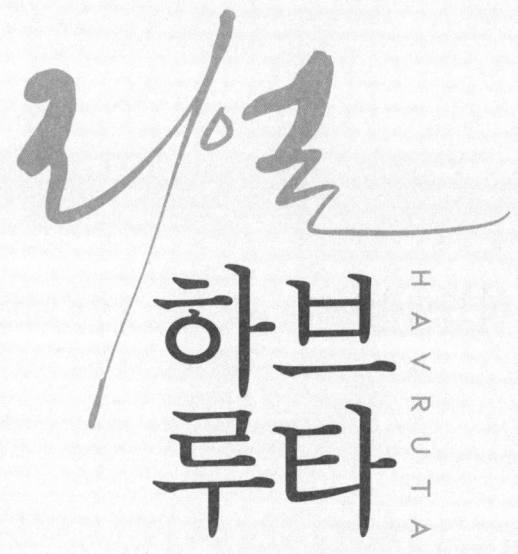

리얼 하브루타 HAVRUTA

이성준

티쿤
올람

이 책의 저작권은 **도서출판 티쿤올람**이 소유하고 있습니다.
신 저작권법에 의해 한국 내에서 보호를 받는 저작물이므로 무단 전재, 복제를 금지합니다.

초판 1쇄 발행 2025년 10월 27일

지은이 이성준

발행인 박정희
펴낸곳 도서출판 티쿤올람
출판사 등록 제2025-000017호
주　소 경남 진주시 모덕로 181번길 10
이메일 tikkunolam.books@gmail.com

교　정 진은혜
편　집 김석범
디자인 윤선디자인

ISBN 979-11-995037-0-0 03230
값 22,000원

도서출판 티쿤올람 사명 선언문 Mission Statement

도서출판 티쿤올람은 책으로 세상을 새롭게 하고 말씀으로 세상을 고치는 사명을 감당한다. 우리는 성경적 지혜와 교육을 담은 텍스트를 통해 교회와 가정과 사회의 회복을 이루며, 하나님의 정의와 샬롬을 세상 속에 드러내는 출판을 실현한다.

7가지 키워드로 여는
하브루타 교육의 **본질**

리얼 하브루타
HAVRUTA

교육을 넘어 문화로
방법을 넘어 철학으로

CONTENTS

| 리얼 하브루타 추천사 | • 9
| 프롤로그 | **하브루타로 모든 세대를 깨워라** • 24
| 동행을 시작하며 | **하브루타, 나의 고민 나의 사랑** • 31

chapter 1 텍스트의 힘

예시바 하이스쿨에서 만난 진짜 공부 • 40
1 리쉬마, 배움 자체를 향한 순수한 사랑 • 47
2 텍스트의 힘, 말씀이 능력이다 • 60
3 고차원에서 저차원으로의 역방향 학습법 • 74
4 유대인 교육의 비밀, 공부는 결국 언어력이다 • 80
5 초대교회 말씀연구 8단계 • 86
6 모든 성도를 말씀 사역자로 • 99

chapter 2 수직문화

유대인을 지킨 안식일 식탁체험 • 112
1 살아있는 전통의 DNA 복사기 • 117
2 세계사에서 유례없는 기적의 비밀 • 125
3 쉐마, 수직문화의 영원한 헌법 • 131
4 Be an American, but love Hebrew • 137
5 먼저 회복해야 할 구약의 지상명령 • 143
6 가정이 신학교가 되는 꿈의 실현 • 149

chapter 3 가정문화

베이트 미드라쉬에서 목격한 가정투자철학 • 160

1. 가정, 하브루타의 원초적 공간 • 167
2. 아버지 신학, 전수하는 자의 사명 • 171
3. 어머니 신학, 일상 속 지혜의 교육 • 177
4. 조부모 신학, 완성된 교사 • 184
5. 1세기 교회는 가정교회였다 • 190
6. 1/168 이론이 말하는 시간의 압도적 진실 • 198

chapter 4 질문의 문화

없나요? 아무도 없나요? • 212

1. 후츠파, 유대인의 질문 DNA • 218
2. 파르데스, 질문의 정원을 여는 네 개의 열쇠 • 228
3. 도로시 리즈의 질문의 7가지 힘 • 237
4. 하브루타 질문 VS 코칭 질문 • 244
5. 물음표와 느낌표의 넘나듦 • 251
6. 질문하는 다음세대를 꿈꾸며 • 254

chapter 5 시간의 문화

뉴욕에서 만난 시간 건축가 • 266

1. 시간을 지키는 민족의 비밀 • 272
2. 안식, 시간 속의 궁전 • 277
3. 반복이 만드는 몸 기억 교육 • 287
4. 예시바, 엉덩이 힘의 원조 • 295
5. 절기 하브루타, 시간을 영원으로 • 301

chapter 6 관계의 교육

LA에서 만난 70년 우정의 비밀 • 316

1. 같은 원리 다른 이름, 하브루타와 체다카 • 323
2. 하브루타의 진짜 이름 : 친구, 우정, 관계 • 331
3. 철이 철을 날카롭게 하는 것 같이 • 339
4. 하늘을 위한 거룩한 논쟁 • 344
5. 하브루타 파트너십의 신비 • 351
6. 관계의 혁명, 위계 속의 상호 학습 • 359

chapter 7 정체성 교육

오늘 이 소년은 죽고, 남자가 태어난다 • 370

1. 13세의 완성되는 유대인 정체성 교육 • 377
2. 티쿤 올람, 세상을 개선하는 존재론적 사명감 • 386
3. 이야기가 정체성을 만든다. • 392
4. 헤브라이즘, 존재론적 교육 하브루타 • 397
5. 새로운 정체성 교육이 열어갈 놀라운 미래 • 403

| 에필로그 | **앞으로 하브루타로 할 일이 많은 거 아시죠?** • 414
| 감사의 마음을 담아 | • 419
| 참고도서 | • 426

| 리얼 하브루타 추천사 |

"하브루타가 뭔가요?" 토박이 히브리어 화자인 유대인 두 명에게 이 질문을 던졌을 때, 돌아온 대답은 의외로 "모른다."였다. 그런데 우리나라에서는 정작 유대인조차 낯설어하는 이 '하브루타'라는 단어가 마치 유대인 교육의 전부인 양 소개되는 현실이 못내 아쉬웠다. 이는 '탈무드'의 본질을 제대로 파악하지 못한 채 단순히 '유대인의 지혜서' 정도로만 소개되는 경우와 다르지 않다. 그러나 『리얼 하브루타』는 달랐다. 표면적이거나 피상적인 접근이 아닌, 본질을 깊이 파고드는 시도에서부터 시작이 다르다. 단순한 방법론이나 기교가 아니라 삶의 근본적인 변화를 지향하기에 더욱 소중하다. 무엇보다 한국교회를 향한 저자의 애절한 사랑과 안타까움이 이 책 곳곳에 묻어 있기에 진정한 가치가 느껴진다. 이 책을 꼼꼼하고 주의 깊게 읽는다면 가정과 교회의 회복은 물론 삶의 질까지 한층 새롭게 변모할 것이라 확신한다. 그래서 나는 큰 기쁨과 확신을 가지고 이 책을 추천한다.

권성달 교수 · 웨스트민스터신학대학원 구약학 교수, 성경과이스라엘연구소 소장, 서울대학교 외래교수 어떤 교육이든 방법보다 중요한 것은 철학입니다. 방법은 기술을 가르치지만, 철학은 길을 비추어 줍니다. 우리는 그동안 '하브루타'라는 이름 아래 수많은 방법론을 접해왔지만, 정작 그 뿌리와 숨결을 놓쳐버린 경우가 많았습니다. 그러나 이 책은 다릅니다. 『리얼 하브루타』는 삶과 배움이 만나는 자리에서 철학과 방법의 균형을 새롭게 세워줍니다. 저자는 유대인 학교에서 하브루타의 생생한 현장을 '리얼'로 경험했고, 한국 교회와 교육 현장에서 오랜 세월 하브루타를 '리얼'하게 실행해 온 현장가입니다. 그는 늘 '왜'라는 물음을 놓지 않음으로써, 배움이 단순한 정보의 축적이 아니라 존재를 흔드는 사건이 되게 합니다. 이 책은 하브루타에 목말라 있던 한국 교회와 교육 현장에 깊은 울림을 줄 것입니다. 대화는 사람을 깎아내리는 칼이 아니라, 서로를 빚어가는 손길이 될 때 비로소 힘을 발휘합니다. 소통의 부재로 숨 막혀 있던 한국 교회에 『리얼 하브루타』는 큰 힘이 될 것입니다. 이 책을 펼치는 이마다, 교육을 다시금 살아 있는 만남으로, 신앙을 다시금 생명의 길로 회복하는 여정을 시작하게 될 것입니다.

권오희 목사 · 나무와숲학교 교장

"오늘날 우리 사회에 만연한 하브루타는 과연 그 본질을 잘 담고 있을까?" 뿌리 없는 나무가 존재할 수 없듯, 철학과 사상이라는 본질이 결여된 하브루타는 마치 유령처럼 떠돌고 있습니다. 특히 기독교적 관점에서 하브루타의 본질 탐구가 미진했던 것은, 반유대주의적 시각과 유대적 뿌리에 대한 부정적 기류 때문일 것입니다. 본질을 잃어버린 하브루타는 결국 강남 학원가의 교육 상품으로 전락하고, 교사 연수 프로그램으로만 소비될 뿐, 진정한 의미의 하브루타는 한국에 부재하다는 안타까운 현실에 저자는 '강남 학원가 하브루타'라 일갈합니다.

이러한 갈증 속에서, 마침내 해갈해 줄 보물 같은 책 한 권이 나왔으니, 바로 이성준 목사님의 『리얼 하브루타』입니다. LA 예시바 하이스쿨에서 받은 깊은 영감이 이 책의 출발이 된 후, 저자를 본질을 추구하는 하브루타 운동가로 이끌었습니다. 단순한 이론을 넘어, 현장에서 실천가이자 운동가로 다져진 저자의 간절함이 이 책의 모든 페이지에 고스란히 녹아 있습니다.

수많은 하브루타 관련 서적에서 느꼈던 실망감을 단번에 날려줄 이 책은 하브루타의 본질을 추구하며 하나님 나라를 가정과 학교, 교회와 세상에서 이루고자 하는 모든 이들에게 등대와 같은 역할을 할 것입니다. 『리얼 하브루타』를 통해 여러분의 삶과 지평이 놀랍도록 확장되리라 확신합니다.

권창규 박사 · 코헨대학교 한국(KLC)학장, 유니스학교 교장, 좋은가족교회 담임목사

이 책은 단순한 교육 방법론을 넘어 신앙과 삶을 변화시키는 강력한 도전을 안겨준다. 저자는 오랜 시간 유대인의 교육 현장과 기독교 교육학의 전통을 직접 탐구하며 그 속에서 발견한 하브루타의 본질을 한국 교회와 다음세대 교육에 맞게 깊이 있게 풀어낸다. 오늘날 우리의 교육은

지식을 전달하는 데 머무르기 쉽지만 『리얼 하브루타』는 '말씀과 질문'을 중심에 둔 전인적 교육이야말로 진정한 배움의 길임을 분명히 보여준다. 저자가 제시하는 7가지 핵심 원리들은 단순히 방법론이 아니라 신앙 공동체 전체를 새롭게 세우는 근본적 토대. 이 책을 읽다 보면 '왜 우리는 성경을 붙들어야 하는가, 왜 다음세대가 말씀을 말하게 해야 하는가'라는 근본적인 물음을 마주하게 된다. 특히 저자가 강조하는 리쉬마 Lishma, 배움 자체를 향한 순수한 사랑의 정신은 오늘 한국 교회가 반드시 회복해야 할 본질임을 일깨운다. 입시와 성과에 매몰된 현실에서 하나님의 말씀을 진정한 '텍스트의 힘'으로 회복하려는 이들, 가정을 작은 신학교로 세우려는 부모들, 그리고 다음세대를 말씀으로 깨우려는 모든 교육자들에게 이 책을 강력히 추천한다. 이 책을 손에 든 독자는 단순한 독자가 아니라, 말씀으로 세대를 깨우는 여정에 초대된 동행자가 될 것이다.

국진호 목사 · 동탄기독학교 교장, 동탄지구촌교회 담임목사

저자는 그동안 평범한 목회자의 넓고 익숙한 길을 걷지 않았습니다. 오히려 더 좁고, 더 낯설지만, 하나님이 부르신 특별한 길을 걸어왔습니다. 그것은 단순히 자신이 하고 싶은 일이 아니라, 하나님께서 맡기신 소명에 대한 순종의 여정이었습니다. 그 길 위에서 그는 하브루타라는 낯선 문화를 연구하고, 성경 앞에서 대화와 질문을 회복하는 본질적 사명을 붙들어 왔습니다. 저는 오랜기간 저자의 그 여정을 지켜보며, 이 책이 단순한 연구 성과가 아니라, 그의 땀과 눈물, 그리고 부르심에 대한 헌신의 열

매임을 확신하며 기쁜 마음으로 추천합니다. 저자는 『리얼 하브루타』에서 하브루타가 단순히 교육 방법이 아니라, 말씀 중심의 신앙 공동체 문화임을 강조합니다. '거울을 깨끗이 하다'라는 어원의 단어 '미라클'처럼 이 책을 통해 하브루타의 본질이 드러나고, 한국 교회가 말씀으로 회복되는 '기적의 마중물'이 되기를 기대합니다.

나요한 목사 · ㈜사하라라이프 대표

성경 말씀을 공부한 것이 어떻게 삶에서 증명 될 수 있을까? 오랜 나의 질문이다. 이 질문에 이 책은 담대하고 구체적이다. 한국교회가 직면한 문제들을 위한 해결책으로서 말씀을 대하는 태도의 문제를 촉구한다는 점에서 담대하다. 또한 이 문제에 대해 실증적인 해결 방법을 제시한다는 점에서 구체적이기도 하다. 이 책을 읽으면서, 이성준 대표 스스로가 말씀과 질문이 살아 있는 가정, 교회, 학교를 세우기 위해 얼마나 오랫동안 헌신적으로 노력해 왔는지 느낄 수 있었다. "삶으로 증명된 말씀만이 진정한 가르침이다." 지금도 그의 외침이 가슴에 닿아 울려펴지는 것 같다. 자녀 교육과 교회 학교 교육에 대한 본질적인 고민을 가지신 분들, 성경을 더 깊게 공부하고 싶은 마음이 있는 분들에게 나는 이 책을 기쁜 마음으로 추천한다. 이 책은 말씀 공부에 대한 우리의 생각을 새롭게 열어줄 것이다.

문성호 목사 · 캐나다 Rocky Mountain Soap Company 연구소장

이 책은 그전에 알고 있던 하브루타와는 전혀 다른 '살아있는' 하브루타가 무엇인지를 선명하게 보여주고 있다. 필자는 하브루타를 학문적으로 제대로 공부한 기독교 교육학자로서만이 아니라, 지난 10년 동안 자신이 유대인 학교와 가정, 그들의 삶의 현장에서 온몸으로 직접 경험한 하브루타를 깊이 있게 나누고 있다. 이 책은 그동안 하브루타에 대해 갖고 있던 오해들을 말끔하게 씻어줌으로 '리얼 하브루타'를 깨닫게 해 준다. 필자는 하브루타를 기독교적 관점으로 재해석함으로 구약과 신약, 유대교육과 기독교 교육을 연결하는 브릿지로 이해하고자 한다. 하브루타가 입시 위주의 왜곡된 자녀 교육을 올바른 '하나님의 교육'으로 변화시키는 열쇠이며 한국교회 다음세대 위기에 대한 진정한 해결책임을 제시하는 필자의 외침에 마음으로부터 동의하게 되는 책이다. 한 번 읽기 시작하면 중간에 쉴 수 없을 정도로 몰입하게 만드는 이 책은 참된 자녀교육을 바라는 모든 부모들과 다음세대를 세우는 모든 교사들이 읽어야 할 필독서이다.

박상진 교수 · 기독교학교교육연구소 소장, 장로회신학대학교 명예교수, 한동대학교 석좌교수

저자를 장신대에서 제자로 만난 후 지난 20여 년간 지켜보며, 그의 학문적 성실성과 목회적 진정성, 그리고 한국 교회를 향한 지속적인 애정을 확인할 수 있었다. 그는 언제나 질문을 통해 진리를 탐구하며 대화를 학문적 성찰의 통로로 삼아온 연구자의 자세를 견지해 왔다. 이번에 출간된 『리얼 하브루타』는 그러한 학문적 탐구 여정 속에서 나타난 의미 있는 결실이다.

본서는 단순히 교육 방법을 소개하는 차원을 넘어 기독교 상담학이

추구하는 치유적 대화 therapeutic dialogue 와 영적 회복, 그리고 경청의 본질을 담고 있다. 특히 하브루타적 대화는 말씀 앞에서의 질문과 응답을 통해 내적 성찰과 변화를 촉진한다는 점에서 상담학의 핵심 원리인 상호작용적 대화와 긴밀히 연결된다. 이러한 접근은 성경적 텍스트를 삶의 경험과 접목시키며 영적 성숙을 실질적으로 이끌어 낼 수 있는 교육적 가능성을 보여준다.

『리얼 하브루타』는 한국 교회 교육 현장에 새로운 방향성을 제시할 수 있는 학문적 시도이며 동시에 목회적 실천에 기여할 수 있는 실제적 자료이다. 이 책이 교회 공동체가 말씀을 중심으로 한 건강한 대화 문화를 형성하고, 그 과정에서 신앙적 성숙과 영적 회복을 경험하도록 돕는 중요한 길잡이가 되리라 확신한다.

변상해 교수 · 대한민국 법무부 서울교정청장, 서울벤처대학원대학교 부총장(상담학박사)

20대 초반 아들이 어느 날 물었다. "아빠, 하나님이 선하시다는 것을 어떻게 알 수 있어요?" 나는 그 동안 하나님이 베풀어 주신 은혜를 장황하게 늘어 놓았다 하지만 아들은 별로 동의하는 것 같지 않았다. 그날 밤 나는 성경을 열심히 뒤져서 몇 개의 구절을 아들에게 보내 주었다. 그래도 아들은 동의하려 하지 않았다. "아빠의 주관적 경험과 이해되지 않는 성경구절은 도움이 되질 않아요." 얼마 후 아들은 교회를 떠났고, 가나안 성도가 되었다. 이십몇 년 동안 빠지지 않고 교회를 다녔고 열심히 설교를 들었지만, 아들이 진짜 동의하는 하나님 말씀은 아들 안에 없었나 보다.

나는 교회 잘 다니는 청년, 청소년들을 자주 만나는 일을 하고 있다. 그러나 성경 말씀을 자기 스스로 이해하고 자기 언어로 고백하는 청년이나 청소년은 거의 만나 보지 못했다. 얌전히 교회를 잘 다니는 우리는 내가 스스로 깨달은 성경 말씀을 가족이나 다른 성도들에게 말하면 안될 것 같다는 생각을 하는 것 같다. '내가 목사도 아닌데 성경 말씀을 설교하려고 들면 안되지…' 그래서 수십년 교회를 다녀도 목사님들 설교는 간혹 기억이 나지만 내가 스스로 깨닫고 살아내는 말씀은 거의 없는 것이 현실이다.

그러던 중 하브루타를 만났다. 하브루타를 배우고 나는 스스로 깨달은 성경 말씀을 사람들에게 나누고 있다. 그리고 다른 사람들은 그 말씀을 어떻게 생각하는지 물어 보고 이야기를 한다. 말씀을 묵상할수록 질문이 생기고 나누고 싶고 수다를 떨고 싶어진다. 말씀이 내 안에 뿌리를 내리고 말씀을 살아내려는 용기가 점점 생기는 것 같다. 이 시대 청년, 청소년이 재미있게 즐겁게 자발적으로 말씀을 배우고, 말씀이 얼마나 유익한지 깨닫고, 말씀을 살아내는 기쁨을 누리기를 간절히 소망한다. 이 책이 우리 청년, 청소년을 그렇게 만들어 줄 수 있지 않을까 기대해 본다. 우리 다음세대가 말씀을 스스로 해석하고 나누려고 하는 용기가 생겼으면 좋겠다.

지난 몇 개월 동안 직접 하브루타를 배우면서 느꼈던 이성준 대표님의 간절함과 열정이 이 책에 담겨있다. 이렇게 귀한 책이 세상에 나올 수 있도록 수고해 주신 하브루타 교육문화연구소와 이성준 대표님께 진심으로 감사를 드린다. 부디 이 책을 통해 성경을 제대로 깨닫고 성경을 살아내고 또 성경을 가르치는 우리 다음세대 하나님의 자녀가 많이 세워지기를 기도하며 기쁜 마음으로 추천한다.

오승환 대표 · 네이버 공동창업자, 더작은재단 이사장

이 세상에는 같은 분야에서 비슷한 일을 하는 사람들이 많습니다. 하브루타를 말하고 가르치는 사람들도 많습니다. 그 중에 이 책을 추천하게 된 이유는 이 책의 저자 때문입니다. 저자인 이성준 목사님은 하브루타의 본질을 알고 고집스럽게 그 본질을 지키는 분이기 때문입니다. 유대인 교육을 말하는 사람들은 많이 있지만 단순한 따라하기가 아닌 그 본질을 파악하고 한국교회와 사회에 맞게 상황화 시켜 실행하는 저자의 특별함 때문입니다. 제가 저술한 책들을 회원들과 함께 하브루타로 독서토론 하시는 모임에 저자특강으로 참여한 기억이 있습니다. 모임에 참여하신 한 분 한 분의 책의 핵심을 파악하는 실력과 분석하고 질문하는 수준이 남다르다는 생각을 했던 참여였습니다. 여러분들은 『리얼 하브루타』를 통해 오랜 시간 하브루타로 진정한 공부를 실천하고 진정한 사람이 되어가는 길을 인도해 온 저자의 길을 함께 걸어보는 경험을 하게 될 것입니다. 깊은 우물에서 시원한 냉수를 길어올려 깊은 갈증을 해소하는 지적인, 전 존재적인 경험을 갈망하는 분들에게 이 책을 꼭 추천드립니다.

윤은성 목사 · 한국어깨동무사역원 대표, 어깨동무학교 교장

2019년 예배사역연구소에서 주최한 '다음세대 신앙전수' 포럼에서 다음세대 미전도종족과 인구절벽이라는 위기 속에서 하나님께서 내게 보여주신 대안은 '하브루타'였다. 이는 단순한 유대인의 교육법이 아니라, 하나님께서 인류에게 주신 일반은총이며, 자녀 양육의 원안 original plan 임을 깨달았다. 이후 질문 중심의 '대화식 가정예배'를 집필하며 한국에 소개된 하브루타 운동이 대부분 '세계 최고의 학습법'에만 머물러 있다는 아쉬움을 품어 왔다. 그러던 중, 교회가 외면한 이 대화법을 일반 교육계는 열광하는 아이러니한 현실에 대해 동일한 고민을 품은 후배 목사를 만나게 되었고, 마침내 그가 판을 뒤집을 책을 내놓았다. 『리얼 하브루타』가 제시하는 일곱 가지 키워드는 부모와 교사, 목회자뿐 아니라 하브루타를 실천하는 이들에게 새로운 문을 열어줄 것이다. 나는 확신한다! 이 책은 위기의 가정과 다음세대의 회복을 꿈꾸는 모든 이들에게 필독서이자 게임 체인저가 될 것이다!

이유정 목사 · 예배사역연구소 소장, '오직 주 만이' 작곡자, 『대화식 가정예배』 저자

좋은 책을 만나면 행복합니다. 감동이 있습니다. 감화가 있습니다. 변화가 있습니다. 『리얼 하브루타』 책이 그렇습니다. 저자인 이성준 목사님은 오랜 시간 하브루타교육문화연구소 소장으로 전문성을 가지고 탁월하게 연구해 왔습니다. "다음세대가 성경을 말하게 하라. 하브루타로 모든 세대를 깨워라" 이 음성이 저자의 삶을 바꾸었습니다. 하브루타를 통해서 다음세대를 위한 축복의 통로가 되었습니다. 예시바와 리쉬마를 통한 변화와 텍스트의 힘, 말씀이

능력이 되는 경험은 특별합니다. 저도 그런 변화를 통해 오늘의 제가 있기 때문입니다. 쉐마, 수직문화의 영원한 헌법을 경험하고, 하브루타의 원초적 공간인 가정문화를 세워가며, 질문의 중요성을 간파하고 실천하는 질문의 문화 속에서 물음표와 느낌표를 넘나드는 경험은 특별합니다. 이러한 본질들은 우리를 변질이 아닌 변화로 이끕니다. 저자의 경험 속에서 나누는 지혜가 우리의 것으로 소화되는 은혜를 이 책을 읽는 모든 독자들이 경험하길 축복합니다. 『리얼 하브루타』는 신앙전수 위기 가운데 있는 한국교회에 단비같은 책입니다. 기쁜마음으로 강력 추천합니다.

이상갑 목사 · 산본교회 담임목사, 청년사역연구소 대표, 학원복음화협의회 공동대표

리얼 하브루타! 이 시대 크리스천 공동체를 위한 하브루타 교육의 진정한 교과서입니다. 저자는 두 가지 교육적 지혜 전통, 유대인 교육 하브루타 과 기독교 교육의 융합에 근거한 세대 간 신앙 통합으로 이 시대 신앙공동체의 변화를 탐색하며 추구합니다. 탈신앙과 반복음적 경향이 강한 포스트모던시대,『리얼 하브루타』는 다음세대에 신앙을 전수하기 위해 크리스천 공동체가 붙잡고 씨름해야 할 주요한 교육 철학과 원리를 일곱 개의 키워드로 짜임새 있게 소개하고 있습니다. 하브루타 교육 문화를 대표하는 키워드마다 신앙의 계승이 멈춘 한국교회 현장에 대한 저자의 남다른 애정과 깊은 통찰이 돋보입니다. 최근 들어 '세대 차이'를 넘어 '세대 전쟁'이라는 말이 회자될 정도로 세대 간 갈등 문제가 중요한 사회적 이슈로 부각되고 있습니다. 세대 차이나 세대 갈등은 어느 시대, 어느 사회에서나 나타나는

현상입니다. 그러나 현시대의 교회 공동체보다 세대 갈등이나 세대 단절이 첨예한 적은 없었습니다. 이러한 때, 하브루타를 단순한 교육 기법이 아니라 삶의 방식으로 제시하는 저자의 '글 길'을 따라가다 보면 가정과 교회의 무너진 신앙 토대를 복원할 수 있는 지혜에 이를 것입니다.

이상명 총장 · California Prestige University (구. 미주장로회신학대학교) 총장

오늘날 한국 교회는 더 이상 교회 안에 머무르는 신앙이 아니라 세상 속으로 파송되는 공동체, 곧 선교적 교회 Missional Church 로의 전환을 절실히 필요로 하고 있습니다. 이때 가장 근본적인 회복은 말씀 앞에서 다시 배우고, 묻고, 나누는 성경적 공동체성의 회복입니다.

이 책 『리얼 하브루타』는 바로 그 지점을 정곡으로 찌릅니다. 저자는 하브루타의 본질을 한국 교회의 맥락 속에 녹여내어 교회의 말씀운동을 새로운 차원으로 이끌어 내고 있습니다.

특별히 말씀을 중심으로 한 세대 간 대화, 질문과 토론을 통한 공동체적 학습은 선교적 교회가 강조하는 '하나님의 백성으로서의 삶'과 깊이 맞닿아 있습니다. 이 책은 한국 교회가 다시 말씀 앞에 서도록 이끌며 하나님의 선교 Missio Dei 에 동참하는 '살아 움직이는 교회'로 변화시키는 도구가 될 것입니다. 저는 이 책이 하나님께서 한국교회에 주신 선물임을 확신합니다.

이상훈 총장 · America Evangelical University 총장, 북미 Missional Church Alliance 대표

하브루타를 다룬 책은 많다. 그러나 대부분 '질문 기술'과 '토론 스킬'에 머무는 경우가 대부분이다. 이 원고는 달랐다. 중심을 바꾸고, 목표를 바꿨으며, 배움의 동기부터 새로 세워갔다. 그 핵심 키워드는 '리쉬마'다. 리쉬마는 히브리어로 "그 자체를 위하여", "순수한 목적을 위해"를 의미하는 어휘다. 배움 그 자체를 사랑하는 태도를 말한다. 이 책은 단순한 프로그램이 아니라 삶의 방식이며, 말씀 앞에서 살아가는 훈련으로서의 하브루타를 강조한다.

저자의 하브루타 여정은 10여 년 전에 시작되었다. LA 예시바 하이스쿨과 베이트 미드라쉬에서 유대교육의 현장을 경험했다. 학생들이 말씀으로 씨름하는 눈빛도 보았다. 그때 "하브루타로 모든 세대를 깨워라."는 소명을 받게 된다. 그 체험으로부터 시작된 비전은 탐구의 과정이 되었고, 탐구는 철학이 되었으며, 철학은 길이 되었다. 그 길은 가정과 교회로 이어졌다.

이 책의 특별함은 방법론 대신 본질을 제시한다는 데 있다. 그것은 하브루타를 '교육'에서 '문화'로 바꾸기 위한 일곱 축을 제시함으로 구체화 하는 데 텍스트의 힘, 수직문화, 가정의 문화, 질문의 문화, 시간의 문화, 관계의 교육, 정체성 교육이 그 핵심이다. 이 길의 지향점은 분명하다.

평신도를 말씀 사역자로, 가정을 작은 신학교로 세우는 것이요 부모의 회심으로부터 다음세대의 각성을 불러일으키는 것이다.

이 책에서 정의하는 하브루타는 스펙이 아니라 성숙이며, 정답이 아니라 더 깊은 질문이다. 해외 현장 관찰, 한국 교회 현실 분석, 교리와 교육 사이의 다리 놓기 등 이성준 목사님의 꾸준했던 지난 시간의 걸음, 그 노고가 본문 곳곳에 촘촘히 배어있다. 이 책을 통해 리쉬마의 불씨가 교회와 가정의 식탁 위에서 타오르길 기도한다. 목사님의 땀방울 위에 주의 위로가 머물길 축복하며 응원한다.

장대은 목사 · 호도애아카데미 대표, 도서관교회 담임목사

하브루타는 단순한 토론 기법이 아닙니다. 유대인들이 수천 년 동안 말씀을 붙들고 질문하며, 삶 속에서 진리를 찾아온 교육 방식입니다. 두 사람이 짝을 이루어 말씀을 중심으로 묻고 대화할 때, 지식이 아닌 지혜가 자라고 공동체 전체가 성숙합니다. 신앙교육도 마찬가지입니다. 신앙은 강의실에서 지식으로 학습되는 것이 아니라, 부모와 자녀가 함께 대화하며 말씀을 묵상하는 과정에서 전수됩니다. 그래서 가정은 신앙교육의 출발점이자 토대입니다.

『리얼 하브루타』는 단순한 교육 기법을 넘어선 크리스천을 위한 하브루타 가이드북입니다.

부모와 자녀가 함께 말씀 앞에 서게 할 뿐 아니라, 모든 세대가 말씀으로 토론하고 대화하며 공동체를 새롭게 세우도록 이끌어 줍니다.

오륜교회의 꿈이 있는 미래 사역이 가정과 교회가 연합해 다음세대를 세우려는 이유도 여기에 있습니다. 말씀과 질문 속에서 부모와 자녀, 교회와 다음세대가 함께 깨어날 때, 가정은 작은 신학교가 되고 교회는 말씀 공동체로 회복될 것 입니다. 이 책을 통해 한국교회가 말씀으로 다시 살아나는 은혜가 있기를 축복합니다.

주경훈 목사 · 오륜교회 담임목사

드디어! 하브루타 본질을 제대로 소개하는 책이 출간되어 매우 기쁘다. 한국 하브루타 교육문화 발전을 위해 꾸준히 고민하고 노력해 온 이성준 목사님의 삶과 사역으로부터 체득된 주옥같은 지식과 지혜의 결정체라 하겠다. "이기는 토론이 아닌 사랑과 상호 존중의 하브루타", "리쉬마, 그 자체를 위한 삶과 공부의 방향 선언으로써의 하브루타" 이제 한국 하브루타의 르네상스 시대가 열리고 있는 것이다. 큰 기대와 소망으로 하브루타 다음세대들에게 이 책을 강력 추천한다.

허정문 박사 · 뉴욕 예시바대학 교수, 리쉬마아카데미 대표

| 프롤로그 |

하브루타로 모든 세대를 깨워라

이 책을 펼치신 여러분께 먼저 깊은 감사의 인사를 드린다. 아마도 여러분은 자녀 교육에 대한 고민이 있거나, 성경을 더 깊이 연구하고 싶은 마음이 있거나, 혹은 '하브루타'라는 낯선 단어에 대한 호기심을 가지고 계실 것이다. 어떤 이유로든 이 책을 손에 들게 되신 것은 우연이 아니라고 믿는다. 하나님께서 여러분을 이 자리로 인도하셨고, 앞으로 펼쳐질 놀라운 여행에 여러분을 초대하고 계신다.

10여 년 전, 나 역시 여러분과 같은 마음으로 하브루타라는 세계에 첫발을 디뎠다. 그때만 해도 나 역시 하브루타가 단순히 유대인들의 독특한 교육 방법 정도로만 생각했다. 두 사람이 짝을 이루어 토론하는 그럴듯한 학습법 정도로 여겼다. 하지만 그 작은 시작이 나의 인생을 완전히 바꾸어 놓았고, 한국 교회를 바라보는 시각을 근본적으로 전환시켰으며, 하나님의 말씀에 대한 이해를 혁명적으로 깊어지게 했다. 지금 이 순간, 이 책을 통해 여러분도 그와 같은 변화의 여정을 시작하게 될 것이다. 하지만 미리 말씀드리고 싶은 것은, 이것이 결코 쉬운 여행은 아니라는 점이다. 이 부분은 '동행을 시작하며'에서 조금 더 깊이 나누겠다.

이 책을 쓰게 된 가장 큰 동기는 한국 교회를 향한 깊은 사랑이다. 세계 교회사에 유례없는 놀라운 부흥을 경험한 한국 교회, 짧은 기간에 세계 선교의 중심지로 부상한 한국 교회, 고난과 핍박 속에서도 굴복하지 않고 하나님의 영광을 드러낸 한국 교회를 나는 진심으로 사랑한다. 하지만 동시에 깊은 우려도 있다. 외형적으로는 여전히 성장하고 있는 것처럼 보이지만 내면을 들여다보면 위기의 신호들이 곳곳에서 감지되고 있다.

무엇보다 가정에서의 신앙 전수가 제대로 이루어지지 않고 있다. 교회에서 자란 아이들이 대학에 가면서 신앙을 떠나고, 결혼을 하면서 교회와 멀어지며 자녀를 낳아도 신앙을 물려주지 못하는 악순환이 반복되고 있다. 이런 현실을 목격하면서 나는 고뇌했다. 과연 무엇이 문제일까? 왜 교회는 부흥하는데 가정의 신앙은 약화되고 있을까? 왜 다음 세대는 신앙을 자신의 것으로 만들지 못하는걸까? 왜 부모들은 자녀에게 신앙을 가르칠 자신감을 갖지 못하고 있을까? 그러던 중 '하브루타'를 만났다. 그리고 그 안에서 한국 교회가 직면한 문제들의 근본적 해답을 발견하게 되었다. 하브루타는 단순히 교육 방법의 문제가 아니라 신앙 자체에 대한 본질적 이해의 문제, 하나님의 말씀을 대하는 태도의 문제, 그리고 그것을 다음세대에 전수하는 스피릿의 문제와 직결되어 있었기 때문이다.

10여 년 전 미국 LA에서 유대인들의 베이트 미드라쉬에서 처음 체험한 하브루타의 모습은 충격 그 자체였다. 젊은 남자들이 함께 모여 치열하게 하나님의 말씀을 격렬하게 토론하고 있었다. 그런데 놀라운 것은 그들이 서로를 이기려고 하는 것이 아니라 함께 진리를 찾아가려고 한다는 점이었다. 지식의 차이를 뛰어넘어 동등한 파트너로서 하나님의 말씀을 탐구하고 있었다. 더 놀라운 것은 그들의 눈빛이었다. 거기에는 경쟁심이나 우월감이 아니라 순수한 기쁨과 깊은 사랑이 빛나고 있었다. 그들은 토론하고 있는 것이 아니라 사랑하고 있었다. 하나님의 말씀을 사랑하고, 그 말씀을 함께 탐구하는 시간을 사랑하고, 서로를 사랑하고 있었다. 그 순간 나는 깨달았다. 이것이야말로 내가 평생 찾아 헤맸던 교육의 본질이라는 것을, 이것이 바로 성경이 말하는 참된 배움의 모습이라는 것을, 이것이 한국 교회가 주목해야 할 말씀 중심의 신앙 공동체의 모습이라는 것을 깨달았다. 그리고 왠지 모를 눈물이 그렇게도 흘렀다.

그때 하나님께 받은 소명 calling 이 "한국교회 성도들이 성경을 말하게 하라, 다음세대가 성경을 말하게 하라, 하브루타로 모든 세대를 깨워라"라는 특별한 부르심이었다.

> "너희는 이 일을 너희 자녀에게 말하고 너희 자녀는 자기 자녀에게 말하고 그 자녀는 후세에 말할 것이니라" 요엘 1:3

그날 이후 나의 삶은 완전히 달라졌다. 하브루타라는 깊은 샘에서 길이 올린 지혜의 물을 마시며 나는 진정한 교육이 무엇인지, 참된 신앙 공동체가 어떤 모습인지, 그리고 하나님의 말씀이 얼마나 깊고 넓은 세계인지를 조금씩 깨달아가기 시작했다.

현재 한국 교육계에서 일어나고 있는 하브루타에 대한 관심과 열정은 매우 고무적이다. 많은 교육자들이 이 방법을 통해 의미 있는 변화를 만들어내고 있다. 그러나 우리에게 더 큰 보물이 기다리고 있다는 사실을 아는 사람은 그리 많지 않다. 수면 아래 꼭꼭 감춰진 더 깊은 지혜의 보고를 탐험할 기회가 기다리고 있다. 하브루타의 교육 문화 속에는 우리가 미처 발견하지 못한 풍성한 통찰이 있다. 말씀을 중심으로 한 깊은 영성, 세대를 이어가는 전승의 지혜, 공동체 속에서 이루어지는 상호 성장의 역동성과 관계의 혁명, 그리고 삶과 분리되지 않는 전인격의 배움의 과정에 대한 깊은 철학들이 바로 그것이다.

이 책은 단순한 하브루타의 방법론이나 기술을 소개하는 책이 아니다. 이는 수천 년간 이어져 온 유대인 교육의 심장부로 들어가는 본질로의 여행이다. 그들이 어떻게 말씀을 삶의 중심에 두었는지, 어떻게 배움을 존재의 방식으로 승화시켰는지, 그리고 어떻게 이 모든 것을 다음세대에게 진수해 왔는지를 탐험하는 여정이다. 우리는 이제 물 위로 드러난 빙산의 일각을 넘어, 그 아래에 감춰진 깊이를 탐험하려 한다.

'교육을 넘어 문화로, 방법을 넘어 철학으로' 이 여정은 단순한 교수법의 습득이 아닌 하브루타 교육의 진정한 본질을 향한 깊은 성찰이 될 것이다. 그리고 이 탐험을 통해 우리는 현대 교육과 현대 교회 교육이 직면한 도전들에 대한 더 깊은 통찰과 지혜를 발견하게 될 것이다.

나는 그것이 하브루타의 본질에서 나오는 힘이라고 말하고 싶다. 지난 10여 년간의 하브루타 연구와 유대인 교육 현장에서의 경험들을 통해 나는 하브루타의 진정한 모습을 발견하게 되었다. 하브루타는 단순한 학습 방법론만이 아닌 '존재의 방식'이자 '삶의 양식 The way of life'이라는 것이다. 그것은 마치 거대한 빙산 아래와 같다. 우리가 보는 것은 물 위로 드러난 작은 일각에 불과하다. 수면 아래에는 수천 년의 시간 동안 축적된 유대문화의 깊은 지혜와 영성이 존재한다. 이러한 경험들을 통해 나는 하브루타 교육문화의 본질의 7가지 키워드를 발견하게 되었다.

이 요소들은 개별적으로 존재하는 것이 아니라, 하나의 유기적인 형태로 전체를 이루며 작동하고 있었다. 유대인들이 수천 년간 지켜온 교육 문화의 전통 속에는 우리 시대가 절실히 필요로 하는 지혜가 담겨져있다. 그들의 교육은 단순한 지식의 전달이 아닌 전인적 성장과 공동체적 성숙을 이끄는 총체적 과정이었다. 이제 우리는 이 깊은 지혜의 보고를 함께 탐험하며 우리의 교육을 더욱 풍성하게 만드는 여정을 시작하고자 한다.

이 책을 통해 여러분은, 하브루타를 하브루타 해 보면서, 하브루타의 겉모습이 아닌 그 심장부를 만나게 될 것이다. 그리고 그 속에서 우리가 진정으로 추구해야 할 교육의 본질과 마주하게 될 것이다. 이것이 바로 이 책이 여러분을 초대하는 여정이다. 이 요소들은 또한 "나는 왜 Why 이 일을 하는가?" 라는 질문에 대한 삶으로 보여주는 나의 진정성이기도 하다.

이 책을 쓰는 내내 나는 간절히 기도했다. 이 작은 책이 한국 교회에 새로운 바람을 일으키는 도구가 되기를, 가정마다 '하나님의 말씀운동'과 '부모의 회심운동'이 일어나길 간절히 바랐다. 500년 전 마르틴 루터가 시작한 첫 번째 종교개혁이 평신도에게 성경을 돌려주는 일이었다면, 이제는 두 번째 종교개혁을 일으킬 때다. 평신도를 말씀의 사역자로 세우는 일, 모든 가정을 작은 신학교로 만드는 일, 온 교회가 '말씀으로 충만한 공동체가 되게 하는 일'말이다. 하브루타는 바로 그 꿈을 현실로 만들어 줄 수 있는 구체적이고 검증된 도구다. 수천 년 동안 한 민족을 지켜준 이 놀라운 지혜가 이제 한국 교회를 새롭게 할 것이라고 확신한다.

이제 여행을 시작할 시간이다. 마음을 열고 성령님의 인도하심을 구하며 겸손한 마음으로 이 책의 페이지들을 넘겨 가시기 바란다. 그리고 책을 읽는 것에서 그치지 말고, 오늘 저녁부터라도 가족과 함께 앉아 성경을 펼치고 하브루타 실천을 시작해 보시기 바란다. 여러분의 가정에서 일어날 놀라운 변화를, 여러분의 교회에서 경험하게 될 새로운 부흥을, 그리고 하브루타로 모든 세대가 깨어나길 기대한다.

| 동행을 시작하며 |

하브루타, 나의 고민 나의 사랑 　방법론과 본질 사이의 딜레마

필립 얀시는 『교회, 나의 고민 나의 사랑』에서 이렇게 고백했다. "바른 교회를 찾는 열쇠는 내 안에 있음을 배웠다. 교회를 겨우 참고 견디던 내가 교회를 사랑할 수 있게 된 것도 바로 이 새로운 시각 덕분이다." 나 역시 필립얀시와 같은 심정이다. 다만 교회 대신 하브루타가 그 자리에 있을 뿐이다.

하브루타 연구를 시작한 지 10여 년,
이 시간은 단순한 교육 방법론을 탐구한 세월이 아니었다. 믿음과 학문 사이, 전통과 현실 사이, 본질과 방법론 사이에서 줄타기를 해온 고뇌의 시간이었다. 개신교도로서 유대인 교육을 연구한다는 것은 마치 두 개의 상반된 세계 사이에서 다리를 놓는 일과 같았다. 이는 마치 부채장사와 우산장사 두 아들을 둔 부모의 마음과 같이, 한쪽에서는 "방법론만 취하라"고 하고, 다른 쪽에서는 "본질을 놓치면 안 된다"고 한다.

이렇듯, 나의 하브루타 연구에서 가장 어려웠던 점은 "방법본만 말하기엔 비본질적이고, 유대인 교육의 본질만을 말하기엔 비복음적 요소가 있는 딜레마였다." 이 책은 유대인의 전통을 찬양하려는 것이 아니라 그들의 교육 방식 속에서 드러나는 성경적 원리를 살펴보고자 하는 것이다. 우리가 본받아야 할 것은 그들의 문화자체가 아니라 오직 성경 말씀의 본질이다. 하브루타는 단지 성경으로 돌아가게 하는 교육적 도구이자 통로일 뿐이다. 따라서 이 책의 모든 논의는 유대인의 문화 자체가 아니라 그 속에 반영된 성경적 통찰을 통해 교회가 본질로 돌아가야 한다는 재해석된 복음적 하브루타의 메시지를 담고 있다.

필립얀시가 교회에 대해 느꼈던 양가감정을 나는 하브루타에 대해 느꼈다.

한국 교회에 하브루타가 도입되면서 가장 먼저 마주한 현실은 '방법론화'였다. 두 사람이 짝을 이루어 성경을 읽고 토론하는 형식만 차용하고, 그 안에 담긴 수천 년 유대 민족의 정신과 철학은 배제하는 것이었다. 마치 한옥의 외형만 따라 지으면서 그 안에 담긴 우리 조상들의 자연관과 우주관은 무시하는 것과 같았다. 가장 극단적인 예가 강남 학원가의 하브루타 열풍이었다. 성적 향상과 입시 경쟁력 강화를 위한 토론 기법으로 전락한 하브루타는 그 이름만 같을 뿐 전혀 다른 것이었다. 리쉬마^{순수한 동기로 배우는 학습} 철학은 실종되고, 효율성과 결과 중심의 사고만 남았다. 교회에서도 사정은 크게 다르지 않았다. 하브루타는 또 하나의 교육 프로그램이 되었고, 그 성과는 참가자 수와 만족도로 측정되었다.

"여호와를 경외하는 것이 지혜의 근본"이라는 근본 철학은 사라지고, 성경공부 방법론으로만 활용되었다. "방법론 없는 본질은 공허하지만, 본질 없는 방법론은 위험하다."

방법론만 차용한 하브루타의 한계는 명확했다. 깊은 철학적 뿌리가 없는 방법론은 쉽게 시들해진다. 처음에는 새로운 방식에 대한 호기심으로 참여하지만, 시간이 지나면서 흥미를 잃고 다른 새로운 방법론을 찾아 떠난다. 토론 기술은 늘지만 영적 성숙은 일어나지 않는다. 말은 많아지지만 삶의 변화는 보이지 않는다. 질문은 날카로워지지만 겸손함은 줄어든다. 하브루타의 본래 목적인 함께 진리를 탐구하는 것이 아니라 서로를 이기려는 경쟁의 장이 된다. 파트너는 동반자가 아니라 논쟁 상대가 되고, 공동체는 분열된다. 이러한 현실을 목격하면서 큰 갈등이 시작되었다. 과연 방법론만 전수하는 것이 옳은 일인가?

하브루타의 진정한 가치를 전하려면 그 배경이 되는 유대교육의 철학도 함께 소개해야 하는 것이 아닌가? 하지만 이 길은 더욱 험난했다. 유대인들의 교육 철학을 깊이 있게 소개하는 순간, "유대교를 추종한다", "구약 중심적 사고에 빠졌다", "율법주의로 돌아간다"는 비판들이 예상되었다. 또한 유대인 교육의 본질을 깊이 파고늘수록 또 다른 딜레마에 직면했다. 분명히 배울 섬이 많지만 개신교도로서 받아들이기 어려운 부분들도 분명히 존재했다.

가장 근본적인 문제는 유대인들이 예수 그리스도를 메시아로 받아들이지 않는다는 점이었다. 아무리 그들의 성경 사랑이 깊고 교육 시스템이 훌륭해도, 이 근본적 차이를 무시할 수는 없었다. 바울이 로마서 9-11장에서 고뇌했던 그 문제가 현실로 다가왔다. 일부 유대인 교육에서는 행위와 의례가 지나치게 강조되는 경향이 있었다. 613개의 미츠바^{계명}를 지키는 것이 하나님과의 관계를 결정한다는 율법주의적 사고는 "오직 믿음$_{Sola\ Fide}$"을 믿는 개신교도에게는 받아들이기 어려운 부분이었다. 사랑할수록 더 많은 문제가 보인다. 이러한 비복음적 요소들을 발견하면서 또 다른 큰 갈등이 시작되었다. 유대인 교육의 모든 것을 그대로 받아들일 수 없다면, 어떤 기준으로 취사선택하며 어떻게 복음적으로 재해석 해야 하는가?

가장 힘든 것은 이러한 고민을 나눌 동료가 많지 않다는 점이었다. 신학계에서는 위험한 연구로 여겼고, 교육계에서는 '종교적 편향'으로 여겼다. 유대인 공동체에서는 개신교도로서 한계가 있었고, 개신교 공동체에서는 '유대교 추종자' 의혹을 받을 수 있다. 필립 얀시가 교회에 대해 느꼈던 외로움과 고립감을 나는 학문의 영역에서 경험했다. 사랑하는 것을 연구한다는 것이 이렇게 외로운 일인 줄 몰랐다. 하지만 필립얀시처럼 포기할 수는 없었다. 진리에 대한 사랑이 고난보다 컸기 때문이다. 사랑할수록 더 아프고, 깊이 알수록 더 복잡해진다. 하지만 이 고민 자체가 사랑의 증거라는 것을 안다. 쉬운 길을 택했다면 느끼지 못했을 깊이와 아픔이다.

10년간의 고민 끝에 깨달은 것은 내가 이분법적 사고의 함정에 빠져 있었다는 점이다. 방법론 아니면 본질, 개신교 아니면 유대교, 양자택일의 사고는 진리를 왜곡하는 것이었다. 방법론과 본질을 분리하는 것 자체가 잘못된 접근이었다. 진정한 방법론은 그 배경이 되는 철학과 정신을 담고 있어야 하고, 본질은 구체적 방법을 통해 실현되어야 한다. 유대인 교육을 전적으로 받아들이거나 또한 전적으로 거부할 필요는 없었다. 바울이 "범사에 헤아려 좋은 것을 취하라" 살전 5:21 고 했듯이 지혜로운 선택적 수용이 가능했다.

성경에서 이러한 복음적 통합의 모델들을 발견했다. 바울은 철저한 그리스도인이면서 동시에 유대 전통을 깊이 이해하고 활용했다. 그는 헬라 문화도 배척하지 않고 복음 전파의 도구로 사용했다. 아볼로는 구약에 능통한 유대인이었지만 브리스길라와 아굴라로부터 더 정확한 복음을 배웠다. 사도행전 18:26에서는 "그 아볼로 가 회당에서 담대히 말하기 시작하거늘 브리스길라와 아굴라가 듣고 데려다가 하나님의 도를 '더 정확하게' 풀어 이르더라"고 기록되어 있다. 이는 아볼로가 틀린 지식을 버린 것이 아니라, 이미 알고 있던 부분 위에 더 온전한 복음 예수 그리스도의 십자가와 부활, 성령의 역사 등 을 배워서 보완·완성된 것으로 이해된다.

기존 지식을 버린 것이 아니라 완성시킨 것이었다. 초대교회는 유대 문화의 전통을 완전히 버리지 않고 그리스도 중심으로 재해석했다. 회당 예배 형식, 성경 해석 방법, 교육 시스템 등을 변형하여 사용했다.

나는 이러한 깨달음을 바탕으로 하브루타를 복음적으로 재해석하는 작업을 시작했다. 유대 공동체의 학습 문화를 교회 공동체에 적용하되, 그리스도의 몸된 교회라는 신학적 틀 안에서 이해했다. 성경 텍스트에 대한 사랑과 존경을 강조하되, 모든 성경이 그리스도를 증거한다는 관점을 견지했다.

하브루타는 교육 방법론이다. 그러나 방법론만은 아니다. 하브루타는 유대인들의 문화와 철학을 품고 있는 삶의 양식이다. 이를 무시하고 방법론만을 차용한다면, 하브루타 본래의 교육적 힘을 제대로 활용할 수 없다. 동시에 하브루타가 품고 있는 유대문화적 가치들을 그대로 받아들일 수만은 없다. 기독교 교육에서는 복음의 관점에서 신약으로 이를 재해석해 복음 하브루타로 새롭게 나아가야 한다. 복음 하브루타는 하브루타의 교육 방법론적 장점을 살리되 그 철학적 토대를 복음으로 재정립하는 것이다. 율법이 아닌 은혜를, 행위가 아닌 믿음을, 자기 의가 아닌 그리스도의 의를 추구하는 교육방식으로 전환하는 것이다. 복음 하브루타는 고대의 지혜와 영원한 진리의 만남이다.

10년 전 하브루타 연구를 시작할 때 예상했던 것보다 훨씬 복잡하고 어려운 길이었다. 방법론과 본질 사이에서, 학문과 신앙 사이에서, 전통과 혁신 사이에서 줄타기를 해 온 시간이었다.
여전히 완전한 해답을 찾았다고 말할 수도 없다. 하지만 한 가지 확실한 것은 이 고민 자체가 값진 것이라는 점이다. 쉬운 길을 택했다면 얻을 수 없었을 깊이와 통찰을 얻었다.

이 책은 유대인의 교육 전통, 특히 하브루타의 정신과 문화를 탐구한다. 그러나 우리는 분명히 고백한다. 유대인의 문화 자체가 교회의 본질은 아니다. 개혁주의 신학이 말하듯 교회의 본질은 오직 '예수 그리스도의 복음'과 '성경 66권' 안에 있다. 그렇다고 해서 우리는 유대인의 교육적 유산을 무시하지 않는다. 오히려 그들의 말씀 중심성, 가정 교육, 질문과 토론, 공동체적 정체성은 오늘 한국교회가 잃어버린 본질을 다시금 비추는 거울과 같다. 따라서 본서는 신학적 권위를 유대 전통에 두지 않으면서도 그들의 교육 방식 속에서 말씀을 살아내는 구체적 통찰을 배우고자 한다.

필립 얀시가 교회를 향해 느꼈던 복잡한 감정처럼, 나도 하브루타를 향해 복잡한 감정을 느낀다. 사랑하기에 더 많이 고민하고, 고민하기에 더 깊이 사랑한다. 이것이 진정한 사랑의 모습이 아닐까. 앞으로도 이 여정은 계속될 것이다. 더 많은 연구자들이 이 길에 동참하고, 더 건전한 대화가 이루어지기를 소망한다. 하브루타는 단순한 교육 방법론이 아니다. 그것은 하나님의 말씀을 사랑하고, 진리를 탐구하며, 공동체 안에서 함께 성장하는 삶의 방식이다. 이러한 본질을 한국 교회에 올바르게 전하는 것이 나의 사명이라고 믿는다. 비록 험난한 길이지만, 포기할 수 없는 소중한 사명이다.

사랑은 고민을 낳고, 고민은 더 깊은 사랑을 낳는다. 지금부터 이 깊은 사랑의 여정을 함께 걸어갈 여러분을 축복한다. 이 길은 돌아가는 것 같지만 실상은 리얼 하브루타의 본질을 만나는 지름길이다.

리얼 하브루타

chapter 1
텍스트의 힘

예시바 하이스쿨에서 만난 진짜 공부
1 리쉬마, 배움 자체를 향한 순수한 사랑
2 텍스트의 힘, 말씀이 능력이다
3 고차원에서 저차원으로의 역방향 학습법
4 유대인 교육의 비밀, 공부는 결국 언어력이다
5 초대교회 말씀연구 8단계
6 모든 성도를 말씀 사역자로

chapter 1 텍스트의 힘
예시바 하이스쿨에서 만난 진짜 공부

어느날 내게 특별한 기회가 생겼다. West LA, Beverly Hills 근처에 있는 예시바 하이스쿨 Yeshiva High School 을 방문할 수 있는 기회였다. 학교 문을 열고 들어서는 순간, 나는 채 한 걸음을 떼기도 전에 발걸음을 멈출 수 밖에 없었다. 복도에서부터 들려오는 소음이 예사롭지 않았기 때문이다. 마치 격렬한 토론장을 방불케 하는 열기가 건물 전체를 감싸고 있었다. 누군가는 큰 소리로 자신의 의견을 피력하고 있었고, 또 다른 누군가는 그에 못지않게 격렬한 논리로 반박하고 있었다. 발걸음을 옮겨 한 교실 문 앞에 이르렀을 때, 더 놀라운 광경이 나를 기다리고 있었다.

우리나라로 치면 대학 입시 준비로 한창 여념이 없을 고등학교의 한 교실, 그런데 이 아이들의 책상 위에는 수학 문제집도, 과학 교과서도, 영어 단어장도 없었다. 대신 그들 앞에는 두꺼운 고전 탈무드가 펼쳐져 있었던 것이다. 그때 한 학생이 마치 지휘를 하듯 자신의 손을 휘저으며 열정적으로 자신의 생각을 얘기했다.

"이 구절에서 랍비 아키바의 해석은 명백히 잘못된 것 같은데! 여기를 봐! 여기 맥락을 보면…" 그러자 바로 옆에 앉은 친구가 즉시 몸을 앞으로 내밀며 반박했다. "아니야, 네가 놓친 게 있어. 이전 단락과 연결해서 보면 오히려 랍비 아키바의 해석이 더 논리적이라고! 그 이유는…" 그때 뒤쪽에 있던 다른 학생이 끼어 들었다. "잠깐, 잠깐! 너희 둘 다 핵심을 놓치고 있어. 진짜 문제는 여기가 아니라 바로 이 부분에 있다고!" 그는 책장을 넘기며 다른 부분을 가리켰다.

나는 이 광경을 시간 가는 줄 모르고 넋을 놓고 바라보았다. 내가 기억하는 한 단 한 번도 난 이런 교실 풍경을 마주한 적이 없었다. 그것은 비단 시끄러운 토론의 겉모습을 말함이 아니다. '이들이 도대체 무엇을 가지고 이토록 시끄럽게 토론하는가?', '이들의 토론 텍스트 Text 는 무엇인가?' 하는 것이다. 그들은 '하나님의 말씀'을 가지고 토론하고 있었다. 마치 수천 년 전 예루살렘 성전의 학자들처럼 학교에서 탈무드를 놓고 열띤 논쟁을 하고 있었다.

더 놀라운 것은 이것이 잠깐의 일이 아니라는 사실이었다. 내가 학교를 들어설 때가 오전 9시경이었고 그 무렵 시작된 그 수업은 30분, 1시간을 지나 점심시간을 앞둔 오전 내내 계속 이어졌다. 놀랍지 않은가? 고등학교 아이들이 오전 내내 입시 공부가 아닌 하나님의 말씀으로 쉼 없이 열띤 토론을 하며 보낸다는 게? 나는 속으로 읊조렸다. '이게 진짜 말이 되는가?' 우리나라 같으면 이 시간에 모의고사 문제를 풀거나 열심히 수학 문제를 풀고 혹은 영어 단어를 외우느라 여념이 없을 텐데 이 아이들은 오전 시간을 통째로 할애해 하브루타를 하고 있다는 게 말이다. 그 아이들 중에 유독 내 눈에 들어온 아이가 한명 있었다. 다른 아이들보다 조금 침착해 보이면서도 눈빛이 선명하게 살아 있었다. 그는 동급생들과의 토론에서 놀랄만큼 논리적이고 깊이있는 질문들을 던지곤 했다.

"네 해석이 맞다면, 그다음 단락에서 나오는 이 이야기는 어떻게 설명할 건데?", "좋은 지적이야. 하지만 여기서 중요한 건 맥락이 아니라 단어 선택이야. 왜 하필 이 단어를 썼을까?" 그의 질문들은 단순히 반박을 위한 반박이 아니었다. 진리를 향한 순수한 탐구의 열정이 느껴졌다. 그 탐구 과정에서 보여주는 논리적 사고력은 여느 어른 못지않았다. '저 아이가 정말 고등학생일까?' 내 머릿속은 의문들이 꼬리에 꼬리를 물고 이어졌다.

드디어 오전 수업이 모두 끝났다. 학생들이 하나 둘 교실을 나서는 가운데, 난 그 총명한 눈빛의 학생에게 다가갔다. 솔직한 나의 궁금증을 더 이상 참을 수 없었기 때문이다.

"안녕, 잠깐 이야기 좀 나눌 수 있을까?"

그는 고개를 끄덕였다. 나는 최대한 자연스럽게 나의 질문들을 건넸다.

"지금 너는 내학 입학을 준비해야 하는 시기잖아? SAT도 준비해야 하고, 대학 지원서도 써야 하고… 그런데 오전 내내 토라 탈무드 공부만 하고 있어도 괜찮아? 솔직히 이 시간이 아깝지 않니?" 내 질문에는 한국의 입시 현실이 고스란히 담겨있었다.

고3이면 당연히 하루 종일 문제집과 씨름해야 하고, 1분 1초가 아까운 시간 아닌가? 오전 내내 이런 종교적 토론에만 매달리는 것이 과연 입시에 도움이 될까? 그런데 그 학생의 대답은 나의 모든 선입견을 한 번에 무너뜨렸고, 오히려 날 부끄럽게 했다.

"우리는 이 공부가 진짜 공부라고 생각해요"

잠시 침묵이 흘렀다 그의 눈빛에는 확신이 가득했다. 이것은 단순한 종교적 열정이나 맹신이 아니었다. 그는 진심으로 그리고 존재론적으로 이 사실을 알고 고백하고 있었다.

그리고 그가 덧붙인 말은 더욱 놀라웠다.

"하나님 말씀 공부를 하고 나면 세상 학문이 쉬워져요. 정말이에요!"

"세상 학문이 쉬워진다고?"

나는 그 말이 머릿속에서 떠나지 않았다. 내가 지금까지 알고 있던 '공부'의 개념이 얼마나 협소했는지 깨닫는 순간이었다. 우리가 '진짜 공부'라고 부르는 것이, 어쩌면 그들에게는 '세상 학문'에 불과할 수 있다는 것을… "그럼 정말 성적도 잘 나와?" 나는 진짜 그런지 확인하고 싶어 부끄럽지만 현실적 질문을 던지지 않을 수 없었다. "물론이죠. 우리 학교 졸업생들 대부분이 미국 명문대에 진학해요. 하지만 그건 부수적인 결과일 뿐입니다. 진짜 중요한 건 우리가 진리를 탐구하는 법을 배우고 있다는 것입니다."

나는 그 순간 온몸에 전율이 흘렀다. 이날의 만남은 내게 하나의 사건이 되었고, 나의 평생 질문에 대한 답을 얻는 시간이 되었다. 이것이 바로 유대인들이 수천 년간 지켜온 교육의 비밀이었다.

나는 한국에서 다음세대 사역을 하며 늘 이런 깊은 질문들을 가지고 있었다.

"입시를 뛰어넘지 못하는 교육이, 진정한 교육철학을 가질 수 있는가?"
"시험을 위한 공부가 아닌, 진리를 위한 공부는 어떻게 가능한가?"
"하나님을 아는 지식이 세상을 이해하는 지혜로 어떻게 연결될 수 있는가?"

그 학생과 헤어진 후, 나는 집으로 돌아가는 길에 멈춰 서서 하늘을 올려다보았다. 그 순간 내 마음속에서는 뭔가 큰 변화가 일어나고 있었다. "진짜 공부가 뭔지 이제 알 것 같아!" 나의 모든 교육에 대한 고정관념들이 하나씩 무너지는 느낌이었다. 성적을 위한 공부, 입시를 위한 공부, 취업을 위한 공부, 성공을 위한 공부… 그 모든 것들이 사실은 '세상 학문'에 불과했다는 것을. 그리고 그 세상 학문보다 더 근본적이고 중요한 것이 있다는 것을. 진짜 공부란 바로 진리를 탐구하는 법을 배우는 것, 하나님을 알아가는 것 Knowing God, 그것을 위해 질문하는 법을 배우는 것, 토론하는 법을 배우는 것! 그것이 바로 진짜 공부라는 사실을 알게 된 중요한 날이었다.

"여호와를 경외하는 것이 지혜의 근본이요 거룩하신 자를 아는 것이 명철이니라" 잠언 9:10

그날 밤 나는 책상 앞에 앉아 그날의 감동을 일기에 기록으로 남겼다.

"오늘 나는 진짜 공부가 무엇인지 깨달았다. 유대인들이 수천 년간 지켜온 하브루타 전통, 그들의 말씀 사랑 그리고 그것이 만들어내는 놀라운 교육의 결과를 직접 목격했다. 이제 내가 해야 할 일은 분명하다. 이 교육 철학의 원리를 연구하고 그것을 어떻게 우리나라의 다음세대에게 적용할 수 있을지 연구하는 것이다."

그날의 경험은 내 인생에 꼽을만한 전환점이 되었다. 그 학생의 당당한 고백은 아직도 내 귀에 생생하다. "우리는 이 공부가 진짜 공부라고 생각해요. 하나님 말씀 공부를 하고 나면 세상 학문이 쉬워져요"

이것이 바로 하브루타 교육의 핵심이었다. 그리고 이것이 바로 내가 우리나라 다음세대에게 전하고 싶었던 진정한 교육의 모습이었다. LA의 그 작은 예시바 하이스쿨에서 시작된 이 여정은 지금도 계속되고 있다. 입시를 뛰어넘는 교육, 암기를 뛰어넘는 학습, 경쟁을 뛰어넘는 성장 그 모든 것의 열쇠가 바로 여기, 하브루타에 있다.

유대인들에게 말씀 중심의 삶을 살 수 있게 만들어 준 근본적인 힘과 철학은 무엇일까? 어떻게 이러한 일들이 가능한 것일까? 이후에 나는 이 질문에 대한 답을 '리쉬마 철학'을 통해 얻을 수 있었다.

1 리쉬마, 배움 자체를 향한 순수한 사랑

리쉬마 לשמה 는 히브리어로 "그 자체를 위하여", "순수한 목적을 위해"를 의미한다. 이는 유대 교육철학의 핵심 개념으로 어떤 외적 목적이나 보상을 바라지 않고 순수한 동기로 토라를 학습하는 것을 가리킨다. 리쉬마는 단순한 학습 방법론을 넘어서 삶의 자세이자 영성의 차원을 포괄하는 깊은 철학적 개념이다. "리쉬마는 배움 자체에 대한 순수한 사랑이다."

리쉬마의 반대 개념은 "쉘로 리쉬마 שלא לשמה"로, "그 자체가 아닌 다른 목적을 위하여"를 의미한다. 이는 명예, 부, 사회적 지위, 실용적 이익 등 외적 동기로 인한 학습을 가리킨다. 유대인들은 이 두 개념을 대비시키며 진정한 학습의 의미를 수천 년간 탐구해왔다.

탈무드 베라코트 Berakhot 17a에서는 리쉬마의 중요성을 더욱 구체적으로 설명한다.

> "리쉬마로 토라를 배우는 자에게는 토라가 생명의 약이 되지만,
> 쉘로 리쉬마로 배우는 자에게는 토라가 죽음의 독이 된다."

이는 동기의 순수성이 학습의 결과에 결정적 영향을 미친다는 것을 보여준다. 같은 텍스트라도 어떤 마음으로 접근하느냐에 따라 전혀 다른 결과를 가져올 수 있다는 깊은 통찰이다.

탈무드 네다림 ^{Nedarim} 62a는 현실적 관점을 제시한다.

> "사람은 항상 토라를 배워야 한다. 비록 쉘로 리쉬마(다른 목적을 위해서)라도 배워야 한다. 왜냐하면 쉘로 리쉬마로 시작했더라도 결국 리쉬마에 이르게 되기 때문이다."

이는 불완전한 동기로라도 시작하면 점진적으로 순수한 동기로 발전할 수 있다는 희망적 메시지를 담고 있다. 이 구절은 리쉬마 철학의 현실적 지혜를 보여준다. 완전히 순수한 동기로 시작하기 어려운 인간 본성의 한계를 인정하면서도 학습을 통해 점진적으로 더 높은 차원의 동기에 도달할 수 있다는 희망을 제시한다. 이는 리쉬마가 단번에 달성되는 것이 아니라 평생에 걸친 성장의 과정임을 의미한다. 이 모순은 또한 탈무드가 단일한 교리서가 아니라 다양한 견해들의 토론집임을 보여준다. 아마도 리쉬마라는 개념 자체가 당시 랍비들 사이에서도 논쟁적이었을 것이다. 어떤 랍비는 "일단 시작해보라"는 실용적 접근을, 다른 랍비는 "동기가 순수하지 않으면 위험하다"는 엄격한 접근을 취했던 것으로 보인다. 이런 모순된 가르침들의 공존은 오히려 학습자로 하여금 자신만의 균형점을 찾도록 하는 탈무드 특유의 교육적 전략일 수도 있다.

그렇다면, 우리는 리쉬마에서 무엇을 배울 수 있을까?

리쉬마의 교훈은, 말씀 자체에 대한 사랑이다. 이는 토라에 대한 순수한 사랑, 하나님의 말씀에 대한 깊은 애정에서 비롯된다. 마치 연인이 사랑하는 사람의 편지를 읽을 때 그 글자 하나하나에서 기쁨을 찾듯이, 리쉬마로 학습하는 자는 토라의 모든 단어에서 즐거움을 발견한다. 이러한 사랑은 강요되거나 인위적으로 만들어질 수 없다. 그것은 토라의 아름다움과 깊이를 맛본 자에게 자연스럽게 생겨나는 것이다. 시편 119편 97절의 "내가 주의 법을 어찌 그리 사랑하는지요 내가 그것을 종일 작은 소리로 읊조리나이다"라는 고백이 바로 이러한 사랑의 표현이다.

유대인들의 성경 사랑은 단순한 감정이나 종교적 의무를 넘어선다. 그들에게 토라는 생명 그 자체이다. 유대인들은 토라를 '에츠 하임 עץ חיים, 생명나무라고 부른다. 이는 단순한 은유가 아니라 토라가 실제로 생명을 주고 유지하며 성장시키는 원천이라는 믿음이다. 유대인들은 토라를 단순히 지적 대상으로만 여기지 않는다. 그들은 토라를 오감으로 사랑한다. 토라 스크롤의 양피지 냄새, 히브리어 글자의 아름다운 모양, 토라를 읽을 때의 선율 트루파, 토라를 안고 춤추는 시므하트 토라축제 등은 모두 토라에 대한 감각적 사랑의 표현이다. 리쉬마는 이러한 감각적 차원까지 포함하여 온 몸과 온 마음으로 토라를 받아들이는 것이다.

리쉬마의 역설적 특징은 목적 없는 목적이다. 일반적인 학습은 시험 통과, 취업, 승진, 인정받기 등의 구체적 목적을 가진다. 하지만 리쉬마는 그러한 외적 목적을 넘어선 차원에서 이루어진다. 그렇다고 해서 전혀 목적이 없다는 것은 아니다. 리쉬마의 목적은 하나님을 아는 것 자체, 진리를 추구하는 것 자체, 지혜를 얻는 것 자체이다.

이는 마치 진정한 예술가가 작품을 창작할 때의 마음과 유사하다. 진정한 예술가는 돈이나 명예를 위해 작품을 만들지 않는다. 물론 그러한 것들이 따라올 수도 있지만, 그것이 주된 동기는 아니다. 창작 행위 자체에서 오는 기쁨과 만족, 아름다움을 추구하는 것 자체가 목적이다.

이러한 '목적 없는 목적'은 현대 심리학의 '내재적 동기 intrinsic motivation' 개념과 많은 공통점을 가진다. 연구에 따르면 내재적 동기가 외재적 동기보다 더 지속적이고 창의적인 결과를 가져온다. 리쉬마는 이러한 내재적 동기를 종교적, 영적 차원으로 승화시킨 것이다.

리쉬마는 미래의 보상을 기대하지 않고 현재 순간에 충실한 학습이다. 많은 사람들이 학습을 미래를 위한 투자로 생각하지만, 리쉬마는 현재 이 순간의 학습 자체에서 완전한 만족과 기쁨을 찾는다. 토라의 한 구절을 읽는 그 순간, 새로운 통찰을 얻는 그 순간, 동료와 토론하는 그 순간 자체가 목적이자 보상이다. 과거도 미래도 아닌, 지금 이 순간의 배움에서 영원을 만난다. 바로 Here & Now의 영성이다. 하지만 리쉬마는 단순한 명상적 집중을 넘어서, 하나님의 말씀과의 만남에서 오는 영적 기쁨을 포함한다. 일반적으로 같은 내용을 반복해서 읽으면 지루해지지만, 리쉬마는 반복을 통해 더 깊은 기쁨을 발견한다. 토라는 몇 번을 읽어도 새로운 의미를 발견할 수 있고, 같은 구절에서도 인생의 다른 시점에서 다른 메시지를 받을 수 있다.

내가 경험했던 유대인 예시바 하이스쿨의 예로 다시 돌아가 보자. 그 학교의 일과표는 리쉬마 철학의 살아있는 구현체다. 학생들은 오전 내내 보통 오전 8시부터 오후 1시까지 약 5-6시간을 온전히 토라와 탈무드 학습에만 집중한다. 오직 하나님의 말씀과 그에 대한 해석과 토론만이 교실을 가득 채운다. 그들이 말하는 것은 학습의 근본적 가치와 위계에 관한 것이다. 하나님의 말씀을 배우는 것이야말로 인간이 할 수 있는 가장 고귀하고 본질적인 학습이라는 것이다.

이스라엘 교육부 장관이 "우리의 교과서는 성경이다 Our textbook is the Bible"라고 공개적으로 선언한 것은 단순한 수사가 아니라 국가 교육 정책의 근본 철학을 보여주는 것이다. 이 선언은 여러 차원에서 중요한 의미를 갖는다. 무엇보다 이스라엘이라는 현대 국가의 정체성이 고대 성경의 전통에 뿌리를 두고 있음을 명확히 한다. 이는 단순히 종교적 차원을 넘어서

문화적 역사적 교육적 정체성의 문제이다. 또한 수많은 교과서와 교육 자료 중에서 성경을 최우선으로 둔다는 것은 교육의 방향성을 결정하는 중요한 선택이다. 교육의 방향은 어떤 책을 교과서로 택하느냐에 달려 있다. 이는 유대인의 '배움'이라는 히브리 단어, '라메드'를 알면 그 비밀을 찾을 수 있다. ל는 '인간'을 뜻하는 히브리어 '바브'와 '하나님의 보좌'를 뜻하는 히브리어 '카프'가 연결된 글자다. 즉 사람이 하나님의 보좌에 연결되어 있도록 하는 것이 진정한 '배움'의 목적이다.[1]

이러한 고백은 잠언 1장 7절 "여호와를 경외하는 것이 지식의 근본"이라는 말씀에 깊이 뿌리를 두고 있다. 유대인들은 이 구절을 단순한 종교적 격언이 아닌 인식론적 진리로 받아들인다. 하나님에 대한 경외심 없이는 참된 지식에 도달할 수 없고, 하나님의 말씀에 대한 이해 없이는 세상의 어떤 학문도 완전할 수 없다는 것이다.

예시바의 시간 배분 자체가 유대인들의 가치 체계를 명확히 보여준다.

일부 현대 정통 유대교 계열 예시바에서는 하루 약 8시간의 수업 중 5~6시간을 토라 학습에, 2~3시간을 수학·과학 등 세속 과목에 배정하기도 한다. 그러나 전통적인 예시바나 하레디 공동체 예시바는 하루 대부분

---

1) 현용수, 『하브루타 유대인 아버지의 IQ교육』, 쉐마, 104p

8~10시간 이상을 토라와 탈무드 학습에 전념하며 세속 과목은 거의 가르치지 않는다. 이는 단순한 종교적 신호가 아니라 지식과 지혜의 본질에 대한 철학적 판단이다. 시간을 어디에 쓰느냐가 그 사람의 가치관을 말해준다.

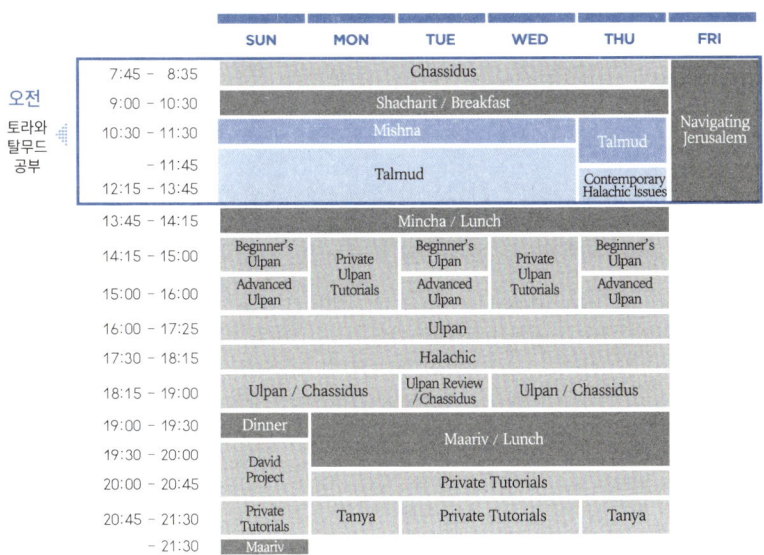

예시바 학교 수업 시간표

현대 기독교 교육이 세속 학문에 거의 모든 시간을 할애하고 종교교육을 주변적으로 다루는 것과는 정반대의 접근이다. 유대인들은 이러한 시간 배분을 통해 다음과 같은 메시지를 전달한다. 진정한 지혜는 하나님으로부터 온다. 세상의 모든 학문도 중요하지만, 그것들은 이 근본적 지혜의 빛 안에서 이해되어야 한다. 그 빛 안에 있을 때 모든 것은 따라오는 것이다. 리쉬마 사상은 우리에게 묻고 있다. "당신은 진정으로 여호와를 경외하는 것이 지혜의 근본임을 믿는가?"

"여호와를 경외하는 것이 지혜의 근본"이라는 사상과 '리쉬마 철학'은 예시바 교육에서 완벽하게 결합된다. 경외심은 단순한 두려움이 아니라, 하나님의 위대함과 거룩함 앞에서 느끼는 경외와 존경의 마음이다. 이러한 경외심이 있을 때 비로소 하나님의 말씀을 올바르게 받아들일 수 있고, 진정한 지혜에 도달할 수 있다. 리쉬마는 바로 이러한 경외심을 바탕으로 한 순수한 학습이다. 하나님을 경외하는 마음에서 시작된 학습은 자연스럽게 리쉬마가 된다. 왜냐하면 하나님을 진정으로 경외하는 자는 하나님의 말씀을 자신의 이익을 위한 도구로 사용할 수 없기 때문이다. 그는 오직 하나님을 더 깊이 알고, 하나님의 뜻을 더 정확히 이해하고, 하나님의 지혜에 더 가까이 다가가려는 순수한 동기로만 학습할 수 있다.

한국에 도입된 하브루타는 안타깝게도 두 가지 상반된 정신이 혼재되어 있다. 한쪽에는 순수한 동기의 리쉬마 하브루타가 있고, 다른 쪽에는 성과 중심의 강남 학원가 하브루타가 있다. 리쉬마 하브루타는 하나님의 말씀 자체에 대한 사랑과 경외에서 출발한다. 현재 순간의 학습 자체에서 완전한 만족을 찾으며, 함께 진리를 발견하는 동반자 관계를 추구한다. 텍스트 (토라, 탈무드)에 대한 깊은 존경과 사랑이 있고, 질문 자체를 즐기고 과정을 중시한다. 결과는 지혜와 인격의 변화, 공동체의 성숙이다.

반면 강남 학원가 하브루타는 성적 향상, 입시 성공, 경쟁 우위라는 외재적 동기에서 출발한다. 미래의 성과를 위한 현재의 투자로 여기며, 경쟁 상대이자 학습 도구로서의 파트너 관계를 형성한다. 효율성과 결과 중심의 접근을 하며, 정답 찾기와 빠른 문제 해결에 집중한다. 결과는 성적 상승, 명문대 진학, 사회적 성공이다. 한국교회 하브루타는 무엇보다 리쉬마 정신을 주목해야 한다. 이는 성경 공부를 통해 무엇을 얻으려 하기보다는, 하나님의 말씀 자체를 사랑하고 그 말씀과의 만남 자체를 소중히 여기는 것이다.

그런데 여기서 먼저 해결해야 할 근본적인 문제가 있다. 한국교회의 자녀교육 현실이다. 한국기독교언론포럼에서 조사한 설문, 한국기독교 선정 10대 이슈 및 사회의식조사 결과는 충격적이다.

우리는 자녀교육에서 예수를 믿지 않는다

학원시간과 교회 예배시간이 겹칠 때 자녀가 교회를 빠질 수 있나? (단위 %)

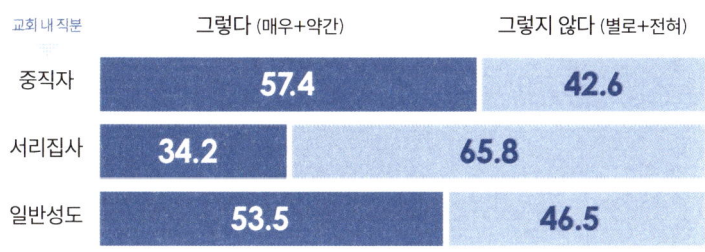

교회 내 직분	그렇다 (매우+약간)	그렇지 않다 (별로+전혀)
중직자	57.4	42.6
서리집사	34.2	65.8
일반성도	53.5	46.5

한국기독교언론포럼 [한국기독교 선정 10대 이슈 및 사회의식조사]

"주일날 학원시간과 예배시간이 겹칠 때 자녀가 교회를 빠질 수 있나?"라는 질문에 중직자와 일반성도의 절반 이상이 "예배를 빠질 수도 있다"고 답했다. 이 통계가 말해주는 것은 명확하다. "우리는 자녀교육에서는 예수를 믿지 않는다."는 결론이다. 입으로는 하나님을 믿는다고 하지만, 정작 자녀의 미래가 걸린 문제에서는 세상의 가치관을 따른다. 하나님보다 명문대를, 말씀보다 성적을, 예배보다 학원을 선택한다. 이런 상황에서 하브루타가 도입된다면 어떻게 될까? 또 하나의 좋은 교육 도구, 좋은 대학 가기 위한 스펙 쌓기 수단으로 전락하고 말 것이다.

하브루타는 부모의 회심운동이다. 진정한 하브루타는 내 자녀가 좋은 대학을 가기 위한 또 하나의 좋은 방법론이 아니다. 그것은 부모가 자녀를 먼저 '말씀의 자녀'로 키우겠다는 부모의 회심운동이다. 성적보다 성품을, 스펙보다 영성을, 성공보다 성숙을 추구하겠다는 가치관의 전환이다. 『목회와 신학』에서 박상진 교수는 이것을 '두번째 거듭남'이라고 표현한다. 우리가 예수를 믿어 첫 번째로 거듭남을 얻었다면 자녀교육에 있어서도 자녀를 먼저 말씀의 자녀로 키우겠다는 부모의 두 번째 거듭남이 필요하다는 말씀이다. 이런 회심 없이는 아무리 좋은 하브루타 프로그램도 의미가 없다.

세속적인 성공과 성경적인 성공은 다음과 같은 차이가 있다.

첫째	**1**	세속적인 성공은 당장의 눈앞의 성공만을 생각하지만 성경적인 성공은 평생의 관점, 영원의 관점에서 바라보는 것으로 천국에 가서도 후회하지 않는 자녀교육을 의미한다.
둘째	**2**	세속적인 성공은 상대적이고 비교를 통한 성공이지만 성경적인 성공은 절대적이고 그 자녀만의 독특성에 근거한다.
셋째	**3**	세속적인 성공은 사회적 판단에 근거하지만 성경적인 성공은 하나님의 판단에 근거한다.
넷째	**4**	세속적인 성공은 결과만을 중시하지만 성경적인 성공은 과정이 중요하다.
다섯째	**5**	세속적인 성공은 스펙이나 사회경제적 지위가 가장 중시되지만 성경적인 성공은 영향력이 중요하다.
여섯째	**6**	세속적인 성공은 상향성의 욕구에 기초한 야망을 추구하지만 성경적인 성공은 하나님의 부르심에 기초한 비전을 추구한다.
일곱째	**7**	세속적인 성공은 나의 왕국을 건설하는데 관심이 있지만 성경적인 성공은 하나님의 나라에 궁극적인 관심이 있다.

당신은 자녀의 세속적 성공을 바라는 부모인가?
아니면 성경적 성공을 바라는 부모인가?

진정한 자녀교육의 성공을 위해서는 개인적 유익보다는 하나님을 아는 지식 자체를 추구해야 한다. 교회는 성공적인 프로그램 운영보다는 먼저 부모의 영적 성숙에 집중해야 한다. "여호와를 경외하는 것이 지혜의 근본"이라는 원리를 하브루타의 출발점으로 삼아야 한다. 이는 하나님의 말씀 앞에서 겸손해지고, 인간의 이성과 논리의 한계를 인정하며 성령의 도우심을 구하는 자세이다. 한국교회 하브루타는 성경 텍스트 자체에 대한 깊은 사랑과 존경을 주목해야 한다. 이는 단순히 성경을 읽는 것을 넘어서, 성경의 단어 하나하나, 문장 하나하나에서 하나님의 음성을 들으려는 자세이다. 성경 구절을 충분히 읽고 묵상하는 시간을 확보해야 하고, 빠른 토론보다는 깊은 관찰과 질문을 우선시해야 한다. 하브루타의 질문은 텍스트에서 나와야 한다. 미리 준비된 질문이나 외부에서 가져온 주제가 아니라, 성경 본문을 읽으면서 자연스럽게 생겨나는 질문들을 소중히 여겨야 한다.

한국교회는 지금 중요한 선택의 기로에 서 있다. 하브루타를 도입할 때 강남 학원가의 효율성과 경쟁의 문화를 그대로 가져올 것인가, 아니면 유대인들의 리쉬마 정신을 진정으로 배울 것인가의 선택이다. 전자를 선택한다면 하브루타는 또 하나의 유행하는 교육 방법론으로 전락하고 말 것이다. 후자를 선택한다면 한국교회는 진정한 의미의 '말씀 중심 공동체'로 거듭날 수 있을 것이다. **리쉬마의 정신으로 돌아가 하나님의 말씀 자체를 사랑할 때, 하브루타는 영적 부흥의 통로가 될 것이다.** 이 선택은 단순히 방법론의 문제가 아니라 교회의 정체성과 방향성에 관한 근본적인 질문이다. 우리는 무엇을 위해 존재하는가? 무엇이 우리의 진정한 보물인가? 하나님의 말씀을 어떻게 대해야 하는가? 리쉬마의 정신으로 하나님의 말씀 앞에서 겸손해지며 함께 진리를 탐구하는 기쁨을 회복할 때, 한국교회의 하브루타는 단순한 프로그램을 넘어서 영적 변화의 통로가 될 수 있을 것이다. 그리고 그 변화는 개인에서 시작해 가정으로, 교회로, 나아가 사회 전체로 확산될 것이다.

당신은 왜 ^{Why} 하브루타를 배우려고 하나요?

2 텍스트의 힘, 말씀이 능력이다

하브루타 교육의 본질로 들어가게 하는 핵심 키워드가 있다면 무엇일까? 바로 '텍스트의 힘'이다. 하브루타가 한국에 도입되면서 많은 교육기관들이 그 방법론에 주목했다. 두 사람이 짝을 이루어 토론하고 질문하는 형식은 분명히 효과적인 교육기법이다. 하지만 하브루타의 진정한 힘은 방법론에만 있지 않다. 그 진정한 힘은 바로 '텍스트'에서 나온다. 구체적으로는 토라와 탈무드라는 특별한 텍스트에서 나온다. 즉 '말씀이 능력' 히 4:12 인 것이다. 하브루타의 비밀은 텍스트에 있다.

하브루타는 겉모습만으로 보면 단순한 질문과 응답의 대화 방식처럼 보인다. 그러나 하브루타는 그 이상의 깊이를 지닌다. 하브루타는 단순한 '교육 방법론'이 아니라 삶을 '텍스트' 앞에 놓는 신앙적 태도이며, 인간 존재를 해석하는 지적·영적 훈련이다. 말하자면, 하브루타는 '말씀과의 거룩한 씨름'이자, 텍스트를 중심으로 이루어지는 '대화적 영성'이라고 할 수 있다. 그렇기에 진정한 하브루타의 힘을 발견하기 위해서는 반드시 '텍스트의 힘'에 먼저 집중해야한다. 말 잘하는 사람보다 말씀 text 앞에서 진리를 추구하는 사람을 세우고자 하는 이 교육은 깊이 있는 텍스트와의 만남 없이는 결코 가능하지 않다. 유대인 교육의 수천 년 전통이 바로 이것을 증명해 준다. 그 중심에 있는 세 가지 텍스트, 곧 토라, 미쉬나, 탈무드는 유대 민족의 정체성을 지탱해 온 정신적 뼈대이자, 끊임없이 추구하는 핵심 자원이다.

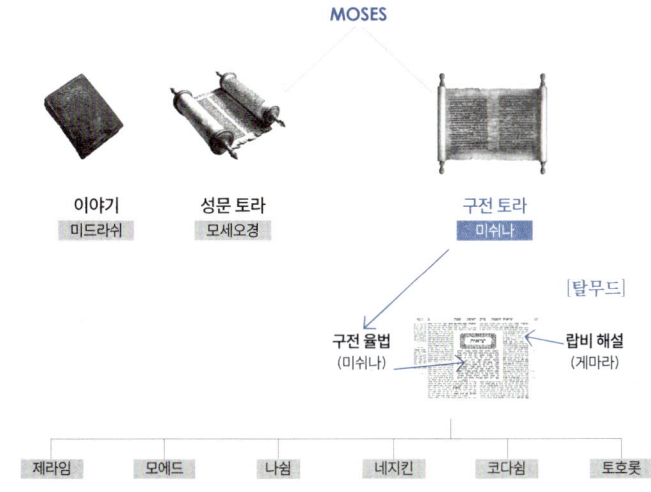

유대인 교육의 시작은 언제나 토라에서 출발한다. '토라' ㅠㅠ 는 히브리어 동사 야라 ㅠㅠ, 가르치다, 지시하다 에서 유래한 말로, 본래 '가르침', '교훈', '지시'라는 의미를 가진다.

기독교 성경에서 말하는 모세오경, 창세기- 베레쉬트 "태초에", 출애굽기- 쉐모트 "이름들", 레위기- 바이크라 "그리고 그가 부르셨다", 민수기- 바미드바르 "광야에서", 신명기- 드바림 "말씀들" 즉, 단지 성경의 앞 다섯 권이 아니라, 하나님께서 모세를 통해 이스라엘에게 주신 근본적인 언약의 말씀이다. 앞서 함께 나누었던 유대인들의 텍스트 사랑의 원천이 되는 삶의 철학, 리쉬마 사상도 토라 리쉬마 토라 자체를 위한 를 축약한 것이다.

유대인에게 토라는 단순한 율법서나 역사서가 아니다. 그것은 하나님의 음성이 기록된 형식, 곧 하나님과 인간 사이의 거룩한 계약의 문서로 여겨진다. 이 텍스트는 인간의 도덕, 정치, 경제, 가족, 공동체, 그리고 하나님과의 관계까지 전 영역에 영향을 미친다. 유대인은 이 말씀을 통해 세계를 읽고, 역사를 해석하며 자기 정체성을 규정해 왔다. 특히 토라는 문자 하나하나에 신적 의도가 깃들어 있다고 믿기 때문에, 단어의 배열, 반복, 생략, 숫자, 순서까지도 모두 해석의 대상이 된다. 예를 들어, 창세기 1장 1절의 "태초에 하나님이 천지를 창조하시니라"는 구절만 해도 랍비들은 '태초 בראשית'라는 단어의 순서, 의미, 단어 안에 감춰진 다른 단어들을 분석하며 수십 가지의 해석을 제시한다. 하브루타는 이처럼 의미의 층위가 깊은 텍스트 앞에서 질문하고 해석하는 훈련을 쌓는 과정이다.

하브루타는 단지 '재미있는 토론'이나 '창의력 개발'로 축소되어서는 안된다. 하브루타에서 토라는 단지 출발점이 아니다. 그것은 존재의 기준, 삶의 중심, 신앙의 근원이다. 하브루타는 이 텍스트를 중심에 두고, 끊임없이 묻는다. "하나님은 왜 이렇게 말씀하셨을까?", "이 표현은 무엇을 드러내고 무엇을 감추고 있는가?", "이 말씀은 오늘 나의 삶과 어떻게 연결지을 수 있을까?" 질문은 곧 존재의 해석이고, 이 해석은 곧 신앙의 실천으로 이어진다. 토라는 하나님께서 침묵하지 않으시고 지금도 대화하고 계시다는 가장 분명한 증거다.

토라는 단순한 종교 문헌이 아니라, 마치 하브루타 교육을 위해 설계된 것처럼 정교하다. 304,805개의 히브리어 자음과 약 79,976개의 단어 그리고 5,845개의 절로 구성된 이 텍스트는 수천 년간 유대인들의 학습과 대화의 중심이었다. 이 정밀함은 단순한 기록을 넘어 인간과 하나님의 대화를 위한 구조로 기능한다. 더욱 놀라운 것은 613개 미츠바^{계명}의 구성이다. 248개 적극적 계명과 365개 소극적 계명으로 나뉘는데 248은 인간 몸의 주요 기관 수이고 365는 1년의 날수다. 유대인들은 이 숫자들이 결코 우연이 아니라고 믿는다. 토라가 인간 존재의 모든 차원과 시간을 아우르는 완전한 텍스트임을 보여주는 하나님의 설계라는 것이다. 이러한 정밀한 구성은 하브루타 학습자들에게 끝없는 탐구 소재를 제공한다. 각 글자, 각 단어, 각 숫자에 숨겨진 의미를 찾아가는 과정에서 무한한 발견의 기쁨을 경험하게 된다.

토라는 하브루타 학습자들에게 세 가지 독특한 사고 패턴을 훈련시킨다.

첫째는 순환적 사고다. 토라는 일 년에 한 번씩 처음부터 끝까지 읽는 순환 구조로 되어 있다. 매년 같은 구절을 읽지만 인생의 다른 시점에서 읽으면 새로운 의미를 발견한다. 이는 반복을 통한 깊이 있는 사고를 훈련시킨다.

둘째는 연관적 사고다. 토라의 한 구절은 다른 수많은 구절들과 복잡하게 연결되어 있다. 하브루타 학습에서는 이러한 연결고리를 찾아내는 것이 중요한 과제다. "이 구절이 저 구절과 어떻게 연결되는가?", "이 개념이 다른 곳에서는 어떻게 표현되는가?"를 끊임없이 질문하면서 복합적이고 통합적인 사고력을 기른다.

셋째는 변증법적 사고다. 토라에는 겉보기에 모순되는 구절들이 많다. "눈에는 눈, 이에는 이"와 "원수를 사랑하라" 같은 모순된 가르침이 공존한다. 하브루타 학습자들은 이러한 긴장을 해결하려 노력하면서 변증법적 사고능력을 기른다. 모순을 모순으로 그냥 두지 않고 더 높은 차원에서 종합 해석하려는 노력이 깊은 지혜를 만들어낸다.

"토라는 사고하는 법을 가르치는 최고의 교과서다.
사상가는 토론교육으로만 만들 수 있다."

미쉬나 Mishnah : 말씀을 땅에 내리는 해석의 지혜

그러나 삶은 단순하지 않다. 토라는 위대한 원칙과 거룩한 이야기들을 담고 있지만, 그것만으로는 현실의 복잡한 문제에 모두 답하기 어렵다. 예를 들어, "안식일을 기억하여 거룩히 지키라"는 계명은 분명하지만, '어디까지가 노동이고, 무엇까지 허용되는가'에 대한 구체적인 설명은 생략되어 있다. 이처럼 토라의 규범이 일상에서 어떻게 구현되어야 하는가에 대한 실제적 고민 속에서 등장한 것이 바로 '미쉬나'이다.

미쉬나는 기원후 약 200년경 랍비 유다 하나시에 의해 구전으로 전해 내려오던 유대인의 율법과 해석 전통을 집대성한 것이다. 총 6개의

'세데르 Seder, 질서'로 구성2) 되며, 각 세데르 안에는 총 63개의 '마세케트 Masekhtot, 논문'라 불리는 세부 문헌이 포함되어 있다.3)

| 미쉬나는 6개의 세데르와 그 아래 63개의 마세케트으로 이루어져 있다 |

---

2) 미쉬나는 총 6개의 '세데르(סדר, Seder, 질서)'로 구성된다. 첫째, '제라임(זרעים, Zeraim)'은 '씨앗들'이라는 뜻으로, 농업과 관련된 율법, 감사 기도, 십일조 등을 다룬다. 둘째, '모에드(מועד, Moed)'는 '절기'를 뜻하며, 안식일과 유월절, 초막절 등 유대인의 절기 규례와 시간의 거룩함을 다룬다. 셋째, '나심(נשים, Nashim)'은 '여성들'이라는 의미로, 결혼과 이혼, 서약, 가족법 등 개인과 가정의 관계에 대한 법률을 포함한다. 넷째, '네지킨(נזיקין, Nezikin)'은 '손해' 또는 '손상'을 의미하며, 민사와 형사법, 법정 절차, 사회 정의에 관한 내용을 담고 있다. 다섯째, '코다쉼(קדשים, Kodashim)'은 '거룩한 것들'을 뜻하며, 성전 제사와 제물, 제사장들의 규례 등 성소와 관련된 법을 다룬다. 여섯째, '토호롯(טהרות, Tohorot)'은 '정결함'을 뜻하며, 부정과 정결에 대한 규례, 정화 의식 등을 중심으로 구성되어 있다.
3) 최중화, 『미쉬나 길라잡이』, 한길사, 60p

이 구조는 구전율법을 조직적으로 보존하고 교육하기 위한 독창적인 체계였다. 이 안에는 농사, 절기, 결혼과 가족, 손해배상과 법정, 제사와 정결에 이르기까지 삶의 전 영역에 대한 해석과 규범이 정리되어 있다. 미쉬나는 단순한 규칙의 목록이 아니다. 그것은 해석을 통해 삶을 형성하는 유대인의 실천적 철학이 담긴 책이다. 말씀을 세세하게 나누고, 일상에 맞게 구체화하며, 모호한 상황 속에서 하나님의 뜻을 찾는 과정. 이것이 바로 미쉬나가 수행한 역할이다. 토라가 이상이라면, 미쉬나는 실현이다.

하브루타에서는 미쉬나를 통해 학생들이 실제 삶과 말씀 사이를 연결하는 훈련을 한다. 예를 들어, "타인에게 손해를 입혔을 경우 그 보상은 어떻게 해야 하는가?"라는 질문을 다룰 때, 토라는 단순히 "이웃을 사랑하라"고 말하지만 미쉬나는 소의 뿔로 상해를 입혔을 경우와 발로 밟은 경우, 공동 우물에 빠진 경우 등 세부적 사례를 구분하여 공동체 정의와 책임 윤리를 훈련시킨다. 미쉬나는 토라를 땅 위에 내리는 해석의 지혜이며, 하나님의 뜻을 일상에서 살아내는 길을 보여준다.

미쉬나의 구조는 단지 정보를 전달하기 위한 것이 아니다. 토론하고 질문하도록 고안된 형태로 하브루타 학습의 방식에 최적화되어 있다. 마치 누군가 "하브루타를 위한 교재를 만든다면 어떻게 구성할 것인가?"라는 질문에 응답하듯 미쉬나는 질문을 부르는 문장, 해석의 여지를 남긴

문장, 그리고 현실의 삶과 율법 사이의 긴장을 드러내는 문장들로 가득하다. 이들은 이 텍스트를 통해 말씀대로 거룩하게 살아가는 삶의 실천을 꿈꾼다.[4]

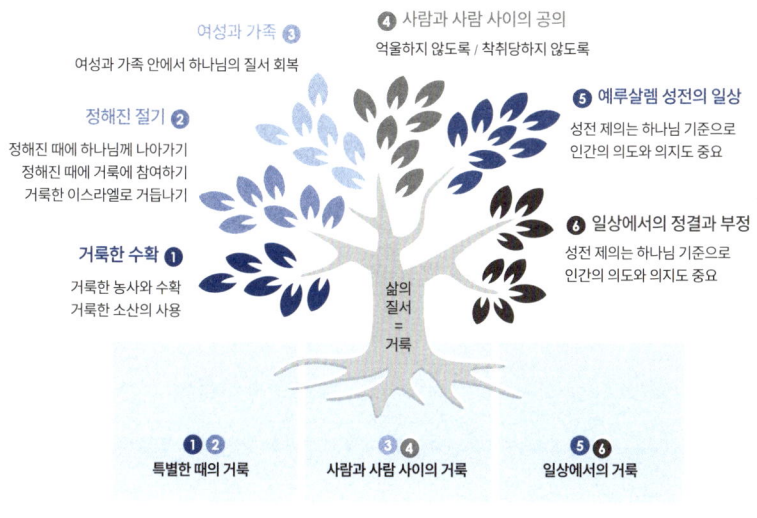

| 미쉬나에 따라 거룩하게 살아가는 삶의 모습을 시각적으로 표현했다 |

더욱이 미쉬나는 삶 전반에 걸친 주제들을 다룬다. 제사와 정결법, 안식일과 농업법, 재판과 계약, 윤리와 형벌, 여성과 가족, 일상과 경건 등 인간의 삶을 구성하는 모든 문제들이 이 안에 담겨 있다. 이는 하브루타가 단지 학문적인 훈련이 아니라 삶 자체를 배우는 인격 교육임을 잘 보

---

4) Ibid 78p

여준다. 결국 미쉬나는 단순한 율법서가 아니다. 그것은 '토론을 통해 진리를 향해 나아가라'는 하브루타 교육의 철학을 가장 잘 구현한 살아 있는 교육 텍스트다.

미쉬나의 가장 독특한 특징은 단순히 법을 나열하지 않고 서로 다른 견해를 병행 제시한다는 점이다. "베트 샴마이는 말한다. 베트 힐렐은 말한다."와 같은 구조가 전체를 관통한다. 이는 우연이 아니다. 하브루타 토론을 위한 완벽한 소재를 제공하기 위한 의도적 구성이다. 더욱 놀라운 것은 많은 미쉬나가 확정적 결론 없이 끝난다는 점이다. 이는 편집자의 실수가 아니라 의도적인 것이다. 후대 학습자들이 계속 토론하고 탐구할 여지를 남겨둔 것이다. 미쉬나 편집자들은 자신들의 결론을 강요하기보다는 다음세대가 더 깊은 진리를 발견할 수 있도록 열린 구조를 만들었다.

탈무드 Talmud : 정답 없는 진리 탐구의 대화 공간

미쉬나가 정리되었을 때, 그것은 결코 '완결'을 의미하지 않았다. 오히려 그것은 '시작'이었다. 랍비 유다 하나시가 구전율법을 집대성한 이후, 유대 학자들은 이 미쉬나를 해석하고 토론하며 수백 년에 걸쳐 방대한 주석과 논의를 축적했다. 이 주석의 집합이 바로 게마라 גמרא 이다. '게마라'는 아람어로 '완성, 결론'이라는 뜻을 지닌다. 이는 문자적 완결을 뜻한다기보다 토론과 해석의 여정이 한 단계 성숙한 시점이라는 의미에 가깝다.

게마라는 미쉬나 각 조항에 대해 수백 개의 질문을 던지고, 다양한 랍비들의 해석과 논쟁을 펼치며, 단일한 정답이 아닌 다층석 진리를 탐색한다. 이 해석들은 종종 서로 충돌하고, 전혀 다른 논리로 전개되며, 때로는 의도적으로 결론을 내리지 않고 독자에게 질문을 남긴다. 이것이 바로 하브루타 정신이자, 유대 지성의 핵심이다. 게마라는 미쉬나에 대한 아모라 시대의 토론과 해석을 기록한 것으로, 하브루타 학습의 최고 수준을 보여준다.

바빌로니아 탈무드는 미쉬나 63권 중 37개 마세케트에 대한 해설 게마라로 구성되며, 전통적으로 2,711개의 다프 양면페이지, 약 250만 단어에 달하는 방대한 분량이다. 이는 수세기 동안 수천 명의 랍비들이 축적한 토론과 해석의 정수가 담긴 유대율법과 사상의 백과사전이라 할 수 있다.

게마라의 논증 구조는 놀라울 정도로 정교하다. 미쉬나 인용에서 시작해서 질문 제기, 증거 제시, 반박, 재반박, 구별과 해결에 이르는 복잡한 패턴을 보인다. 이러한 구조는 하브루타 학습자들에게 고도의 논리적 사고력과 분석 능력을 요구한다. 탈무드는 질문을 중심으로 다양한 사회적·종교적 관점이 충돌하고 대화하는 방식으로 전개된다. 각 견해에 대해 근거가 제시되고, 반박이 이어지며 결국 실용적 해결책이 도출된다. 이 과정에서 하브루타 피트너들은 긱 랍비의 논리를 따라가며 자신늘만의 결론을 도출해야 한다.

"탈무드는 생각하는 법을 가르치는 3천 년 전통의 사고력 훈련장이다." 미쉬나와 게마라가 함께 엮인 문헌을 탈무드 Talmud 라 부른다.

기원후 3세기부터 6세기까지 바벨론과 이스라엘에서 형성되었으며 두 가지 버전이 존재한다. 하나는 예루살렘 탈무드이며 다른 하나는 보다 방대하고 권위를 인정받는 바벨론 탈무드이다.[5]

탈무드의 특징은 무엇보다 토론과 논쟁, 그리고 열린 결말이다. 하나의 문제를 두고 수십 명의 랍비들이 서로 다른 견해를 제시하고, 그 견해들이 겹치기도 하고 충돌하기도 하며, 때로는 결론 없이 끝나기도 한다. 그러나 유대인들은 이것이야말로 진리에 이르는 올바른 방법이라고 여겼다. 하나님 말씀 앞에서의 겸손, 복수의 해석을 존중하는 지혜, 대화를 통한 공동의 진리 추구, 이것이 탈무드가 보여주는 하브루타의 진정한 정신이다.

---

5) Ibid 98p

하브루타 교육에서 탈무드는 질문의 훈련소다. 여기에서 학생들은 논리적 일관성과 윤리적 책임, 해석의 다양성과 텍스트의 다의성을 경험한다. 탈무드를 읽는다는 것은, 정답을 얻는 것이 아니라, 더 깊은 질문자가 되는 것을 의미한다. "탈무드는 텍스트를 통해 하나님과의 대화를 훈련하는 학교이며, 진리는 정답이 아니라 '함께 묻는 과정' 속에서 자라난다."

하브루타는 바빌로니아 탈무드가 형성되던 시기에 토론 중심의 학습 문화로 정착되었으며, 오늘날에는 '완전학습'에 가까운 유대인 전통의 대표적 학습법으로 평가받는다. 기원후 200년부터 500년까지 300년간 아모라 시대의 랍비들이 축적한 토론과 논쟁이 탈무드에 고스란히 기록되어 있다. 탈무드에 나타나는 수많은 랍비들 간의 대화가 바로 하브루타의 결과물이었다. 이들의 대화는 단순한 토론이 아니었다.

"메나 하니 밀레이? "מנא הני מילי?" – "이 말들은 어디서 온 것인가?", 탈무드에서 어떤 율법이나 주장, 전통이 제시되었을 때 그 출처를 성경에서 찾기 위해 던지는 질문", "마이 큐샤? "מאי קושיא?" – "어떤 문제가 있는가?", 어떤 해석이나 논리에 대해 이의가 제기될 때, 그 반론이 타당한지, 진짜 문제인지 판단하려는 의도로 던지는 질문"와 같은 질문 패턴이 체계화되면서, 텍스트에 대한 깊은 탐구를 위한 정교한 방법론이 발달했다. 하지만 무엇보다 중요한 것은 모든 하브루타가 반드시 텍스트에서 출발하고 텍스트로 돌아갔다는 점이다. 개인적 의견이나 경험이 아닌 토라와 미쉬나라는 권위 있는 텍스트가 모든 논의의 절대적 기준이었다.

아래 그림은 바벨로니아 탈무드의 첫 페이지이다.[6]

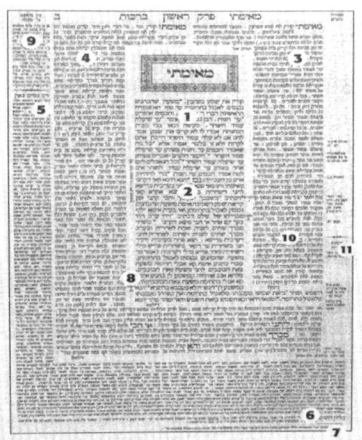

"텍스트 없는 하브루타는 빈 수레가 요란한 것과 같다."

오늘날 우리가 말하는 '탈무드'는 사실상 하나의 책이 아니라 수천 명의 목소리가 담긴 대화의 기록이다. 탈무드는 단순한 주석집이 아니다. 텍스트 위에 텍스트를 덧씌우며 지식과 지혜, 윤리와 현실, 신앙과 일상이 충돌하고 조우하는 거대한 장 場 이다. 수세기 동안 하브루타의 장에서 탈무드는 단 한 번도 독학의 대상이 아니었다. 반드시 둘 이상이 마주 앉아 서로

---

6) 1. 미쉬나 (팔레스타인, 약 AD 220년). 2. 게마라 (바빌로니아, 약 AD 500년) 3. 라쉬의 주석 (프랑스, AD 1040-1105년) 4. 토사피스트의 주석 (프랑스와 독일, 12-13세기) 5. 랍비 니씸 벤 야곱 (튀니스-튀니지의 수도, 11세기. 많은 평론에서 레베뉴 하나넬의 초기 중세 해설은 여기에 나타난다.) 6. 랍비 아키바 에이거의 메모 (오스트리아-헝가리, 1761-1837) 7. 익명의 주석, 인쇄업자가 썼다. 8. 성경질문에 대한 열쇠. 9. 유대율법에 대한 중세 코드의 상호 참조. 10. 탈무드의 다른 본문에 대한 상호 참조. 11. 본문수정을 위한 조엘 시르케스(폴란드 1561-1640)의 증거 <출처:쉐마교육연구원>

의 해석에 질문을 던지고, 반박하고, 끝없는 대화를 통해 공동의 의미를 만들어가는 텍스트였다.

그러나 질문은 멈추지 않는다. 미쉬나조차 현실의 모든 질문을 포괄할 수 없었다. 그렇게 미쉬나를 중심으로 수백 년간 펼쳐진 해석과 토론, 논쟁과 반론이 축적되었고, 그것이 바로 탈무드 Talmud 다. '배움' 또는 '공부'라는 뜻을 가진 탈무드는 유대인의 가장 위대한 지적 유산이자 하브루타 교육의 살아 있는 교과서 중 하나이다.

토라는 하나님의 말씀을 듣는 귀를 기른다. 미쉬나는 그 말씀을 사는 손으로 만든다. 탈무드는 그 말씀을 해석하는 눈을 길러준다. 이 세 텍스트는 단순히 교육 자료가 아니다. 그것은 말씀이 어떻게 세계가 되고, 삶이 되고, 공동체가 되는지를 보여주는 하나님의 지혜 체계다. 하브루타는 이 텍스트들과 씨름하면서, 단순한 정보가 아니라 지혜와 믿음을 세우는 '존재의 언어'를 배운다. 그래서 하브루타는 '텍스트 중심 교육'이다. 질문은 텍스트에서 나오고, 해석은 텍스트를 통과하며, 변화는 텍스트 앞에서 일어난다. 텍스트가 살아 있을 때, 하브루타는 살아 있고, 텍스트가 권위를 가질 때, 공동체는 흔들리지 않는다.

"하브루타가 탁월한 이유는, 질문의 효능 때문만이 아니라, 그늘이 붙잡은 '텍스트의 힘', 즉 '하나님의 말씀이 능력'이기 때문이다."

3 고차원에서 저차원으로의 역방향 학습법

　현대 교육학에서 철칙처럼 여겨지는 것이 있다. '단순한 것부터 복잡한 것으로 가르쳐야 한다'는 원칙이다. 알파벳을 익히고 단어를 배우고 문장을 만들어 마침내 텍스트를 읽게 한다. 수를 세고 더하기를 배우고 곱셈을 익혀 마침내 고등수학에 도달하게 한다. 이것이 서구 교육학이 당연하게 여기는 발달 단계적 접근법의 핵심이다. 하지만 이 상식이야말로 인간의 잠재력을 가장 크게 제한하는 고정관념일지도 모른다. 그런데 세상에는 이 상식을 정면으로 뒤집은 민족이 있다. 바로 유대인들이다.

　3천 년 동안 그들은 어린 아이들에게 가장 어렵고 복잡한 텍스트인 토라와 탈무드부터 가르쳐왔다. 현대 교육학자들이 불가능하다고 단언할 일을 그들은 매일 해내고 있다. 믿기 어렵겠지만, 5세 아이가 레위기의 복잡한 제사법을 배우고, 8세 아이가 2천 년 전 랍비들의 미묘한 논증을 분석한다. 이것은 교육학적 상식으로는 도저히 설명할 수 없는 현상이다. 더 놀라운 것은 이러한 역방향 학습법의 결과이다.

　어려운 텍스트 해석에 훈련된 유대인 아이들에게 수학이나 과학은 상대적으로 쉬운 과목이 되어버린다. 복잡한 심층적인 사고에 익숙해진 그들에게 표면적이고 단선적인 세속 학문은 마치 아이들 장난감처럼 단순하게 느껴진다. 어려운 것을 먼저 배운 아이에게 쉬운 것은 저절로 학습된다는 것이 유내인 교육이 보여주는 놀라운 진실이다. 이러한 유대인 교육의 특징은 오늘날 전 세계적으로 문제가 되고 있는 문해력 위기와 직결된다. 현대 학생들이 겪고 있는 문해력 위기의 근본 원인 중 하나는 텍스트의 단순화와 디지털 매체의 파편화된 정보 소비 방식이다. 복잡하고 긴 텍스트를 읽고 이해하는 경험이 절대적으로 부족한 상황에서, 유대인들의 고차원 텍스트 우선 교육법은 중요한 대안을 제시한다.

유대인 교육의 텍스트 중심성은 단순한 교육 방법론을 넘어서 깊은 신학적 의미를 가진다. 요한복음 1장 1절의 선언 "태초에 말씀이 계시니라 이 말씀이 하나님과 함께 계셨으니 이 말씀은 곧 하나님이시니라" 는 말씀의 본질적 중요성을 보여준다. 기독교 신학에서 말씀, 즉 로고스는 단순한 정보나 지식이 아니라 하나님의 본질 자체다. 말씀이 곧 하나님이라면, 말씀을 이해하는 것은 우주의 설계도를 읽는 것과 같다. 따라서 하나님의 말씀을 읽고 이해하는 것은 피조물이 창조주를 만나는 가장 직접적인 방법이다. 유대인들이 어린 아이부터 토라를 가르치는 것은 바로 이러한 말씀의 존재론적 우월성을 인정하는 것이다.

창세기 1장에서 하나님은 말씀으로 천지를 창조하셨다. "하나님이 이르시되… 그대로 되니라"는 반복되는 구조는 말씀이 보는 피소세계의 근본 원리임을 보여준다. 따라서 말씀을 이해하는 것은 세상의 모든 원리를 이해하는 마스터키를 손에 쥐는 것이다. 잠언 1장 7절 "여호와를 경외하는 것이 지식의 근본이거늘"과 잠언 9장 10절 "여호와를 경외하는 것이 지혜의 근본이요"라는 말씀은 모든 참된 지식과 지혜가 하나님의 말씀에서 출발함을 선언한다.

아더 홈즈가 말한, "모든 진리는 하나님의 진리다"라는 명제처럼, 세속 학문도 궁극적으로는 하나님의 창조 질서를 탐구하는 것이므로 말씀을 먼저 이해한 자에게는 상대적으로 쉬워지는 것이다. 이러한 관점에서 볼 때, 이처럼 고차원에서 저차원으로 공부하는 유대인들의 역방향 학습법은 단순한 교육 기법이 아니라 창조 질서에 부합하는 학습 원리라고 할 수 있다. 모든 지식의 근원이 되는 하나님의 말씀부터 가르치고, 그 말씀의 빛에서 다른 모든 학문을 이해하도록 하는 것이다.

전통적인 유대인 초등교육 기관인 '헤데르 Heder, חדר'에서는 상상을 초월하는 교육 방식을 사용한다. 가장 충격적인 것은 5세 아이들이 레위기부터 성경 공부를 시작한다는 점이다. 현대 교육학자가 들으면 기절초풍할 이야기지만, 이것은 3천년간 지속된 엄연한 사실이다. 레위기는 성경 중에서도 가장 복잡하고 어려운 책 중 하나다. 제사 의식, 정결법, 속죄일 규정 등 추상적이고 복잡한 개념들로 가득하다. 서구식 교육 관점에서 보면 이는 완전히 잘못된 접근이다. 5세 아이에게는 창세기의 창조 이야기나 노아의 방주 같은 구체적이고 이해하기 쉬운 이야기부터 시작해야 마땅

하다. 하지만 유대인들의 논리는 완전히 다르다. 탈무드 바바 바트라 21a에서 "순수한 아이들이 순수한 것 ^{제사법} 을 배워야 한다"고 말한다. 여기서 '순수함'은 단순함이 아니라 '거룩함'을 의미한다. 아이들의 순수한 마음이야말로 가장 거룩하고 복잡한 하나님의 말씀을 받아들이기에 가장 적합한 그릇이라는 것이다. 순결한 아이에게 가장 먼저 주어진 것은, 가장 거룩한 말씀, 레위기인 것이다.

8세가 되면 미쉬나 학습이 본격적으로 시작된다. 현대의 법대생도 이해하기 어려운 내용을 8세 아이가 배운다는 것은 인간 지능의 한계에 대한 우리의 편견을 완전히 뒤엎는다. 바르 미츠바인 13세 이후에는 게마라 학습이 시작된다. 게마라는 미쉬나에 대한 주석서로, 앞서 살펴본대로, 1천 5백년 전 바빌로니아와 팔레스타인의 랍비들이 나눈 치밀하고 복잡한 논증들이 담겨 있다. 13세 소년이 1천 5백년 전 현자들과 대등하게 논쟁하며 자신만의 해석을 제시하며 기존 랍비들의 해석에 도전하고 자신만의 새로운 해석을 제시한다. 여러 탈무드 구절들을 연결하여 새로운 통찰을 도출하고, 동료나 심지어 교사의 해석에 대해 논리적으로 반박한다. 이는 대학원 수준의 학술 활동과 유사하다는 말로는 부족하다. 이들은 이미 독립적인 사상가가 되어 있다. 이것이야말로 교육의 기적이 아닌가?

예시바는 놀라운 교육 현장을 생생하게 묘사한다. 10대 초반의 예시바 학생들이 탈무드의 복잡한 논증 구조를 분석한다. 예를 들어, "A 랍비는 X라고 주장했는데, B 랍비가 Y라는 근거로 반박했고, 그에 대해 C 랍비는 Z라는 구별을 제시했다"는 식의 다층적 논리 구조를 추적한다. 이런 복잡한 사고의 체스게임을 10대 초반 아이들이 해낸다는 것은 인간 두뇌의 잠재력이 우리 상상을 훨씬 뛰어넘는다는 증거다. 탈무드의 특징 중 하나는 "만약 이러하다면…"식의 가정법적 논증이다. 실제로는 일어나지 않을 상황들을 가정하고 그에 대한 할라카를 도출하는 훈련을 한다. 이는 추상적 사고력과 논리적 분석력을 극도로 발달시키는 최고급 두뇌 훈련이다.

유대인 교육은 서구적 발달 단계론에 정면으로 도전한다. 서구 교육학은 아이들을 미성숙한 존재로 보지만, 유대인들은 그들을 무한한 가능성을 가진 거룩한 존재로 본다. 서구 교육학이 아이들의 인지 능력을 과소평가한다고 본다. 적절한 환경과 동기가 주어지면 아이들은 어른들이 생각하는 것보다 훨씬 복잡하고 추상적인 사고가 가능하다는 것이다.

사회가 아이들에게 높은 수준을 기대하면 아이들은 그 기대에 부응한다. 기대치가 천장이 되어버리는 것이다. 유대인 사회는 5세 아이에게도 복잡한 텍스트 해석을 기대하고, 아이들은 실제로 그것을 해낸다. 내용이 어렵더라도 그것이 의미 있고 소중한 것이라면 아이들은 기꺼이 도전한다. 토라는 유대인에게 생명보다 소중한 것이기 때문에 아이들도 목숨을 걸고 어려운 공부를 감당한다.

이렇게 어려운 하나님의 말씀을 공부하는 민족인 유대인들에게 세상 학문이 쉬워지는 원리에는 어떤 비밀이 숨겨져 있을까?

4 유대인 교육의 비밀, 공부는 결국 언어력이다

요한복음 1장 1절의 "태초에 말씀이 계시니라 이 말씀이 하나님과 함께 계셨으니 이 말씀이 곧 하나님 이시니라"는 선언은 말씀 조기교육의 놀라운 효과에 대한 신학적 설명을 제공한다. 말씀으로 천지를 창조하신 하나님의 능력이 여전히 말씀 안에 살아 숨쉬고 있다. 따라서 하나님의 말씀을 읽고 묵상하는 것은 단순한 지적 활동이 아니라 창조적 능력과의 만남이다. "내 입에서 나가는 말이 헛되이 내게로 되돌아오지 아니하고"라는 이사야 55장 11절의 약속처럼, 하나님의 말씀 자체에 사람을 변화시키는 초자연적 능력이 내재되어 있다. "여호와를 경외하는 것이 지혜의 근본"이라는 잠언의 말씀처럼, 모든 참된 지혜는 하나님의 말씀에서 나온다. 또한 "그 말씀이 곧 하나님이시다." 그래서 '말씀은 능력 power'이다.

유대인 교육은 '아이들은 단순한 것부터 배워야 한다'는 서구 교육학의 고정관념에 도전한다. 적절한 지도와 동기가 있다면 아이들도 고차원적 사고가 가능하다는 것은 교육계의 코페르니쿠스적 사고전환이다. 특히 하나님의 말씀이라는 '텍스트' 앞에서는 더욱 그렇다. 현재의 교육과정이 지나치게 쉽게 설계되어 있을 가능성을 시사한다는 것은 우리가 아이들의 잠재력을 심각하게 과소평가하고 있다는 뜻이다. 요한복음 1장의 관점에서 보면, 모든 지식의 근원인 말씀부터 가르치는 것이 오히려 자연스러운 순서이다.

요한복음 1장의 로고스 신학은 이러한 교육 접근법에 깊은 신학적 정당성을 부여한다. "태초에 말씀이 계시니라"는 선언은 모든 교육이 말씀에서 시작되어야 함을 보여주는 교육의 헌법 1조다. 말씀으로 창조된 세상에서 말씀을 먼저 이해하는 것은 가장 자연스럽고 효과적인 학습 방법이다. 아이들은 우리가 생각하는 것보다 훨씬 뛰어난 인지적 능력을 가지고 있다는 것은 하나님의 형상으로 지음받은 존재의 놀라운 증거다. 특히 하나님의 말씀이라는 의미 있고 거룩한 텍스트 앞에서는 더욱 그렇다. 적절한 동기와 지원이 있다면 그들은 복잡하고 추상적인 사고도 가능하다. 중요한 것은 그들에게 의미 있고 가치 있는 도전을 제공하는 것이다.

예수님께서 "천지의 주재이신 아버지여, 이것을 지혜롭고 슬기 있는 자들에게는 숨기시고 어린 아이들에게는 나타내심을 감사하나이다" 마11:25 라고 하신 것처럼, 하나님은 오히려 학문적 편견에 사로잡히지 않은 어린아이들에게 진리를 더 선명하게 계시하신다. 인간의 지적 능력만으로는 하나님의 말씀을 이해할 수 없지만, 성령께서 조명해주실 때 아이들도 깊은 영적 통찰을 얻을 수 있다. "하나님의 말씀은 살아 있고 활력이 있어"라는 히브리서 4장 12절의 말씀처럼, 성경은 죽은 텍스트가 아니라 지금 이 순간에도 생명력을 발휘하는 살아있는 하나님의 음성이다.

하나님의 말씀이라는 특별한 의미가 아이들에게 강력한 내재적 동기를 제공한다. 이는 외적 보상이나 강요보다 훨씬 강력한 학습 동력으로, 마치 연료가 아니라 엔진 자체가 바뀌는 것과 같다. 하나님의 백성으로서의 정체성이 학습과 직결되어 있어 아이들은 자연스럽게 깊이 있는 학습에 몰입하게 된다. 시험을 위해서나 일시적 목적이 아닌 영원한 가치를 가진 내용이라는 인식이 지속적인 학습 동기를 제공한다. 현대 학생들이 겪고 있는 문해력 위기는 심각한 수준에 달했다. 이는 교과서 수준의 글을 읽고 이해하지 못한다는 의미로, 마치 문자가 있는데도 문맹인 상태와 같다. 더 심각한 것은 이 비율이 매년 증가하고 있다는 점이다.

정보가 넘쳐나는 시대에 오히려 깊이 있는 독해 능력이 약화되고 있다는 것은 인류 문명사의 아이러니다. 짧고 단순한 SNS 텍스트에 익숙해진 세대는 길고 복잡한 문서를 읽는 것을 극도로 어려워한다. 유튜브, 숏츠 등의 영상 매체에 익숙해진 학생들은 선형적이고 논리적인 텍스트 읽기에 어려움을 겪는다. 즉석에서 소비할 수 있는 단편적 정보에만 노출되어 있는 것은 마치 패스트푸드만 먹고 자란 아이가 제대로 된 음식을 소화하지 못하는 것과 같다. 표면적 이해에 머물고 깊이 있는 분석이나 비판적 사고를 요구하는 텍스트를 기피하는 경향이 증가하고 있다. 문해력 위기는 단순히 읽기 능력의 문제가 아니라 깊이 있는 사고력 자체의 위기다. 이와 대조적으로 유대인 교육은 어린 시절부터 최고 수준의 문해력을 요구하는 시스템이다. 5세부터 레위기와 같은 복잡한 텍스트를 읽게 함으로써 높은 수준의 문해력을 조기에 형성한다는 것은 현대 교육학의 모든 상식을 뒤엎는 혁명이다. 이는 현대 교육학이 제시하는 '아이 수준에 맞는 쉬운 텍스트'와는 정반대 접근이다.

복잡한 텍스트를 읽고 해석하는 훈련은 뇌의 신경 연결망을 강화시키는 최고의 두뇌 훈련이다. 특히 어린 시절의 집중적 훈련은 평생에 걸쳐 영향을 미치는 뇌 구조의 변화를 가져온다. 어려운 인지적 훈련을 받은 사람들은 '인지 예비력 Cognitive Reserve'이 높아져서 나중에 다른 인지적 과제들을 더 쉽게 수행할 수 있다. 탈무드 연구로 단련된 뇌는 수학이나 과학 같은 다른 영역에서도 뛰어난 성능을 발휘하는 슈퍼컴퓨터가 된다. 복잡한 텍스트 해석 능력은 다른 영역의 문제해결 능력으로 전이된다. 탈무드의 복잡한 논증 구조를 분석하는 능력은 과학 연구나 수학 문제해결에도 직접적으로 도움이 된다.

심리학자 로버트 비요크 Robert Bjork 가 제시한 '디자이어러블 디피컬티 Desirable Difficulty' 개념은 적절한 수준의 어려움이 오히려 학습 효과를 높인다는 이론이다.[7] 탈무드는 바로 이런 '바람직한 어려움'을 제공하는 최고의 인지적 도전장이다. 복잡한 과제를 수행하면서 뇌의 작업 기억과 장기 기억이 동시에 활성화되어 전반적인 인지 능력이 향상된다.

---

7) Bjork, R. A. (1994). Memory and metamemory considerations in the training of human beings. In J. Metcalfe & A. Shimamura (Eds.), Metacognition: Knowing about knowing (185p–205p)

탈무드 학습 과정에서 학생들은 자신의 사고 과정을 지속적으로 점검하고 수정한다. "내가 왜 이렇게 생각하는가?", "이 논증의 약점은 무엇인가?"와 같은 메타인지적 질문이 자연스럽게 습관화되는 것은 최고급 두뇌 훈련이다. 복잡한 논증 구조에서 논리적 오류를 찾아내는 훈련을 통해 비판적 사고력이 극도로 발달한다. 다양한 탈무드 구절들 사이의 공통 패턴을 찾아내는 훈련을 통해 추상화 능력이 발달한다. 이는 수학의 공식 도출이나 과학의 법칙 발견과 직결되는 최고차원의 사고 능력이다. 서로 다른 맥락의 사례들 사이에서 본질적 유사성을 찾아내는 능력이 발달한다. 탈무드의 미묘한 차이를 표현하기 위해 정확하고 정밀한 언어 사용이 필수적이다. 이는 다른 학문 영역에서도 정확한 사고와 표현으로 이어지는 언어적 수술칼을 만드는 것과 같다. 한 문장이 여러 층위의 의미를 가질 수 있음을 인식하고 분석하는 능력이 발달한다.

어린 시절부터 최고 수준의 텍스트에 노출시키고, 그 텍스트가 바로 생명의 말씀임을 깨닫게 할 때, 아이들은 자연스럽게 높은 수준의 문해력을 갖추게 된다는 것이 해법의 열쇠다.

"이 말씀은 곧 하나님이시니라"는 진리를 아는 기독교 교육에서 더욱 중요한 의미를 갖는다. 성경을 읽는 것은 단순한 문자 해독이 아니라 하나님 자신을 만나는 거룩한 행위라는 인식이야말로 진정한 문해력의 출발점이다. 이러한 경외심과 사랑이 있을 때 진정한 문해력이 형성된다.

하브루타 교육이 한국에 제대로 정착하려면 이러한 역방향 학습법의 원리와 말씀 중심성을 이해하고 적용하는 것이 필수적이다. 단순히 토론만 차용할 것이 아니라 아이들에게 도전적이고 의미 있는 하나님의 말씀(text)을 제공하고, 그들의 무한한 가능성을 믿고 지원하는 교육 문화를 만들어가야 한다는 것이 진정한 하브루타의 정착이다.

"태초에 말씀이 계시니라"는 진리 위에 서서 우리도 유대인들처럼 어린 아이들에게 하나님의 말씀의 깊이와 아름다움을 온전히 경험하게 해 주어야 한다. 그때 그들은 자연스럽게 높은 문해력을 갖추게 될 것이고, 세상의 모든 학문도 하나님의 말씀의 빛에서 더 쉽고 명확하게 이해하게 될 것이라는 약속이 현실이 된다. 이것이 바로 "말씀이 곧 하나님이시다"라는 진리가 교육 현장에서 구현되는 구체적인 방법이며 문해력 위기 시대에 교회가 제시할 수 있는 가장 근본적이고 효과적인 대안이다.

"어려운 것을 먼저 배운 아이에게는 모든 것이 쉬워진다"는 유대인 교육의 핵심 원리가 바로 여기에 있다. 결국 이 모든 것은 하나의 단순하면서도 혁명적인 진리로 귀결된다.

"말씀이 먼저다. 말씀이 전부다. 말씀이 답이다."

5 초대교회 말씀연구 8단계

1세기 초대교회의 말씀 연구방법은 어떤 방법이었을까? 어떤 순서로 진행되었을까? 1세기 초대교회의 말씀 연구방법은 단순한 지식 습득이 아니었다. 그것은 하나님의 말씀이 인간의 존재 전체를 관통하여 삶의 실체가 되는 전인격적 변화의 과정이었다. 『1세기 교회, 가정예배』에서는 이러한 변화의 과정을 8단계로 소개하고 있다.[8]

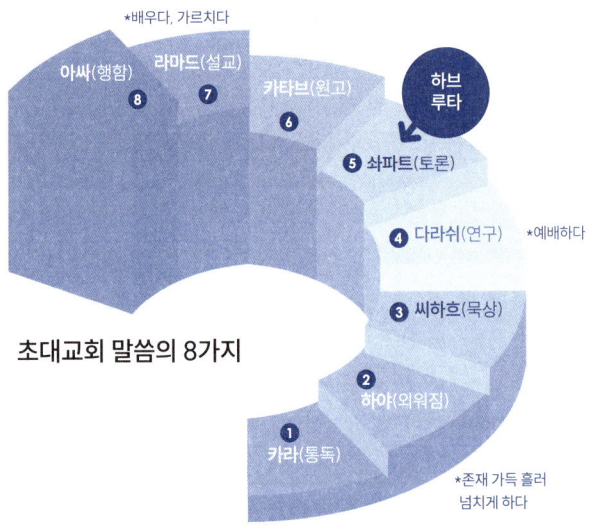

―――――

8) 권창규, 『1세기 교회, 가정예배』, 하온, 2023, 88p

이 8단계의 여정은 말씀을 읽는 자에서 말씀을 사는 자로, 말씀을 아는 자에서 말씀이 삶이 되는 자로 변화시키는 영적 연금술과 같다. 탈무드에는 이런 깊은 통찰이 담겨있다. "말을 하기 전에는 내가 말의 주인이지만, 말을 뱉고 난 다음에는 내가 말의 노예가 된다." 이는 우리가 말씀과 맺는 인격적 관계의 본질을 보여준다. 처음에는 우리가 말씀을 선택하고 다루는 것 같지만, 진정한 말씀 연구의 과정을 거치면 결국 말씀이 우리를 사로잡고 변화시켜 우리의 주인이 된다는 것이다.

이 8단계는 단순한 방법론이 아니라 하나님과의 깊은 관계로 들어가는 영적 순례길이다. 각 단계는 이전 단계의 토대 위에서 더욱 깊어지는 나선형 구조를 가지며, 개인의 영성과 공동체의 신앙이 하나로 어우러지는 전인적 접근법이다.

1단계 : 카라- 통독, 음성의 문을 열다

카라는 단순히 '읽다'가 아니라 '부르다', '선포하다'는 의미를 담고 있다. 고대 근동 사회에서 대부분의 사람들이 문맹이었던 시절, 한 사람이 소리 내어 읽으면 공동체 전체가 함께 들었다. 이는 말씀이 개인의 소유물이 아니라 공동체의 공적 자산임을 보여준다.

"말씀을 읽는 것은 하나님의 음성을 불러내는 것이다. 우리가 말씀을 읽을 때, 하나님이 우리에게 말씀하신다." 초대교회에서 카라는 말씀에 대한 첫 번째 만남이었다. 이 단계에서 중요한 것은 완벽한 이해가 아니라 하나님의 음성에 귀를 기울이는 자세였다. 회당 전통을 이어받아 공동체가 함께 모여 한 사람이 읽어주는 것을 들었고, 개인적으로도 본문을 반복해서 소리 내어 읽었다. 이 과정에서 말씀은 단순한 문자가 아니라 살아있는 음성이 되어 읽는 자의 입술과 귀를 통해 심령 깊은 곳으로 침투해 들어갔다.

히브리서 4장 12절의 "하나님의 말씀은 살아 있고 활력이 있어"라는 선언이 카라 단계에서 실제 경험이 되었다. 마치 사랑하는 사람의 편지를 처음 받아 읽을 때의 설렘과 집중처럼, 하나님의 말씀을 경외하며 받아들이는 마음가짐이 카라의 핵심이었다. 초대교회 성도들은 카라를 통해 말씀이 단순한 종교적 텍스트가 아니라 창조주 하나님의 직접적인 음성임을 체험했다. 그들은 본문을 최소 세 번 이상 반복해서 읽으며, 읽는 동안 특별히 마음에 와 닿는 단어나 구절에 주목했다. 이는 성령께서 각 개인에게 주시는 특별한 메시지를 놓치지 않기 위함이었다. 카라는 단순한 정보 수집이 아니라 하나님과의 첫 번째 만남, 거룩한 대화의 시작이었다. 말씀을 읽는 것은 하나님의 심장 소리를 듣는 것이다.

2단계 : 하야- 존재 가득 흘러넘치게 하다

하야는 깊은 차원에서 '말씀이 존재 가득 흘러넘치게 하다'는 뜻을 담고 있다. 하야는 암기나 암송이 아니다. 이는 내면 깊은 곳에서 자연스럽게 흘러나오는 소리를 의미한다. 말씀이 내 안에 가득 차서 자연스럽게 흘러넘칠 때, 비로소 말씀이 나를 소유한다. 이때 나는 말씀의 그릇이 된다. 이 단어는 단순한 암기나 반복이 아니라 말씀이 존재 전체에 스며들어 흘러넘치게 하는 과정을 의미한다. 초대교회에서 하야는 말씀이 마음의 표면이 아닌 존재의 깊은 곳까지 스며들도록 하는 존재적 침잠의 과정이었다. 이 단계에서 말씀은 암기된 지식이 아닌 생명으로 체화되어 자연스럽게 표출되었다. 마치 샘물이 지하에서 가득 차올라 자연스럽게 땅 위로 솟아나 시냇물이 되는 것처럼 하야를 통해 가득 찬 말씀이 하가다 ^{이야기} 로 자연스럽게 흘러나왔다.

예수님이 말씀하신 "그 배에서 생수의 강이 흘러나오리라" ^{요 7:38} 는 바로 이러한 하야의 과정을 보여준다. 초대교회 성도들은 하야를 통해 말씀이 단순한 외적 지식이 아니라 내적 생명력이 됨을 경험했다. 그들은 말씀을 통해 일어나는 내적 움직임, 감정, 깨달음을 민감하게 감지했고, 하루 종일 말씀이 마음속에서 자연스럽게 떠오르도록 했다. 이는 바울이 말한 "쉬지 말고 기도하라"는 명령과 같은 맥락에서 말씀이 삶의 호흡이 되는 경험이었다. 하가와 밀접한 관련이 있는 개념이 바로 하가다 ^{הגדה} 이다. 하가다는 '이야기하다', '전하다', '선포하다'의 의미를 가진다. **하야가 개인 내면에서 말씀이 가득 흘러 넘치는 과정이라면, 하가다는 그 흘러 넘친 말씀이 자연스럽게 밖으로 표출되어 다른 사람들에게 전해지는 과정이다.** 하야는 말씀이 내 존재의 DNA가 되는 과정이다. 이때 나의 모든 생각과 감정이 말씀의 향기를 풍긴다.

3단계 : 씨하흐- 묵상, 영혼의 대화

씨하흐는 '대화하다', '이야기하다'는 뜻으로 내면에서 일어나는 깊은 대화를 의미한다. 이는 하야에서 흘러넘친 말씀이 이제 개인의 내면에서 하나님과의 개인적 대화로 발전하는 단계이다. 창세기 24장 63절에서 이삭이 "들에 나가 묵상하다가"에서 사용된 단어로, 깊은 사색과 내적 대화를 의미한다. 묵상은 하나님과 나 사이에 일어나는 가장 은밀하고 깊은 대화이다. 이 대화에서 하나님은 말씀하시고, 나는 내 삶으로 응답한다. 초대교회에서 씨하흐는 말씀을 통해 하나님과 개인적인 교제를 나누는 시간이었다. 이 과정에서 성도들은 말씀 안에서 하나님의 음성을 듣고, 자신의 마음을 하나님께 열어 보였다. 이는 단순한 지적 사고가 아니라 전인격적인 만남이었다. 마치 연인들이 나누는 깊은 대화처럼, 하나님과 개인 사이에는 말씀을 통한 친밀한 소통이 일어났다.

이 단계에서 말씀은 개인의 삶의 상황과 구체적으로 만나게 된다. 기쁨과 슬픔, 고민과 갈등, 소망과 두려움이 모두 말씀 안에서 새로운 의미를 발견하게 된다. 성령께서 말씀을 통해 위로하시고, 책망하시고, 격려하시는 역동적인 과정이 씨하흐의 핵심이다. 초대교회 성도들은 씨하흐를 통해 말씀이 추상적인 진리가 아니라 구체적인 삶의 지침이 됨을 경험했다. 그들은 일상의 모든 순간에서 말씀과 대화하며, 말씀을 통해 하나님의 뜻을 분별하고 결정을 내렸다. 이는 다윗이 시편에서 고백한 "주의 말씀은 내 발에 등이요 내 길에 빛이니이다" 시 119:105 라는 체험의 실제화였다. 씨하흐에서 말씀은 내 마음의 거울이 되어 나의 참 모습을 보여주고, 동시에 하나님의 마음을 내게 알려준다.

4단계 : 다라쉬- 연구, 예배하는 마음으로 탐구하다

다라쉬는 '찾다', '탐구하다', '묻다'라는 의미이지만 원어적으로는 '예배하다'라는 깊은 의미를 담고 있다. 이는 단순한 학문적 연구가 아니라 하나님 앞에서 경외하는 마음으로 진리를 탐구하는 예배적 행위를 의미한다. 온 마음을 다해 하나님을 찾는 행위를 나타낸다. 진정한 성경 연구는 지식을 쌓는 것이 아니라 하나님께 예배하는 것이다. 연구하는 순간마다 하나님 앞에 무릎 꿇는 것이다. 에스라 7장 10절의 "에스라가 여호와의 율법을 연구하여"에서 사용된 이 단어는 체계적이고 깊이 있는 연구를 의미하지만, 동시에 하나님 앞에서 드리는 예배의 성격을 가진다. 초대교회에서 다라쉬는 본문의 역사적, 문학적, 신학적 배경을 탐구하되 항상 하나님을 경외하는 마음으로 접근했다.

이 단계에서 성도들은 역사적 배경을 연구하고, 원어의 의미를 살피며, 평행 구절들을 비교했다. 하지만 이 모든 연구는 하나님의 말씀에 대한 존경과 사랑의 표현이었고, "여호와를 경외하는 것이 지식의 근본"[잠1:7] 이라는 원리에 따라 겸손한 마음으로 진리를 탐구하는 예배적 행위였다. 초대교회의 다라쉬는 성경을 단순한 고대 문헌이 아니라 하나님의 살아있는 말씀으로 믿고 연구했다. 따라서 역사적-문법적 해석과 함께 영적 분별력을 동원해 말씀의 깊은 의미를 탐구했다. 이는 지성과 영성이 분리되지 않은 통합적 접근법이었다. 다라쉬는 하나님의 마음을 알고자 하는 거룩한 호기심이다. 이 호기심이 우리를 진리의 보화로 인도한다.

5단계 : 쇼파트- 토론, 하브루타의 지혜

쇼파트는 '판단하다', '분별하다'는 의미로 개인적 묵상과 연구를 넘어서 공동체와 함께 나누고 토론하는 단계이다. 이는 구약시대의 사사가 공의롭게 판단했듯이 하나님의 지혜로 말씀을 올바르게 분별하는 과정이다. 사무엘상 3장 13절과 잠언 31장 9절에서 사용된 이 단어는 단순한 토론이 아니라 지혜롭게 분별하고 판단하는 깊은 과정을 의미한다. 혼자서는 볼 수 없었던 진리가 함께 나눌 때 보이기 시작한다. 하브루타는 진리를 발견하는 영적 망원경이다. 초대교회에서 쇼파트는 하브루타의 형태로 실천되었다. 하브루타 파트너와 함께 서로의 해석을 검토하고, 교회 공동체에서 열린 마음으로 토론했다. 이 과정에서 개인의 주관적 해석이 절대적이지 않음을 인정하고, 성령의 인도하심과 공동체의 지혜를 통해 진리를 분별하려는 겸손한 자세를 보였다.

이 단계에서 중요한 것은 단순한 의견 교환이 아니라 지혜로운 분별이었다. 기록한 내용이 성경적이고 올바른지 분별하고, 공동체적 판단을 통해 개인의 해석을 검증했다. 서로 다른 견해를 존중하며 진리를 추구하는 건설적 토론이 쇼파트의 핵심이었다. 이는 바울이 고린도교회에 권면한 "모든 것을 분별하여 좋은 것을 취하라" 살전5:21 는 가르침의 실천이었다. 초대교회의 쇼파트는 현대의 토론 문화와는 달랐다. 그들의 목표는 논쟁에서 이기는 것이 아니라 함께 진리에 도달하는 것이었다. 각자가 가진 영적 통찰을 겸손히 나누고, 다른 사람의 관점을 통해 자신의 이해를 더욱 깊게 만들어가는 과정이었다. 이는 솔로몬이 말한 "철이 철을 날카롭게 하는 것 같이 사람이 그의 친구의 얼굴을 빛나게 하느니라" 잠27:17 는 지혜의 실현이었다. 쇼파트에서 우리는 진리의 변호사가 아니라 진리의 학생이 된다. 함께 배우고 함께 성장한다.

6단계 : 카타브- 원고, 은혜를 보존하는 거룩한 기록

카타브는 '쓰다', '기록하다'는 의미로, 앞서 얻은 깨달음과 통찰을 체계적으로 정리하고 기록하는 단계이다. 이는 단순한 메모가 아니라 하나님의 말씀을 통해 받은 은혜를 보존하고 전수하는 거룩한 행위였다. 출애굽기 17장 14절의 "이것을 책에 기록하여 기념하게 하고"에서 보듯이, 기록은 하나님의 역사를 후대에 전하는 거룩한 사명이었다. 기록은 하나님의 은혜를 잊지 않겠다는 거룩한 서약이다. 펜을 들 때마다 우리는 은혜의 증인이 된다. 출애굽기 24장 12절과 신명기 31장 9절에서 사용된 이 단어는 하나님의 말씀을 문자로 기록하는 거룩한 행위를 나타낸다. 초대교회에서 카타브는 개인의 영적 여정과 깨달음을 기록하는 영적 일기와 같은 성격을 가졌다. 이는 마치 사무엘이 '에벤에셀' 도움의돌 을 세워 하나님의 도우심을 기념했듯이, 말씀을 통한 은혜의 순간들을 문자로 기념하는 행위였다.

이 단계에서 성도들은 성령께서 주신 개인적 깨달음과 은혜를 기록하고, 아직 해결되지 않은 질문들을 정리했다. 본문에서 발견한 영적 교훈과 삶의 원리들을 정리하고, 개인의 삶과 공동체에 어떻게 적용할지 구체적으로 기록했다. 이는 하나님의 말씀이 일회적인 경험이 아니라 삶 전체에 지속적으로 영향을 미치는 생명의 양식임을 인정하는 것이었다.

초대교회의 카타브는 또한 공동체적 성격을 가졌다. 개인의 기록이 다른 사람들과 나누어지면서 공동체 전체의 영적 자산이 되었다. 이는 바울의 서신들이 개인적 영감에서 시작되어 전 교회의 유산이 된 것과 같은 원리였다. 기록된 말씀의 깨달음은 시간과 공간을 넘어 다음세대에게 전수되는 영적 유산이 되었다. 카타브는 하나님의 음성을 문자로 번역하는 거룩한 작업이다. 우리의 글은 다음세대를 위한 영적 보물이 된다.

7단계 : 라마드- 설교, 배운 자의 거룩한 의무

라마드는 '배우다'와 '가르치다'의 의미를 동시에 가지고 있다. 이는 배운 자는 반드시 가르쳐야 한다는 영적 의미를 담고 있다. 진정한 배움은 나눔으로 완성되고, 가르침을 통해 더욱 깊어진다. 신명기 4장 10절의 "그들에게 내 말을 들려서 그들이 세상에 사는 날 동안 나 경외함을 배우게 하고"에서 보듯이, 라마드는 하나님을 경외하는 마음을 전수하는 거룩한 사명이다. 배우기만 하고 가르치지 않는 것은 샘물이 고여서 썩는 것과 같다. 가르침은 배움의 완성이다. 초대교회에서 라마드는 단순한 지식 전달이 아니라 하나님의 말씀을 통해 받은 은혜를 나누는 영적 사역이었다. 가정교회에서의 나눔, 새로운 신자들에 대한 제자훈련, 불신자들에게 복음을 전하는 증거와 전도, 어려움에 처한 사람들에 대한 목회적 돌봄 등이 모두 라마드의 영역이었다.

이 단계에서 중요한 것은 받은 은혜를 나누는 청지기적 삶의 표현이었다. 가르치는 과정에서 자신도 더욱 깊이 배우게 되며, 하나님의 말씀이 개인을 넘어 공동체 전체에 생명력을 불어넣는 통로가 되었다. 라마드를 통해 말씀은 개인의 소유에서 공동체의 유산으로 확장되었다. 초대교회의 라마드는 현대의 일방적 강의와는 달랐다. 그들의 가르침은 대화적이고 상호작용적이었다. 가르치는 자와 배우는 자 모두가 말씀 앞에서 함께 배우는 자세를 가졌다. 이는 예수님께서 제자들과 함께 하신 교육 방식과 일치하는 것으로, 권위적 전달이 아닌 동행적 나눔의 성격을 가졌다. 또한 라마드는 말씀의 살아있는 전승을 의미했다. 단순히 문자로 기록된 내용을 전달하는 것이 아니라, 말씀을 통해 체험한 하나님의 살아 계심을 전수하는 것이었다. 이는 모세가 이스라엘 백성들에게 "너는 오늘 내가 네게 명령하는 이 말을 마음에 새기고 네 자녀에게 부지런히 가르치며" 신 6:6-7 라고 한 명령의 실천이었다. 라마드에서 가르치는 자는 말씀의 배달부가 아니라 말씀의 증인이 된다. 삶으로 증명된 말씀만이 진정한 가르침이다.

8단계 : 아싸- 행함, 말씀이 삶이 되는 완성

아싸는 '행하다', '실행하다'는 의미로 하나님의 말씀을 실제 삶에서 순종하고 실천하는 단계이다. 이는 야고보서 1장 22절의 "말씀을 행하는 자가 되라"는 교훈의 핵심이다. 창세기 1장의 창조 기사에서 "하나님이 이르시되… 그대로 되니라"에서 보듯이, 아싸는 말씀이 현실이 되는 창조적 행위를 의미한다. 말씀을 행하는 것은 하나님의 성품이 내 삶을 통해 세상에 나타나는 것이다. 나의 삶이 하나님의 편지가 된다. 초대교회에서 아싸는 신앙의 진정성을 보여주는 단계였다. 말씀을 아는 것에서 그치지 않고 살아내는 것이야말로 참된 제자도의 표현이었다. 생활의 변화, 윤리적 실천, 사랑의 실천, 공동체 생활 등이 모두 말씀 실천의 결과였다. 이는 예수님께서 말씀하신 "나를 사랑하면 내 계명을 지키라" 요 14:15 는 가르침의 구현이었다. 하브루타는 이 실천적 배움의 과정을 통해 말씀이 삶이 되는 실천적 학습으로 이해되었다. 단순한 지식 습득을 넘어서 삶의 예배자가 되는 것이 아싸의 목표였다. 이를 통해 하나님의 성품이 우리 삶을 통해 세상에 나타나게 되고, 우리는 살아있는 말씀의 증거자가 되었다.

초대교회의 아싸는 개인적 실천과 공동체적 실천을 모두 포함했다. 개인의 성품 변화, 가정에서의 실천, 직장에서의 증거, 사회적 책임 등이 모두 말씀 실천의 영역이었다. 그들은 말씀을 통해 받은 도전을 일상에서 실천하고, 회개가 필요한 부분에서는 실제로 회개하며 변화했다.

또한 아싸는 말씀의 능력을 체험하는 단계였다. 말씀대로 살아갈 때 나타나는 하나님의 역사와 기적들을 경험하게 되었다. 용서해야 할 사람을 실제로 용서할 때 찾아오는 마음의 평안, 섬겨야 할 사람을 섬길 때 경험하는 하나님의 기쁨, 나누어야 할 것을 나눌 때 체험하는 풍성함 등이 아싸의 열매였다. 하브루타 전통에서 아싸는 단순한 개인적 실천을 넘어서 공동체적 실천으로 확장되었다. 말씀을 함께 배운 동료들과 함께 실천하고, 서로 격려하며 책임지는 관계 속에서 말씀이 삶이 되는 과정을 경험했다. 이는 전도서 4장 12절의 "한 사람이면 패하겠거니와 두 사람이면 맞설 수 있나니 세 겹줄은 쉽게 끊어지지 아니하느니라"는 말씀의 실현이었다. 아싸는 말씀이 피와 살이 되어 내 삶의 호흡이 되는 것이다. 이때 나는 말씀을 사는 것이 아니라 말씀이 나를 산다. 하브루타는 말씀의 실천적 배움의 과정이다.

초대교회의 말씀 연구 8단계는 단순한 성경공부 방법론을 넘어서 전인격적인 영성 훈련과 공동체 형성의 도구였다. 이 과정을 통해 성도들은 말씀의 주인에서 말씀의 종으로, 말씀을 소유하는 자에서 말씀에 의해 소유당하는 자로 변화되었다. 처음에는 우리가 말씀을 선택하고 다루는 것 같지만 진정한 말씀 연구의 과정을 거치면 결국 말씀이 우리를 사로잡고 변화시켜 우리의 주인이 된다. 이것이 바로 초대교회 성도들이 경험한 말씀의 능력이었고, 오늘날 우리가 추구해야 할 말씀 중심의 삶이다.

이 8단계는 선형적 과정이 아니라 순환적 과정이었다. 아싸를 통해 말씀을 실천한 경험은 다시 새로운 카라로 이어져, 더욱 깊은 차원에서 말씀을 읽고 묵상하게 만들었다. 이는 나선형 구조로 점점 더 깊어지고 넓어지는 영적 성장의 과정이었다. 각 단계는 점진적으로 심화되며, 개인과 공동체의 균형을 이루고, 지성과 영성을 통합하는 과정 중심적 접근을 보여준다. 현대의 속도 문화와는 대조적으로, 충분한 시간을 들여 깊이 있게 접근하는 것이 초대교회 말씀 연구의 특징이었다.

하브루타는 이 모든 과정을 관통하는 공동체적 원리였다. 혼자서는 도달할 수 없는 말씀의 깊이를 함께 나누고 토론하며 실천하는 과정에서 발견하게 되었다. 이는 삼위일체 하나님의 공동체적 성품을 반영하는 것으로, 교회가 단순한 조직이 아닌 그리스도의 몸으로서 유기적 공동체임을 실현하는 방식이었다. 이러한 8단계의 여정을 통해 말씀은 단순한 정보에서 생명으로, 지식에서 지혜로, 이론에서 실천으로 전환되어 우리의 삶 전체를 변화시키는 능력이 되었다. 초대교회의 이 귀한 유산은 오늘날 우리에게 말씀 중심의 삶이 무엇인지, 그리고 진정한 제자도가 어떤 것인지를 보여주는 소중한 나침반이 되고 있다.

8단계의 여정을 마치면 우리는 말씀을 읽는 자가 아니라 말씀이 우리를 읽는 자가 된다. 말씀이 우리 삶의 저자가 되는 것이다.

6 모든 성도를 말씀 사역자로

1517년 10월 31일, 마르틴 루터가 비텐베르크 성채교회 정문에 95개 조 반박문을 붙인 그 날은 인류 역사의 분수령이었다. 500년이 넘는 세월이 흘렀지만, 그 날의 울림은 여전히 우리 가슴을 뛰게 만든다. 루터가 외친 "오직 성경 Sola Scriptura"의 선언은 단순한 신학적 구호가 아니었다. 그것은 천년 동안 라틴어 불가타 성경에 갇혀있던 하나님의 말씀을 평신도에게 돌려주는 혁명적 선언이었다.

구텐베르크의 인쇄술과 함께 성경이 각국 언어로 번역되면서 놀라운 일이 일어났다. 독일어 루터 성경, 영어 킹 제임스 성경, 우리나라의 한글 성경까지… 평범한 농부도, 상인도, 주부도 하나님의 말씀을 직접 읽을 수 있게 되었다. 이것이 첫 번째 종교개혁의 위대한 성과였다.

하지만 500년이 지난 지금, 우리는 솔직하게 고백해야 한다. 첫 번째 종교개혁은 아직 완성되지 않았다. 성경은 평신도의 손에 들려졌지만, 여전히 많은 성도들이 수동적 청중에 머물러 있다. 주일마다 설교를 듣고, 은혜받고, 아멘으로 화답하지만 스스로 성경을 연구하고 해석하며 가르칠 수 있는 역량을 갖춘 성도는 얼마나 될까?

사도 바울이 로마서 10:17에서 "믿음은 들음에서 나며 들음은 그리스도의 말씀으로 말미암았느니라"라고 했을 때, 그는 단순한 청각적 수용을 말한 것이 아니었다. 헬라어 '아코에 ἀκοή'는 '듣고 순종하는 행위'를 의미하며 이는 수동적 청취를 넘어 적극적 반응을 포함하는 개념이다. 그런데 오늘날 한국교회의 현실은 어떠한가? 대부분의 성도들이 설교에 의존하는 '듣기만 하는 신앙'에 머물러 있다. 야고보서 1:22의 경고가 절절하게 다가온다. "너희는 말씀을 행하는 자가 되고 듣기만 하여 자신을 속이는 자가 되지 말라"

사도행전 7장의 스데반 설교를 다시 보라. 그는 평신도였다. 신학교를 나온 것도 아니고, 사도들에게 정식으로 안수받은 목회자도 아니었다. 하지만 그의 설교는 율법에 박식한 산헤드린 공회원들을 완전히 압도했다. 어떻게 이런 일이 가능했을까? 스데반의 비밀은 초대교회 8단계 성경 연구법에 있었다. 그는 카라 통독 로 시작하여 하야 체화, 씨하흐 묵상, 다라쉬 연구와 예배, 솨파트 토론, 카타브 글쓰기, 라마드 가르침, 아싸 실천 까지 완전한 과정을 거쳐 말씀의 깊이를 체득한 사람이었다.

그 결과 그는 단순한 평신도를 넘어 진정한 '말씀의 사역자'가 될 수 있었다. 더욱 놀라운 것은 스데반만이 특별한 것이 아니었다는 점이다. 초대교회에서는 모든 성도가 이런 방식으로 성경을 연구했다. 빌립이 에디오피아 내시에게 이사야서를 해석해 준 것 행 8:30-35, 아굴라와 브리스길라가 아볼로를 가르친 것 행18:26, 베뢰아 사람들이 "날마다 성경을 상고한 것" 행17:11 모두가 초대교회 8단계 방법론의 결과였다.

바빌론 탈무드 키두신 30a에서는 이런 평신도들을 "바알레이 미크라" 즉 '성경의 주인들'이라고 불렀다. 이들은 성경을 소유한 자들이 아니라 성경을 온전히 체득하여 자유자재로 활용할 수 있는 자들이었다. 하나님이 출애굽기 19:6에서 이스라엘에게 약속하신 것은 무엇이었는가? "너희가 내게 대하여 제사장 나라가 되며 거룩한 백성이 되리라" 여기서 '제사장 나라'는 일부 전문 제사장만이 하나님의 말씀을 독점하는 것이 아니라, 모든 백성이 제사장적 역량을 갖춘 거룩한 공동체를 의미한다.

베드로전서 2:9에서 베드로는 이 약속이 신약교회에서 성취되었다고 선언한다. "그러나 너희는 택하신 족속이요 왕 같은 제사장들이요 거룩한 나라요 그의 소유가 된 백성이니." 이 말씀에서 제사장 단어인 헬라어 '바실레이온 히에라튜마 βασίλειον ἱεράτευμα'는 단순히 제사장적 신분을 의미하는 것이 아니라 제사장적 기능을 수행할 수 있는 실질적 역량을 가진 공동체를 뜻한다. 그렇다면 제사장의 핵심 기능은 무엇인가? 말라기 2:7에서 명확하게 제시한다

"제사상의 입술은 지식을 지켜야 하고 사람들은 그의 입에서 율법을 구하게 되어야 할 것이니" 제사장은 '하나님의 말씀을 정확하게 보존하

고 가르칠 수 있는 자'들이었다. 오늘날 우리에게 필요한 것은 바로 이런 제사장적 역량을 갖춘 평신도들이다. 자녀에게 성경을 가르칠 수 있고, 이웃에게 복음을 변증할 수 있으며, 어려움 중에 있는 성도들을 말씀으로 위로하고 격려할 수 있는 성도들 말이다. 이것이 첫 번째 종교개혁의 진정한 완성이다.

마태복음 28:19-20에서 예수님이 주신 지상명령을 다시 보자. "그러므로 너희는 가서 모든 민족을 제자로 삼아 아버지와 아들과 성령의 이름으로 세례를 베풀고 내가 너희에게 분부한 모든 것을 가르쳐 지키게 하라" 우리는 이 명령을 주로 선교사나 목회자들의 전유물로 여겨왔다. 하지만 헬라어 원문을 자세히 보면 이 명령의 대상이 '너희', 즉 모든 제자들임을 알 수 있다. 더욱 중요한 것은 "가르쳐 지키게 하라"는 명령이 단순한 정보 전달이 아니라 삶의 변화를 이끌어내는 전인격적 교육을 의미한다는 점이다.

바빌론 탈무드 산헤드린 99b에서는 "토라를 가르치는 자는 마치 하나님의 창조 사역에 동참하는 것"이라고 했다. 13세기 프랑스의 위대한 랍비 메이르 로텐부르크는 "진정한 라마드 _가르침_ 는 학생이 스승을 뛰어넘을 수 있도록 하는 것"이라고 정의했다. 이는 단순한 지식 전수를 넘어 자립적 학습 능력을 기르는 교육을 의미한다.

두 번째 종교개혁의 목표는 바로 여기에 있다. 모든 성도가 "내가 분부한 모든 것을 가르쳐 지키게 하는" 마28:20 '말씀 사역자'가 되는 것이다. 이를 위해서는 초대교회 8단계 성경 연구법을 체득한 제사장적 평신도들이 필요하다. 그들이 가정에서는 자녀의 신앙 교사가 되고, 직장에서는 동료들의 영적 멘토가 되며, 교회에서는 다음세대의 말씀 사역자를 양성하는 코치가 되어야 한다.

이 모든 비전이 실현 가능한 이유는 '하브루타' 때문이다. 유대인들이 수천 년 동안 검증해온 이 학습법은 평범한 사람도 말씀의 전문가로 만드는 놀라운 능력을 갖고 있다. 더욱 중요한 것은 하브루타가 개인의 능력 개발을 넘어 공동체의 집단 지성을 키운다는 점이다. 탈무드 타아니트 7a의 유명한 격언처럼 "나는 내 스승들에게서 많이 배웠고, 내 동료들에게서 더 많이 배웠으며 내 제자들에게서 가장 많이 배웠다." 하브루타는 가르치는 자와 배우는 자의 경계를 허무는 상호적 학습 공동체를 만든다.

무엇보다 하브루타는 성경이 단순한 고대 문서가 아니라 살아 있고 활력이 있어 오늘도 우리에게 말씀하시는 하나님의 현재적 계시임을 경험하게 해준다. 히브리서 4:12의 선언이 개인의 체험이 되는 것이다. 마르틴 루터가 비텐베르크 교회 문에 반박문을 붙일 때, 그는 자신의 작은 행동이 유럽 전체를 뒤흔들 역사적 사건이 될 줄 몰랐다. 하지만 하나님은 한 사람의 순종을 통해 세상을 바꾸신다. 당신도 그런 사람이 될 수 있다. 당신의 가정에서 시작된 하브루타가 이웃 가정으로 소그룹으로 교회 전체로 나아가 한국교회 전체로 확산될 수 있다. 당신의 자녀가 13세 유대인 소년처럼 자신 있게 성경을 해석하고 가르칠 수 있게 된다면, 그것이 바로 두 번째 종교개혁의 시작이다.

첫 번째 종교개혁이 성경을 평신도에게 돌려준 혁명이었다면, 두 번째 종교개혁은 평신도를 말씀 사역자로 세우는 혁명이다. 모든 성도가 제사장이 되고, 모든 가정이 작은 신학교가 되며 모든 교회가 말씀 연구 공동체가 되는 꿈이 실현되는 것이다.

바울이 에베소서 4:12에서 꿈꾼 교회의 모습이 바로 이것이다 "이는 성도를 온전하게 하여 봉사의 일을 하게 하며 그리스도의 몸을 세우려 하심이라" 헬라어 '카타르티스모스 καταρτισμός'는 단순한 훈련이 아니라 완전한 장비를 갖추는 것을 의미한다. 모든 성도가 말씀 사역을 위해 완전히 정비된 상태가 되는 것이다. 지금 시작하라. 500년 전 루터의 용기를 기억하라. 하나님의 말씀 앞에서 "여기 내가 서 있나이다 Hier stehe ich"라고 고백했던 그 믿음을 본받으라. 이제는 당신이 "여기 내가 서 있나이다"라고 고백할 차례다. 두 번째 종교개혁의 깃발을 들고 전진할 때가 왔다.

하브루타 독서토론 worksheet

이번 챕터를 읽고 난 뒤, 마음에 남은 **전체적인 느낌**을 기록해 보세요.

마음에 와닿은 문장을 옮겨 쓰고, 그 이유를 적어보세요. (페이지 기재 필수)

책의 내용과 비슷한 경험 혹은 가족, 친구, 사회 현상, 다른 책과 **연결지어 보세요.**

책을 읽으면서 궁금했던 나만의 질문,
혹은 나누고픈 **하브루타 질문 세 가지**를 적고 생각을 나누어 보세요.

이번 챕터를 통해 얻은 **느낀 점**과 **깨달은 점**,
그리고 일상에서 이어갈 **실천할 점**을 기록해 보세요.

하브루타 독서토론 후 기억에 남는 대화와 그 속에서 얻은 배움,
앞으로 내 **삶에서 적용하고 싶은 점**을 기록해 보세요.

chapter 1 하브루타 질문 7가지

1. 우리는 지금까지 '공부'라는 말을 들으면 곧바로 성적, 입시, 스펙을 떠올려 왔다. 하지만 유대인 예시바 학생들은 하나님의 말씀을 토론하고 질문하는 과정을 '진짜 공부'라고 말한다. 그렇다면 우리에게 '진짜 공부'란 무엇인가? 우리는 지금 무엇을 위해 공부하고 있고, 그것은 내가 진정으로 추구해야 할 가치와 어떻게 연결되어 있는가?

2. 예시바 하이스쿨의 학생들은 하루의 절반 이상을 '하나님의 말씀'을 중심으로 학습하며 그 시간을 가장 본질적이고 가치 있는 시간으로 여긴다. 나의 하루 중 가장 많은 시간을 들이는 활동은 무엇이며 그것이 나의 삶에서 가장 가치 있다고 믿는 것과 일치하는가? 내 시간 사용은 내가 사랑하는 것을 말해주고 있는가?

3. 리쉬마는 '그 자체를 위해 배우는 순수한 동기'를 말한다. 나는 지금 말씀을 배우고 묵상할 때, 그 말씀 자체를 사랑하고 싶은 마음에서 시작하고 있는가? 아니면 내 사역, 인정을 받기 위한 명분, 경건해 보이기 위한 습관 등 '쉘로 리쉬마'의 동기가 작용하고 있는가? 그리고 나의 공부와 신앙에 깃든 동기의 순도를 점검하고 회복하기 위해 내가 취할 수 있는 구체적인 한 걸음은 무엇인가?

4. '여호와를 경외하는 것이 지혜의 근본'이라는 말씀은, 모든 지식의 출발이 하나님

을 아는 데 있다고 선언한다. 나는 지금 어떤 학문이나 정보에 많은 시간을 들이고 있으며, 그것은 나를 진정한 지혜로 이끄는가? 나는 하나님을 아는 지식을 깊이 있게 배워가기 위해 이번 주 어떤 말씀을 붙들고, 어떤 실천을 결단할 수 있을까?

5. 유대인은 다섯 살 아이에게도 복잡하고 어려운 레위기를 가르친다. 어려운 말씀이라도 하나님의 말씀이라는 이유만으로 먼저 배우고 도전하도록 키운다. 내 삶이 말씀보다 성적, 유튜브, 핸드폰, 숙제를 더 중요한 텍스트로 가르치고 있지는 않은가? 나는 내 자녀나 다음세대에게 어떤 텍스트를 가장 많이 가르치고 있는가?

6. 초대교회는 말씀을 단순히 듣고 공부하는 데서 그치지 않고, 공동체 속에서 나누고 토론하고, 결국 삶으로 살아내는 여덟 단계의 여정을 실천했다. 나는 지금 어떤 말씀을 삶에서 구체적으로 실천하고 있으며, 그것이 내 성품과 관계, 시간과 소비 습관, 감정과 결단에 어떤 영향을 미치고 있는가?

7. 하브루타 교육은 단지 질문하고 토론하는 기술이 아니라 하나님의 말씀을 사랑하고 그것을 중심에 두고 살아가겠다는 인생의 방향 선언이다. 나는 말씀을 중심에 둔 인생을 살아가고 있는가? '평신도 말씀 사역자'로 부르시는 하나님의 음성 앞에, 나는 무엇을 내려놓고, 무엇을 새롭게 시작해야 하는가?

chapter 2
수직문화

유대인을 지킨 안식일 식탁체험

1 살아 있는 전통의 DNA 복사기
2 세계사에서 유례없는 기적의 비밀
3 쉐마, 수직문화의 영원한 헌법
4 Be an American, but love Hebrew
5 먼저 회복해야 할 구약의 지상명령
6 가정이 신학교가 되는 꿈의 실현

chapter 2 수직문화

유대인을 지킨
안식일 식탁체험

　어느 금요일 오후, 나의 발걸음은 West LA 유대인 마을을 향하고 있었다. 목적지는 한 유대인 가정의 안식일 식탁. 초대해준 이는 유대인 사회에서도 존경받는 랍비였고, 그의 말은 간결했다. "유대인의 가정에서 안식일 문화를 직접 경험해 보세요."

　나는 그저 새로운 문화를 접한다는 가벼운 마음으로 길을 나섰다. 전통 음식을 맛보고, 촛불을 켜는 모습을 지켜보며, 유대인의 삶을 잠시 엿보는 정도일 거라고 생각했다. 하지만 그날 밤, 내가 마주한 것은 단순한 '문화 체험'이 아니었다. 그것은 시간의 의미, 가정의 역할, 신앙의 전수가 무엇인지 새롭게 바라보게 만드는 충격과 '영적 각성의 순간'이었다.

　그 식탁 위에는 빵과 포도주만 놓인 것이 아니었다. 아이들의 질문, 부모의 대답, 조상의 이야기가 오갔고, 기도와 전통이 살아 숨 쉬었다. 나는 그 한가운데서 말없이 숨을 삼켰다. 왜냐하면 그곳에는 3500년의 시간이 하나의 대화로 이어지고 있었기 때문이다. 그리고 그날, 나는 유대인의 생존 비밀을 알게 되었다. 그 비밀은 위대한 전략도, 강력한 제도도 아니었다. 그것은 바로 식탁 위에서 이어지는 '세대 간의 신앙 전수'였다.

매주 반복되는 안식일 식탁은 단지 음식의 자리가 아니라, 정체성이 형성되고, 믿음이 전해지고, 하나님의 언약이 되새겨지는 교육의 현장이었다. 가정은 교실이었고, 부모는 교사였으며, 아이들은 단지 배우는 존재가 아니라 말씀 위에 서서 다음세대를 준비하는 살아 있는 제자들이었다. 질문이 흘러 나왔고, 대답은 설명이 아니라 다시금 질문으로 이어졌으며, 대화는 단절되지 않고 끊임없이 순환되었다. 그 식탁 위에서 하브루타는 살아 있었고, 전통은 생명을 가졌다. 나는 깨달았다. 이 민족은 단지 살아 남은 것이 아니라, 신앙을 가정 안에서 살아내는 방식으로 살아남아온 것이었다. 그 힘의 원천은 바로 매주 반복되는 식탁, 그 소박한 거룩함 속에 숨어 있었다.

"Welcome to our home!"
랍비의 소개로 우리를 따뜻하게 맞아주는 남편과 아내, 그리고 사랑스런 자녀들이 우리를 따뜻하게 맞아주었다. 그런데 집안 풍경이 다소 생경스러웠다. 커다란 식당, 그리고 그 한켠에는 무언가가 하얀 천으로 덮여 있었다. 바로 컴퓨터다. 평소 아이들이 가지고 놀았을 법한 게임기들도 모두 어디론가 치워져 있었다. 가족들의 스마트폰은 한 곳에 모아져 전원이 꺼진 채 서랍 속에 들어가 있다고 했다.

"오늘 저녁만큼은 수평문화를 완전히 차단합니다."

랍비의 설명이 시작되었다. 금요일 해가 지면서 시작되는 안식일 동안, 이 집에서는 모든 전자기기와 디지털 세상과의 연결을 끊는다는 것이다. 21세기를 살아가는 현대인으로서는 상상하기 어려운 일이었다. 특히 십대 어린 자녀들까지 아무런 불평 없이 자연스럽게 받아들이는 모습이 더욱 놀라웠다.

"우리가 선택한 것은 수직문화입니다. 컴퓨터와 스마트폰이 주는 수평적 소통 대신, 조상들과 후손들을 연결하는 수직적 만남을 선택한 것이죠." 그 순간 나는 깨달았다. 이것은 단순한 종교적 의식이 아니라, 의도적이고 전략적인 '문화적 선택'이라는 것을

그 밤 나는 분명히 알게 되었다. 이들이 컴퓨터를 천으로 가리고 스마트폰을 끈 이유를. 그들이 거부한 것은 단순한 즐거움이 아니라 '수평 문화'인 즉 '세상의 문화'였다. 그리고 그들이 선택한 것은 '수직 문화'였다. 수평문화는 동시대를 살아가는 또래들과 나누는 즉흥적이고 피상적인

소통이다. 빠르고 편리하며 자극적이다. 하지만 깊이가 없고 지속성이 부족하다. 무엇보다 수천 년 조상들의 지혜와는 단절되어 있다. 수직문화는 조상에서 후손으로 이어지는 깊이 있는 유산의 전수다. 불편하고 느리며 때로는 지루할 수도 있다. 하지만 그 속에는 시간의 시험을 견뎌낸 지혜가 담겨 있고, 생명을 살리는 능력이 있다.

그날 밤 그 가정에서 벌어진 것은 단순한 가족 대화를 넘어 아브라함으로부터 시작된 3500년 신앙 DNA의 생생한 전수 현장이었다. 할아버지가 아버지에게, 아버지가 아들에게, 끊어지지 않고 이어져 내려온 거룩한 사슬의 한 고리가 바로 그 식탁에서 이어지고 있었던 것이다. 나는 처음으로 진짜 하브루타를 보았다. 회당에서 하는 랍비들의 토론이 아니라, 가정 식탁에서 벌어지는 세대 간 신앙 대화를. 유대인들이 수천 년 디아스포라 상황에서도 무너지지 않았던 비밀을, 홀로코스트의 위기에서도 살아남을 수 있었던 힘의 원천을 목격한 것이다.

우리는 하브루타의 방법론에는 관심을 가졌지만, 하브루타의 본질인 수직문화는 깊이 조명하지 못했다. 우리는 토론 기술과 질문 기법에만 집중했지만 왜 유대인들이 3500년 동안 하브루타를 고집해 왔는지에 대한 근본적 이해가 부족했다. 그들에게 하브루타는 단순한 학습법이 아니다. 그것은 조상의 DNA를 후손에게 전수하는 생명의 통로다. 과거와 현재와 미래를 연결하는 시간의 다리다. 혈육으로 이어진 가족이 영적으로도 하나가 되는 거룩한 만남의 장이다. 이제 우리도 선택해야 한다.

편리하고 즉흥적인 수평문화에 우리 자녀들을 맡길 것인가? 아니면 불편하더라도 깊이 있고 지속적인 수직문화를 회복할 것인가?

천으로 가려진 컴퓨터가 우리에게 던지는 질문이다.

1 살아있는 전통의 DNA 복사기

매주 금요일 해가 지기 시작하면 유대인 가정에서는 놀라운 변화가 일어난다. LA에서 내가 목격했던 그 장면이 전 세계 유대인 가정에서 동시에 벌어진다. 컴퓨터에 천을 씌우고, 스마트폰 전원을 끄고, TV를 차단한다. 이것은 단순한 종교적 의식이 아니라 수평문화에 대한 의도적 거부 선언이다. 현대 문명의 모든 도구들이 하나같이 수평문화를 조장한다. 인스타그램은 또래들의 일상을 보게 하고, 유튜브는 동시대의 트렌드를 따라가게 하고, 게임은 현재의 재미에만 몰두하게 한다. 모든 것이 지금 여기서 일어나는 '수평적 소음의 폭풍'이다.

하지만 유대인들은 안식일이 시작되면 이 모든 것을 차단한다. 조상들의 지혜와 연결되기 위해 21세기의 편리함을 포기하는 것이다. 마치 시끄러운 고속도로에서 벗어나 고요한 산길로 접어드는 것과 같다. 한 유대인 아버지의 말이 인상적이었다.

"안식일 24시간 동안 우리는 의도적으로 현대 세계와 거리를 둡니다. 스마트폰이 없어도, 인터넷이 없어도, TV가 없어도 행복할 수 있다는 것을 아이들이 경험하게 하려고요. 그리고 그 빈 공간을 수천 년 조상들의 지혜로 채웁니다."

　어머니가 촛불을 켜는 순간, 가정의 시공간은 완전히 변모한다. 이 촛불은 단순한 조명이 아니라 과거로 통하는 신비한 터널이다. 똑같은 촛불이 바빌론에서도, 스페인에서도, 러시아에서도, 독일에서도 켜졌다. 홀로코스트 당시에도 목숨을 걸고 이 촛불을 켰다.

　촛불을 켜며 어머니가 드리는 기도를 3500년 동안 수억 명의 유대인 어머니들이 반복했다. 같은 히브리어로, 같은 멜로디로, 같은 마음으로. 현재 이 순간이 과거 모든 순간과 연결되는 기적 같은 타임머신이다. LA 유대인 가정에서 12세 딸이 어머니를 도와 촛불을 켜는 모습이 감동적이었다. 아직 서투른 히브리어 발음이었지만, 그 순간 그 아이는 3500년 유대 여성들의 거룩한 DNA를 이어받는 후계자가 되고 있었다. 개인의 작은 불꽃이 민족의 영원한 등불과 하나가 되는 순간이었다.

[촛불을 켜며 드리는 어머니의 기도]

　촛불이 켜지면 이제 아버지의 차례다. 은잔에 포도주를 붓고 키두쉬 성별기도를 시작한다. 이 순간 아버지는 단순한 가장이 아니라 가정의 대제사장이 된다. 2000년 전 예루살렘 성전이 파괴된 후 아버지들이 담당해 온 거룩한 역할이다. 키두쉬를 통해 아버지는 가족들에게 선언한다. "오늘부터 내일 저녁까지는 특별한 시간이다. 세상의 시간이 아니라 하나님의 시간이다. 우리는 하나님이 창조하시고 쉬신 그 안식 속으로 들어간다." 이 선언에는 엄청난 권위가 담겨 있다. 현대 사회에서 점점 약해지고 있는 아버지의 영적 권위가 안식일만큼은 왕의 권세로 완전히 부활한다. 아이들은 아버지를 단순한 돈 버는 사람이 아니라 가족을 하나님께로 인도하는 영적 인도자로 보게 된다.

아버지가 키두쉬를 할 때 온 가족의 분위기가 숙연해지는 것을 봤다. 평소에는 장난치던 아이들도 그 순간만큼은 진지해졌다. 마치 평범한 아버지가 모세로 변신하는 마법을 목격하는 것 같았다. 키두쉬가 끝나면 할라challah 빵을 나눈다. 아버지가 빵에 소금을 뿌리며 브라카 축복기도를 드린 후, 온 가족이 함께 나눠 먹는다. 이는 단순한 식사가 아니라 영적 공동체의 DNA 결합식이다. 할라 빵의 모양도 의미가 있다. 꼬아서 만든 모양은 무한대∞를 상징한다. 하나님의 사랑이 무한하듯이, 가족의 사랑도 무한하다는 뜻이다. 또한 과거-현재-미래가 하나의 거룩한 밧줄로 엮여있다는 의미도 담겨 있다. 빵을 나누면서 시작되는 안식일 식사는 평상시 식사와 완전히 다르다. TV도 꺼져 있고, 스마트폰도 없고, 오직 대화만 있다. 그것도 일상적 대화가 아니라 하나님과 신앙에 관한 영혼의 교향곡이다.

안식일 식사 중에 벌어지는 대화가 바로 '안식일 하브루타'다. 이는 평일의 형식적 하브루타와는 다른 특별한 성격을 갖는다. 마치 일주일 동안 쌓인 영적 먼지를 털어내고 다시 깨끗한 거울로 만드는 시간이다. "이번 주에 하나님이 우리 가족에게 어떤 은혜를 주셨을까?", "어려웠던 일들 속에서 하나님의 뜻을 어떻게 발견할 수 있었나?", "다음 주에는 어떻게 더 하나님을 기쁘시게 할 수 있을까?" 이런 질문들로 시작되는 대화는 자연스럽게 성경 말씀과 연결된다. 그 주에 회당에서 읽은 토라 부분 파라샤을 가족이 함께 토론하고, 각자의 삶과 연결지어 해석한다. 일상의 평범한 사건들이 하나님의 거룩한 이야기로 재탄생하는 순간이다.

안식일은 토요일 저녁 하브달라 Havdalah, 구별 의식 로 마무리된다. 향신료 상자를 돌리고, 꼬인 촛불을 켜고, 포도주를 마시며 거룩한 시간과 평범한 시간을 구별한다. 하지만 안식일이 끝났다고 해서 그 영향이 사라지는 것은 아니다. 안식일에 나눈 깊이 있는 대화, 가족과 함께한 영적 경험, 하나님과의 만남은 일주일 내내 가족들의 영혼에 스며들어 있는 향기가 된다. 특히 아이들에게는 일주일에 한 번은 반드시 '영적 재충전을 한다'는 확신이 생긴다.

아무리 바쁜 일주일을 보내도, 아무리 세상적인 일들에 휩싸여도, 금요일 저녁이 되면 다시 하나님께로 돌아온다는 영적 나침반이 있다. 이것이 바로 안식일이 주는 수직문화의 선물이다. 매주 반복되는 신성한 리듬을 통해 가족 모두가 영적 뿌리를 심해까지 내리게 되는 것이다. 유대인들의 수직문화 전수에서 가장 강력한 도구는 유월절 '세데르'다. 매년 봄, 전 세계 유대인 가정에서 동시에 벌어지는 이 의식은 단순한 종교 행사를 넘어선 역사 교육의 걸작품이다. 마치 타임머신을 타고 3500년 전 이집트로 직접 여행을 떠나는 것과 같다.

세데르 또한 아이들의 이 질문으로 시작된다:

"마 니쉬타나 할라일라 하제 미콜 할레일로트? "מה נשתנה הלילה הזה מכל הלילות"
"오늘 밤은 다른 밤과 무엇이 다른가?"

이 질문이야말로 수직문화 교육의 황금열쇠다.

LA에서 목격한 안식일 하브루타가 바로 그랬다. 8살 아이의 "왜 오늘 밤은 다른 밤과 다른가?"라는 질문으로 시작된 대화가 밤 깊도록 이어졌다. 출애굽의 역사, 하나님의 신실하심, 현재 가족의 상황, 미래의 소망까지 모든 시간이 하나의 거대한 하나님 이야기로 직조되는 놀라운 시간이었다. 아이가 스스로 "왜?"라고 묻게 만드는 것이다. 강제로 가르치는 것이 아니라 호기심이라는 불씨에 지혜의 기름을 부어 큰 불꽃을 만들어내는 교육법이다. 그러면 아버지 혹은 할아버지 가 답한다. 하지만 그 답은 추상적인 설명이 아니라 피가 끓는 생생한 스토리텔링이다.

"우리는 이집트에서 종이었다. 파라오가 우리를 괴롭혔다. 하지만 하나님께서 강한 손과 편 팔로 우리를 구원하셨다…"

세데르에서 사용하는 교재는 하가다 Haggadah 이다. 히브리어로 "이야기하다"라는 뜻인 이 책은 출애굽 역사를 체계적으로 정리한 교육 교재다. 하지만 단순한 역사책이 아니라 하브루타를 위해 정교하게 설계된 질문의 보물창고다.

하가다의 구성을 보면 교육공학의 천재적 설계가 드러난다
하가다에 따르면, 세데르 순서는 다음과 같이 15단계로 구성되어 있다.

1	קדש (코데쉬)	첫 번째 포도주잔의 축복	거룩한 성별의 선언
2	ורחץ (우르하츠)	손 씻기	정결의 선언
3	כרפס (카르파스)	채소를 소금물에 찍어먹기	호기심 자극
4	יחץ (야하츠)	마차를 반으로 나누기	미완성의 상징
5	מגיד (마기드)	출애굽 이야기	핵심 스토리텔링
6	רחצה (라하차)	식사 전 손 씻기	새로운 단계 진입
7	מוציא (모찌아)	떡에 대한 축복	구원의 빵
8	מצה (마짜)	무교병 먹기	죄없는 순전함
9	מרור (마로르)	쓴 나물 먹기	고통의 체험
10	כורך (코레흐)	힐렐 샌드위치(마짜+마로르)	고통과 구원의 동시 경험
11	שולחן עורך (슐한 오레흐)	식사	자유인의 만찬
12	צפון (차푼)	아피코만 찾기	잃어버린 것을 되찾는 기쁨
13	ברך (베라흐)	식후 감사 기도	감사의 완성
14	הלל (할렐)	찬양 시편 낭송	기쁨의 폭발
15	נרצה (니르차)	의식의 마무리	내년의 기대

각 단계마다 "왜 이렇게 하는가?"라는 질문이 지뢰처럼 숨어 있다. 아이들은 자연스럽게 궁금해 하고, 어른들은 그 궁금증을 해결해 주면서 역사라는 씨앗을 영혼의 옥토에 심는다. 특히 인상적인 것은 '아피코만' 숨기기다. 아버지가 마차 ^{무교병} 한 조각을 숨기면, 아이들이 그것을 찾아야 세데르가 끝난다. 아이들은 재미있는 게임이라고 생각하지만, 실제로는 '잃어버린 모든 것을 되찾겠다'는 깊은 영적 의미가 보물처럼 감춰져 있다. 잃어버린 성전, 잃어버린 고향, 잃어버린 정체성을 되찾겠다는 민족의 불굴의 의지가 담겨 있다.

하가다에서 가장 놀라운 부분은 시제의 마법같은 활용이다. 수천 년 전 일을 이야기하면서도 현재형을 사용한다.

"우리는 이집트에서 종이었다"가 아니라 "우리는 이집트에서 종이다"
"하나님께서 우리를 구원하셨다"가 아니라 "하나님께서 우리를 구원하신다" 이런 현재형 표현을 통해 과거의 역사가 현재의 생생한 경험이 된다. 아이들은 자신들이 직접 이집트에서 나온 것처럼 느끼게 된다. 시간의 벽을 허무는 언어의 폭탄이다. 탈무드에 이런 말이 있다 "각 세대는 자신이 직접 이집트에서 나온 것처럼 여겨야 한다." 세데르는 바로 이것을 실현하는 시간여행 교육 장치다.

결국 하브루타는 살아있는 전통의 DNA 복사기다. 단순히 정보를 전달하는 것이 아니라 신앙의 유전자를 온전히 복사해서 다음세대에게 이

식한다. 일반적인 교육이 외장하드에 파일을 복사하는 것이라면, 하브루타는 생명체의 DNA를 복제하는 것이다.

복사된 파일은 시간이 지나면 손상되지만, 복제된 DNA는 계속해서 생명을 만들어낸다. 긴 세월 동안 유대인들이 똑같은 방식으로 똑같은 질문을 하고, 똑같은 텍스트를 읽으며, 똑같은 방법으로 수천년을 반복 토론해 왔다. 하지만 결과는 똑같지 않다. 매번 새로운 해석이 나오고, 새로운 깨달음이 생기고, 새로운 적용이 발견된다. 같은 씨앗에서 다른 꽃이 피어나는 생명의 신비다. 이것이 바로 하브루타가 수직문화 전수의 핵심 엔진인 이유다. 단순히 과거를 보존하는 것이 아니라 과거를 현재에 살려내고, 현재를 미래로 전수하는 생명력 있는 시스템이기 때문이다.

한국교회가 하브루타에 주목해야 하는 이유가 바로 여기에 있다. 우리에게 필요한 것은 새로운 프로그램이 아니라 생명력 있는 '신앙전수 DNA'다. 우리가 배워야 할 것은 새로운 기법이 아니라 3500년을 견뎌낸 '수직문화의 DNA'다. 하브루타야말로 한국교회 다음세대 위기의 최종 해답이다. 단, 방법론으로서만의 하브루타가 아니라 수직문화 전수의 핵심 엔진으로서의 하브루타를 말이다.

이제 우리도 시작할 때다. 천으로 가려진 컴퓨터처럼, 수평문화를 차단하고 수직문화를 열어 젖힐 때다.

2 세계사에서 유례없는 기적의 비밀

수천 년이 넘는 시간동안 디아스포라로 흩어져 살았던 유대인들이 정체성을 유지할 수 있었던 기적의 비밀은 무엇일까?

하브루타를 연구하면서 나는 이 질문에 대한 답을 찾고 있었다. 그리고 LA 유대인 가정의 안식일 식탁에서 그 비밀을 발견했다. 그 해답은 바로 수직문화, 즉 뿌리문화였다. 일반적으로 나라를 잃은 민족들은 생존을 위해 거주국 문화에 동화되려고 노력한다. 빨리 적응하고, 빨리 섞이고, 빨리 그들처럼 되려고 한다. 이것이 자연스러운 생존 전략이다. 하지만 유대인들은 정반대의 선택을 한다. 거주국 문화에 맹목적으로 동화되기를 단호히 거부한다. 대신 조상들의 문화를 더욱 철저하게 지키기로 했다. 불편하고 어려워도 아브라함으로부터 내려온 오랜 전통을 포기하지 않는다. 이것이 바로 수직문화의 선택이었다. 그들의 수직문화는 안식일 식탁을 통해 지켜져 왔다. 그래서 유대인들에게는 이런 말이 있다.

"유대인이 안식일을 지킨 것이 아니라, 안식일이 유대인을 지켰다"

유대인만큼 독특한 민족은 없다. 기원전 586년 바빌론 포로로 시작된 긴 유랑 생활, 기원후 70년 로마에 의한 예루살렘 성전 파괴와 완전한 나라 잃음, 그리고 1948년 이스라엘 재건국까지 무려 2534년간의 디아스포라. 이 기간 동안 그들은 나라도 없고, 땅도 없고, 정치적 권력도 없었다. 역사의 법칙은 명확하다. 나라를 잃은 민족들은 대부분 2-3세대를 넘기지 못하고 거주국에 동화되어 사라진다. 언어를 잃고, 문화를 잃고, 정체성을 잃어버린다. 이것이 보편적인 역사의 패턴이다. 그런데 유대인들은 완전히 달랐다. 2500년이 넘는 긴 세월 동안 세계 곳곳에 흩어져 살았지만, 놀랍게도 하나의 민족으로 남아 있었다. 더욱 놀라운 것은 나라를 되찾은 후 오히려 이전보다 더 강력한 모습을 보이고 있다는 점이다.

디아스포라 기간 동안 유대인들이 겪은 시련은 상상을 초월한다. 로마제국의 반유대 정책, 중세 유럽의 게토 강제 거주, 십자군 전쟁의 무차별 학살, 각종 포그롬 동유럽과 러시아 지역에서 발생한 유대인 대상의 조직적 폭력과 학살 의 표적이 되었다. 특히 20세기 홀로코스트는 민족 절멸을 노린 체계적 시도였다. 히틀러의 나치는 600만 명의 유대인을 학살했다. 전 세계 유대인 인구의 3분의 1이 사라진 것이다. 어떤 민족이든 이 정도 타격을 받으면 회복하기 어렵다. 하지만 유대인들은 살아 남았다. 그리고 이스라엘을 재건국했다. 폐허에서 일어나 현재는 세계 최강국 중 하나가 되었다. 이런 기적이 어떻게 가능했을까? 단순히 운이나 개별적 재능만으로는 설명할 수 없는 체계적인 무언가가 있었을 것이다.

각 시대마다 유대인들에게는 '동화의 유혹'이 있었다. 바빌론에 있을 때는 바빌론 문화가, 그리스 문화권에 있을 때는 헬라 문화가, 로마 시대에는 로마 문화가 그들을 유혹했다. 현대에도 마찬가지다. 미국에 사는 유대인들에게는 미국 문화가, 유럽에 사는 유대인들에게는 유럽 문화가 유혹한다. "왜 굳이 어렵게 살아야 하나? 그냥 그들처럼 살면 편하지 않을까?" 이런 생각이 들 법도 하다. 실제로 일부 유대인들은 이런 유혹에 넘어가 동화의 길을 선택했다. 하지만 대부분의 유대인들은 '거룩함 코데쉬'을 선택했다. 독일에 살면서도 독일인이 되기를 거부했고, 러시아에 살면서도 러시아인이 되기를 거부했다. 미국에 살면서도 완전한 미국인이 되기를 거부했다.

그들은 어디에 살든 '하나님의 거룩한 백성'으로 남기로 결심한다. 히브리어 '코데쉬 קדש'는 '거룩, 구별, 성별' 이라는 뜻이다. 유대인들은 자신들을 세상과 구별된 거룩한 백성으로 이해했다. 이는 단순한 우월감이 아니라 하나님께서 주신 사명에 대한 인식이었다. 세상의 문화에 동화되는 것은 이 거룩함을 포기하는 것이었다.

『IQ는 아버지, EQ는 어머니 몫이다』에서는 인간 문화를 두 가지로 구분한다. 수직문화 심연문화, 뿌리문화 와 수평문화다.[9] 이 구분은 유대인들이 2500년 디아스포라를 견뎌낸 비밀을 이해하는 핵심 열쇠다.

---

9) 현용수, 『IQ는 아버지, EQ는 어머니 몫이다』, 쉐마, 129p

수직문화와 수평문화의 차이

수직문화
· 심연문화 혹은 뿌리문화
(Deep or Roots Culture)

종교, 역사, 철학, 사상
전통적인 가치, 도덕 및 윤리적 가치
효도, 고난, 고전, 뿌리 문화

**인간의 내면적 정신 세계의 가치
거의 영구적인 가치**

지혜로움 (예: 컴퓨터의 하드웨어)

인생의 의미를 찾는 문화
깊이 생각하는 문화
인간의 그릇을 만드는 문화

수평문화 · 표면문화 (Surface Culture)

물질, 명예, 권력, 성(Sex)
유행, 유행가, 햄버거 문화
현대 학문 및 과학

**일시적 외형 중심, 바뀌는 문화
일시적인 가치, 인간의 육을 자극**

지식(IQ)교육 (예: 컴퓨터의 소프트웨어)

개인주의, 물질주의
과학 만능주의, 쾌락주의
인생의 재미를 찾는 문화
충동문화

문화와 종교교육 [현용수, 1993, 2007 ; Hyun, Biola 대학교 박사학위 논문, 1990]
IQ는 아버지, EQ는 어머니의 몫이다 [현용수, 국민일보, 1996 ; 조선일보, 1999]

수직문화는 인간의 내면 정신세계의 가치, 거의 영구적인 가치다. 종교, 역사, 철학, 사상, 전통적 가치, 도덕과 윤리, 효도, 고난의 의미, 고전 등이 여기에 속한다. 이는 인생의 의미를 찾는 문화, 깊이 생각하는 문화, 인간의 그릇을 만드는 문화다. 한마디로 지혜교육이다.

반면 수평문화는 일시적이고 외형 중심적이며, 끊임없이 바뀌는 문화다. 인간의 육체를 자극하는 문화로, 개인주의, 물질주의, 쾌락주의를 불러 일으킨다. 물질, 명예, 권력, 성, 유행, 소위 '햄버거 문화'가 여기에 속한다. 인생의 재미를 찾는 충동적 문화이며, 지식IQ 교육에 치중한다. 유대인들은 명확하게 수직문화를 선택했다.

바빌론에서도, 그리스에서도, 로마에서도, 현대 미국에서도 그들은 일관되게 영구적 가치를 추구했다. 당장의 편리함이나 즉각적 만족 대신 오랜 조상들의 지혜를 선택했다. 이 선택이 얼마나 어려웠는지 상상해보라. 수평문화는 화려하고 매력적이다. 빠른 성공, 즉각적 쾌락, 손쉬운 인정을 제공한다. 반면 수직문화는 느리고 불편하다. 오랜 시간 공부해야 하고, 깊이 생각해야 하고, 때로는 세상과 구별되어 고립되기도 한다. 하지만 유대인들은 '햄버거'보다 '만나'를 선택했다. 즉흥적 재미보다 영원한 의미를, 일시적 쾌락보다 지속적 지혜를, 현재의 편안함보다 미래 세대의 유산을 선택했다.

이 두 문화의 차이는 교육관에서 극명하게 드러난다. 수평문화는 지식IQ 교육에 집중한다. 많은 정보를 빠르게 습득하고, 경쟁에서 이기고, 당장 써먹을 수 있는 실용적 기술을 중시한다. 시험 점수, 취업률, 연봉이 성공의 기준이다. 반면 수직문화는 지혜교육을 추구한다. 정보의 양보다는 사고의 깊이를, 경쟁보다는 성장을, 실용성보다는 의미를 중시한다. '무엇을 아는가?'보다 '왜 그것을 알아야 하는가?'를 더 중요하게 여긴다. 유대인 가정의 안식일 식탁이 바로 이 지혜교육의 현장이다. 아이들은 여기서 단순히 지식을 암기하는 것이 아니라, "왜?"라는 질문을 던지고, 조상들의 지혜와 대화하고, 삶의 근본적 의미를 탐구한다. 수천 년 전 아브라함의 이야기가 현재 자신의 삶과 어떻게 연결되는지를 배운다.

한국교회가 주목해야 할 것이 바로 이 부분이다. 당장의 편리함이나 유행을 좇는 대신, 2000년 기독교 전통의 깊이를 다음세대에게 체계적으로 전수하는 것. 매 주일마다, 매일 가정예배마다 반복적으로 "우리는 누구인가?"를 확인하는 것. 세상의 문화에 동화되는 것이 아니라, 하나님 나라의 거룩한 백성으로서의 정체성을 지키는 것. 이것이야말로 어떤 위기도 극복할 수 있는 진정한 힘이다. 디아스포라의 고난이 오히려 유대인들을 더 강하게 만들었듯이, 현재 한국교회가 직면한 신앙전수의 위기도 오히려 더 견고한 수직문화를 만들어가는 기회가 될 수 있다. 유대인들의 3500년 지혜에서 배우는 것은 바로 이것이다.

"뿌리를 잃으면 모든 것을 잃지만, 뿌리를 지키면 무엇이든 다시 세울 수 있다."

3 쉐마, 수직문화의 영원한 헌법

שמע ישראל יהוה אלהינו יהוה אחד

"쉐마 이스라엘 아도나이 엘로헤이누 아도나이 에하드" 신 6:4

"들으라, 이스라엘아, 여호와는 우리의 하나님이시며, 여호와는 하나이시다."

이 한 구절이 유대인들을 수천 년 동안 지켜온 힘이다. 모든 유대인은 태어나서 가장 먼저 배우는 것이 쉐마이고, 죽을 때 마지막으로 고백하는 것도 쉐마다. 하루에 두 번, 아침과 저녁으로 이 기도를 암송한다. 계산해보면 평생 약 5만 번 이상 반복하는 셈이다. 그러니 단순한 기도문은 아니다.

쉐마의 특징은 번역하지 않고 히브리어 원문 그대로 암송한다는 점이다. 전 세계 어느 나라에 살든, 어떤 언어를 사용하든 쉐마는 반드시 히브리어로 고백한다. 신명기 6장 쉐마의 히브리어를 몇가지를 살펴보면 다음과 같다.

"너는 마음을 다하고" 5절

히브리어 '레바브 לבב'는 우리가 생각하는 단순한 '마음'이 아니다. 현대인에게 마음은 주로 감정의 영역이다. 하지만 히브리어 사고에서 레바브는 인격의 핵심 중추다. 감정, 의지, 지성, 양심이 통합된 존재의 컨트롤 타워다.

"뜻을 다하고" 5절

'네페쉬 ʷʷ'는 일반적으로 '영혼'이나 '정신'으로 번역되지만, 원래 의미는 훨씬 포괄적이다. 살아있는 존재의 생명 전체를 의미한다. "목숨을 걸고"라는 표현에 가깝다.

유대인들의 신앙교육에는 이런 네페쉬적 진지함이 있다. 장난으로 하거나 형식적으로 하는 것이 아니라 생명을 건 진지함으로 한다.

"힘을 다하여" 5절

'메오드 ʷʷ'는 원래 "매우, 극도로"라는 뜻의 부사다. 하지만 여기서는 명사로 사용되어 모든 소유와 능력을 의미한다. 물질적, 육체적, 사회적 자원을 총동원하라는 뜻이다. 이는 신앙교육에 대한 실제적 투자를 의미한다. 시간, 돈, 에너지, 관계 등 모든 것을 아낌없이 투자하라는 것이다. 추상적인 사랑이 아니라 구체적이고 실제적인 사랑이다.

'레바브', '네페쉬', '메오드'로 하나님을 사랑한다는 것은 전인격적 사랑을 의미한다. 감정만으로도 안 되고, 의지만으로도 안 되고, 물질만으로도 안 된다. 세 가지가 모두 통합 되어야 한다. 이는 현대 교육의 분절

성과 대조된다. 현대 교육은 인간을 여러 부분으로 나누어 각각 따로 교육한다. 지적 교육, 정서 교육, 체험 교육, 인성 교육 등으로 분절한다.

하지만 쉐마의 교육은 처음부터 통합적이다. 하브루타는 바로 이런 통합적 교육의 전형이다. 하브루타를 할 때는 머리 지성, 가슴 감정, 손 행동 이 모두 참여한다. 텍스트를 읽으면서 지성이 활동하고, 의미를 깨달으면서 감정이 움직이고, 적용을 다짐하면서 의지를 결단한다. 이런 통합적 교육이 수천 년 동안 유대인들을 지켜온 힘이다. 피상적인 수평문화로는 흉내낼 수 없는 깊이와 지속성의 비밀이다.

"네 자녀에게 부지런히 가르치며" 7절

쉐마에서 가장 혁신적인 부분은 신앙교육의 주체를 명확히 밝힌 것이다. 제사장도 아니고, 선지자도 아니고, 전문 교육자도 아닌 부모가 일차 책임자라고 선언한다. 이는 3500년 전 당시로서는 매우 혁신적인 교육 철학이었다. 고대 근동 지역의 다른 종교들은 대부분 제사장 중심의 교육 시스템을 가지고 있었다. 일반인들은 종교에 대해 잘 모르고, 전문가들이 모든 것을 담당했다. 하지만 히브리 신앙은 달랐다. 모든 아버지가 제사장이고, 모든 어머니가 교사였다. 이 원칙이 유대인들을 2500년 디아스포라에서 지켜준 핵심 비밀이다.

성전이 파괴되고 제사장이 사라져도 가정의 신앙교육은 계속될 수 있었다. 중앙 집권적 시스템이 무너져도 분산형 시스템은 살아 남았다. 현재도 마찬가지다. 정통 유대인 가정에서는 아버지가 자녀의 주요 종교 교사 역할을 한다. 회당의 랍비는 보조 역할일 뿐이다. 1차 책임은 항상 부모에게 있다. "자녀는 부모의 첫 제자"인 것이다.

'부지런히' 샤난 ﭏﭏ 의 의미는 날카롭게 반복해서 새기기라는 뜻이다. 히브리어 '샤난 ﭏﭏ'은 단순히 '가르치다'가 아니라 '날카롭게 하다', '반복해서 새기다'라는 깊은 의미를 가진다. 칼날을 날카롭게 갈 듯이, 조각칼로 깊이 새기듯이 가르치라는 뜻이다. 이는 일회성 교육이 아니라 반복적, 지속적 교육을 의미한다. 한 번 말해주고 끝나는 것이 아니라 계속해서 반복하고, 점점 더 깊이 새겨주는 것이다. 유대인들의 가정교육이 바로 이런 '샤난' 방식이다. 같은 내용을 수십 번, 수백 번 반복한다. 하지만 단순 반복이 아니라 깊이를 더해가는 반복이다. 나이가 들수록 같은 텍스트에서 더 깊은 의미를 발견하게 한다.

하브루타도 마찬가지다. 같은 성경 본문을 여러 번 읽지만 매번 새로운 질문을 던지고, 새로운 관점을 제시한다. 이런 반복적 심화 과정을 통해 말씀이 마음 깊이 새겨진다.

한 랍비의 설명이 인상적이었다.
"우리는 아이들에게 토라의 같은 구절을 백 번도 넘게 읽게 해요. 하지만 매번 다른 질문을 던져요. 5살 때는 '누가 나오나요?'라고 묻고, 10살 때는 '왜 그랬을까요?'라고 묻고, 15살 때는 '이것이 우리에게 무엇을 의미하나요?'라고 물어요. 같은 텍스트지만 점점 더 깊어져요."

> "집에 앉았을 때에든지 길을 갈 때에든지 누워있을 때에든지,
> 일어날 때에든지 이 말씀을 강론할 것이며" 7절

이 구절은 신앙교육의 시공간적 확장을 명령한다. 특별한 시간, 특별한 장소에서만 하는 교육이 아니라 일상의 모든 순간, 모든 공간에서 하는 교육이다. 집에 앉았을 때는 평범한 일상의 순간들, 길을 갈 때는 이동하는 시간들, 누워있을 때는 잠자리에서의 시간, 일어날 때는 하루를 시작하는 시간을 의미한다.

즉, 깨어있는 모든 시간이 신앙교육의 기회라는 뜻이다. 이는 현대의 구획화된 교육 개념과 완전히 다르다. 현대 교육은 시간과 장소를 구분한다. 학교에서는 공부하고, 집에서는 쉬고, 교회에서는 예배하고, 놀이터에서는 논다. 하지만 쉐마의 교육은 이런 구분이 없다. 삶과 교육이 분리되지 않는 것, 일상이 삶의 예배가 되는 것, 이것이 쉐마교육의 핵심이다.

쉐마는 수천 년 간 유대인을 지켜온 '수직문화의 헌법' 으로, 전인격적 사랑 레바브-네페쉬-메오드 과 가정 중심의 반복적 심화교육 샤난 을 통해 일상과 신앙을 분리하지 않는 통합적 삶을 구현한다. 현대의 분절적 교육과 달리,

모든 시공간이 교육의 장이 되어 삶 자체가 예배가 되는 것이 쉐마 교육의 본질이다.

우리 아이가 30년 후에도 신앙을 지키려면, 지금 우리 집 식탁에서 무슨 대화를 해야 할까? 유대인 아버지는 자녀와 매일 토라를 읽는데, 나는 언제 마지막으로 아이와 성경을 함께 읽었는가?

4 Be an American, but love Hebrew

쉐마는 유대인의 존재론적 정체성 선언이다. '나는 누구인가?'라는 질문에 대한 명확한 답이다. "나는 유일하신 여호와 하나님을 믿는 이스라엘이다." LA 유대인 가정에서 8살 막내 아이가 기도를 완벽하게 암송하는 모습을 봤을 때 나는 충격을 받았다. 히브리어 발음도 정확했고, 의미도 알고 있었다. 어떻게 8살 아이가 수천 년 전 고대 히브리어를 이렇게 자연스럽게 말할 수 있을까? 답은 간단했다. 태어나면서부터 매일 들어왔기 때문이다. 수직문화의 위력이었다.

포스트모더니즘 이후에 현대 사회는 다원주의 사회다. "모든 종교는 똑같다", "절대적 진리는 없다", "개인의 선택이 최고 가치다" 라는 메시지가 넘쳐난다. 이것이 전형적인 수평문화의 특징이다. 모든 것을 상대화하고, 절대적 기준을 거부하고, 개인의 즉흥적 판단을 최고 가치로 여긴다. 하지만 쉐마는 정반대를 선언한다. '여호와는 유일하시다'는 절대적 진리를 선포한다. 다른 신들과 비교 대상이 아니라, 유일무이한 존재라고 못 박는다. 이는 다원주의를 정면으로 거부하는 것이다.

유대인들이 수천 년 동안 쉐마의 선언을 매일 반복한 이유가 여기에 있다. 주변 문화의 상대주의적 유혹에 굴복하지 않기 위해서다. 수평문화의 다원성에 휩쓸리지 않고 수직문화의 유일성을 지키기 위해서다. 한 랍비의 설명이 인상적이었다.

"우리 아이들이 흔들리지 않으려면 매일 쉐마를 고백해야 해요. '여호와는 유일하시다'는 확신이 있어야 종교적 다원주의의 바다에서 길을 잃지 않아요."

"쉐마 이스라엘"에서 주목할 점은 개인이 아닌 집단에게 말하고 있다는 것이다. 다니엘아 들으라, 사라야 들으라가 아니라 "이스라엘아 들으라"다. 개인의 정체성보다 집단의 정체성을 우선시하는 것이다. 이는 개인주의 문화와 정면으로 대조된다. 현대 수평문화는 '나만의 신앙', '나만의 길', '나만의 선택'을 강조한다. 하지만 쉐마는 '우리의 신앙', '우리의 길', '우리의 선택'을 강조한다. 유대인 아이들은 쉐마를 통해 개인이 아닌 공동체의 일원임을 매일 확인한다. "나는 혼자가 아니다. 나는 수천 년 오랜 역사를 가진 이스라엘 공동체의 구성원이다." 이런 소속감이 개인주의 시대에 흔들리지 않는 정체성을 만든다.

내가 미국유대인학교 America Jewish University 에서 수학할 때 랍비가 수업 중에 한 말이 지금도 잊혀지지 않는다 "Be an American, but Love Hebrew" 미국인이 되되, 히브리어를 사랑하라. 이 한 문장은 유대인들의 언어 철학을 완벽하게 보여준다. 그들은 거주국의 언어를 배우고 그 나라의 시민이 되는 것을 거부하지 않는다. 하지만 동시에 히브리어에 대한 사랑만큼은 절대 포기하지 않는다. 왜 그럴까? 언어는 단순한 소통 도구가 아니라 정체성의 근간이기 때문이다.

이 대목에서 나는 우리나라 독립운동가 박은식 선생의 말씀이 떠올랐다.

> "군대, 성지, 기계는 국백 國魄 이요, 국어, 국문, 국사는 국혼 國魂 이라. 나라가 국백을 빼앗겼을지라도 국혼만 살아있으면 나라를 다시 되찾을 수 있다."

놀랍게도 이것이 정확히 유대인들이 2500년 디아스포라에서 실천한 철학이었다. 그들은 나라 국백 를 완전히 잃었다. 군대도, 성지도, 정치적 기반도 모두 사라졌다. 하지만 히브리어 국어, 토라 국문, 출애굽 역사 국사 라는 국혼만큼은 절대 놓지 않았다. 그 결과가 무엇인가? 박은식 선생의 예언대로 나라를 다시 되찾았다. 1948년 이스라엘 재건국과 히브리어 부활이라는 인류 역사상 전례없는 기적을 이뤄낸 것이다. "אחד 에하드, 뜻: 하나"라는 히브리어 단어 하나만 봐도 그렇다. 단순한 숫자 '1'이 아니라 '유일무이한 절대적 존재'라는 신학적 개념이 담겨 있다. 이런 뉘앙스는 단순한 번역만으로는 쉬이 전달되지 않는다.

1948년 이스라엘 건국 당시 일어난 기적 중 하나는 히브리어의 부활이었다. 2000년 동안 일상 언어로 사용되지 않았던 히브리어가 갑자기 국가 공용어로 부활한 것이다. 이는 언어학적으로 전례없는 사건이다. 어떻게 이런 일이 가능했을까? 바로 수직문화의 힘이었다. 디아스포라 기간 동안 유대인들은 히브리어를 완전히 버리지 않았다. 일상 대화에서는 사용하지 않았지만, 기도와 토라 학습에서는 계속 히브리어를 사용했다. 매주 안식일마다, 매일 기도 시간마다 히브리어가 살아 숨쉬고 있었던 것이다.

특히 하브루타 학습에서 히브리어는 핵심적 역할을 했다. 탈무드와 미쉬나를 원어로 읽고 토론하면서 히브리어 사고 체계가 유지되었다. 언어는 단순한 소통 도구가 아니라 사고방식 자체다. 히브리어를 통해 유대인들의 독특한 사고 패턴이 3500년 동안 보존될 수 있었다. 유대인의 역사를 통해 우리가 배우는 것은 명확하다. 수직문화의 체계적 전수야말로 어떤 위기도 극복할 수 있는 가장 강력한 생존 메커니즘이라는 것이다.

2500년이라는 상상할 수 없는 긴 시간 동안, 100세대가 넘는 기간 동안 일관되게 지켜온 뿌리문화가 오늘날의 기적을 만들어 낸 것이다. 나라를 잃어도 무너지지 않고, 흩어져도 하나가 되고, 핍박 받아도 더 강해지는 놀라운 생명력, 이것이 바로 수직문화의 힘이다. 편리함과 즉흥성을 추구하는 수평문화와 달리, 깊이와 지속성을 추구하는 수직문화는 시간이 지날수록 더욱 강력해진다.

LA에서 만난 10대 유대인 청소년의 말이 이를 잘 보여준다. "저는 영어가 모국어예요. 하지만 기도할 때는 히브리어를 써요. 히브리어로 기도하면 뭔가 다른 느낌이에요. 마치 조상들과 연결되는 것 같아요. 아브라함이나 모세와 같은 언어로 하나님께 말씀드리는 거니까요." 이것이 수직문화의 힘이다. 언어를 통해 시공간을 초월한 연결감을 만들어내는 것이다. 박은식 선생이 말한 '국혼'과 유대인들이 지킨 '히브리어 사랑'이 정확히 같은 맥락이다. 언어를 사랑하는 것이 곧 정체성을 지키는 것이다.

　　미국 유대인 학교에서 경험한 특별한 경험이 있다. 어느 날 폴란드계 유대인 할머니 한 분이 오셔서 학생들에게 자신의 이야기를 들려주셨다. 홀로코스트 생존자이신 그 할머니는 자신이 어떻게 부모를 잃었는지, 어떻게 살아 남을 수 있었는지를 생생한 스토리텔링으로 전해 주셨다. 놀라운 것은 학생들의 반응이었다. 70년 전 폴란드에서 일어난 일을 듣는 미국에서 태어난 유대인 학생들은 마치 그것이 자신의 이야기인 것처럼 몰입해서 경청했다. 많은 학생들이 훌쩍훌쩍 눈물을 흘렸다. 나는 그 순간 직감적으로 깨달았다. 이것이 바로 유대인들의 수직문화 전수의 핵심이라는 것을. 그들에게 홀로코스트는 과거의 역사가 아니라 현재의 기억이었다. 할머니의 경험이 곧 자신들의 경험이었고, 할머니의 아픔이 곧 자신들의 아픔이었다. 이렇게 개인의 기억이 집단의 기억이 되고, 한 세대의 역사적 경험이 모든 세대의 유산이 되는 것, 이것이 바로 살아있는 수직문화의 모습이었다.

    하나님 나라의 관점에서 지금 한국교회가 회복해야 할 국혼 ^{하나님 나라 스피릿} 이 있다면 무엇일까?

5 먼저 회복해야 할 구약의 지상명령

한국교회 위기는 다음세대 위기이고, 다음세대 위기의 정확한 진단은 '신앙전수 실패의 위기다.' LA에서 유대인 가정에서 안식일 식탁을 경험한 후, 나는 한국의 기독교 가정들을 새로운 눈으로 보게 되었다.

많은 기독교인들이 마태복음 28:18-20을 '지상명령'이라고 부른다. "그러므로 너희는 가서 모든 족속으로 제자를 삼아 아버지와 아들과 성령의 이름으로 세례를 베풀고 내가 너희에게 분부한 모든 것을 가르쳐 지키게 하라" 이는 분명 중요한 사명이다. 모든 족속에게 복음을 전하는 수평적 확산의 명령이다. 하지만 우리가 놓치고 있는 것이 있다. 신명기 6:4-9 쉐마 도 동일하게 중요한 명령이라는 사실이다. 아니, 오히려 더 먼저 주어진 명령이라는 사실이다. 신명기 6장이 '구약의 지상명령'이라면, 이는 가족 내 수직전수에 관한 명령이다 "이스라엘아 들으라… 네 자녀에게 부지런히 가르치며 집에 앉았을 때에든지 길을 갈 때에든지 누워있을 때에든지 일어날 때에든지 이 말씀을 강론할 것이라"

하나님께서는 먼저 수직전수의 중요성을 가르치시고, 그 기반 위에서 수평전수의 사명을 주신 것이다. 건물을 지을 때 기초를 먼저 놓고 그 위에 벽을 쌓듯이, 신앙 공동체도 가정이라는 기초를 먼저 튼튼히 하고 그 위에서 선교라는 확장을 해야 한다. 안타깝게도 현대 교회는 이 순서를 뒤바꿔 놓았다. 마태복음 28장의 수평전수는 열심히 강조하지만 신명기 6장의 수직전수는 소홀히 한다. 마치 집의 기초는 무너뜨리고 2층만 계속 증축하려는 모순을 범하고 있다. 그 결과는 무엇인가? 해외선교는 열심히 하지만 자녀 신앙전수는 실패, 전도는 많이 하지만 신앙 계승률은 하락, 교회는 성장하지만 기독교 가정의 무너짐, 1세대는 늘어나지만 2세대, 3세대는 교회를 떠나게 되었다.

이는 뿌리 없는 나무를 키우려는 것과 같다. 아무리 물을 주고 거름을 줘도 결국 쓰러질 수 밖에 없다. 깊이 뿌리 내린 큰 나무가 넓은 그늘을 만들어 내듯이, 견고한 수직문화가 강력한 수평 영향력을 창출한 것이다. 반면 수직문화가 약한 공동체들은 어떻게 됐는가? 수평적으로 아무리 확산되어도 지속성이 없다. 모래 위에 세운 성처럼 1세대는 열정적이지만 2세대부터 식어간다. 3세대가 되면 거의 사라진다. 이것이 현재 한국교회가 직면한 현실이다. 지난 한 세기 동안 폭발적으로 부흥했지만 이제는 정체되고 있다. 넓게 퍼뜨리기만 하고 깊이 뿌리 내리지 못한 결과다.

현재 한국교회에게 더욱 절실한 것은 신명기 6장의 회복이다. 마태복음 28장도 중요하지만, 그보다 먼저 신명기 6장을 회복해야 한다. 치료받지 않은 상처에 연고만 바르는 것으로는 근본적 해결이 불가능하다.

세계선교도 중요하지만 가정선교가 더 급하다, 타문화권 전도도 필요하지만 자녀 신앙교육이 더 절실하다, 교회 부흥도 좋지만 가정 부흥이 더 근본적이다. "자녀는 부모의 첫 제자"이기 때문이다.

신명기 6장이 회복되면 마태복음 28장은 자연스럽게 따라온다. 강한 뿌리에서 자란 나무가 저절로 좋은 열매를 맺듯이, 견고한 신앙 정체성을 가진 다음세대가 자발적으로 선교사가 되고, 자신감 있게 복음을 전하고, 지속적으로 교회를 섬기게 된다. 이것이 바로 '구약의 지상명령'인 신명기 6장의 위력이다. 수천 년 동안 유대인들을 지켜온 수직문화의 불패 공식이다.

한국교회의 위기는 단순히 프로그램의 부족이나 교육 방법의 문제가 아니다. 우리는 근본적으로 수직문화와 수평문화의 우선순위를 완전히 뒤바꿔 버렸다. 아이들이 세상의 논리를 먼저 학습하고, 그 위에 신앙을 덧씌우려 하고 있다. 이것은 모래 위에 집을 짓는 것과 같은 어리석음이다. 유대인들의 접근은 근본적으로 다르다. 그들은 아이가 태어나면서부터 수직문화의 울타리 안에서 키운다. 세상의 가치관이 아이의 마음에 침투하기 전에, 먼저 하나님의 가치관으로 아이의 세계관을 견고히 세운다. 이것이 바로 교육학에서 말하는 '선점 효과'다.

일방적 주입식 교육으로는 절대 신앙이 전수되지 않는다. 아이가 스스로 질문하고, 답을 찾아가는 과정에서만 진정한 신앙의 내재화가 일어난다. 유대인들이 수천 년 동안 신앙을 지켜 온 비밀이 바로 여기에 있다. 부모 수직문화 리더십 회복을 위한 실천은 부모가 먼저 하브루타 문화를 체험하는 것에서 부터 시작되어야 한다. 부부가 먼저 성경으로 하브루타를 시작하라. 가정예배를 하브루타화하라. 일방적 설교가 아닌 '대화식 가정예배'로 전환하라. 일상 대화를 성경화하라. 모든 대화를 성경적 관점에서 나누는 습관을 기르라. 수천 년 고대의 지혜를 한국교회가 계승할 때가 왔다. 대화식 가정예배에서는 7가지 꿈을 이야기 한다. [10]

첫째 1	둘째 2	셋째 3	넷째 4	다섯째 5	여섯째 6	일곱째 7
가정이 회복되는 꿈	가정마다 아버지의 영적 권위가 회복되는 꿈	삶의 예배운동이 일어나는 꿈	거룩한 순종의 물결이 일어나는 꿈	다음세대가 다시 일어나는 꿈	교회가 재건되는 꿈	수직적인 선교가 확산되는 꿈

이것은 단순한 꿈이 아니다. 하나님이 아브라함에게 주신 수직문화 전수의 원형을 회복하는 꿈이다. 한국교회가 이 지혜를 받아들일 때, 다음세대 위기는 기회로 바뀔 것이다. 가정이 신학교가 되는 그날까지, 우리는 멈추지 않을 것이다. 혁명은 거창한 것이 아니라 일상의 변화에서 시작된다. 수직문화 회복이 거창한 프로그램이나 특별한 장비를 필요로 하는 것은 아니다. 가장 평범한 일상 속에서 가장 비범한 변화가 일어난

---

10) 이유정,『대화식 가정예배』, 좋은나라, 30-31p

다. 유대인들이 수천 년 동안 해 온 것도 바로 이것이다. 특별한 날에만 신앙을 이야기 하는 것이 아니라, 매일 매일의 삶 속에서 하나님을 만나는 것이다. 밥상이 제단이 되고, 거실이 성전이 되는 기적이다.

가정이 신학교가 되는 날, 한국교회의 르네상스가 시작된다. 수직문화가 회복된 한국교회의 모습을 상상해보라. 더 이상 교회학교 교사 부족을 걱정하지 않아도 된다. 왜냐하면 모든 부모가 교사이기 때문이다. 더 이상 주일학교 출석률 저하를 걱정하지 않아도 된다. 왜냐하면 가정이 바로 교회이기 때문이다. 질문하는 아이들이 미래를 만든다. 수직문화가 회복된 가정에서 자란 아이들은 다르다. 그들은 단순히 답을 외우는 아이들이 아니라 질문을 만들어 내는 아이들이다. 세상이 던지는 질문에 휘둘리지 않고, 스스로 하나님께 질문하며 답을 찾아간다. 이런 아이들이 자라서 다음세대를 이끌어 갈 것이다.

수천 년 고대의 지혜와 한국교회의 열정이 만날 때, 상상할 수 없는 일들이 일어날 것이다. 가정이 신학교가 되고, 부모가 랍비가 되며, 자녀가 제자가 되는 그날까지, 우리는 이 비전을 향해 나아갈 것이다. 지금이 바로 그때다. 더 이상 미룰 수 없다. 다음세대 위기는 점점 심각해지고 있고, 시간은 우리 편이 아니다. 하지만 위기는 곧 기회다. 하나님이 한국교회에 주신 이 위기를 통해, 우리는 더 견고한 신앙의 기초를 세울 수 있다. 수직문화 회복이 바로 그 희망의 열쇠가 될 것이다.

이제 역사적 선택의 순간이다. 계속 수평문화에만 매달릴 것인가, 아니면 수직문화로 회복할 것인가?

6 가정이 신학교가 되는 꿈의 실현

500년 전 마르틴 루터가 비텐베르크 성당 문에 95개조 반박문을 붙였을 때, 그는 단순히 면죄부를 반대한 것이 아니었다. 그는 모든 성도가 스스로 성경을 읽고, 모든 평신도가 하나님과 직접 소통하며, 모든 가정이 작은 교회가 되는 혁명적인 꿈을 꾸었다. 만인제사장설이라는 위대한 선언 뒤에는 평신도 모두가 영적 역량을 갖춘 성숙한 그리스도인이 되어야 한다는 확신이 있었다. 500년이 지난 지금, 그 꿈은 절반만 이루어졌다. 성경은 번역되었고, 만인제사장설은 선포되었다. 하지만 정작 가정은 여전히 영적으로 무력하다. 대부분의 기독교 부모들이 자녀에게 성경을 가르칠 능력이 없고, 대부분의 기독교 가정에서 깊이 있는 신앙 대화가 일어나지 않는다. 루터의 꿈은 여전히 미완성 상태로 남아 있다.

그런데 바로 여기에 루터의 미완성 과제를 완성할 열쇠가 있다. 유대인들이 수천 년 동안 실천해 온 가정 중심 교육 시스템, 바로 하브루타다. 이를 통해 드디어 모든 가정이 작은 신학교가 되는 꿈을 실현할 수 있다. 하브루타는 단순한 교육 기법이 아니라 루터가 꿈 꾼 만인제사장 시대의 완성을 위한 실제적 도구인 것이다. 하브루타의 놀라운 점은 가르치는 사람도 함께 배운다는 것이다. 아버지가 아들과 하브루타를 하면서 아버지도 성장한다. 어머니가 딸과 성경을 나누면서 어머니도 깨달음을 얻는다. 가르치는 행위 자체가 최고의 학습법이기 때문이다. 그래서 신학을 전공하지 않은 평범한 부모라도 자녀와 함께 하브루타를 하다 보면 자연스럽게 성경 지식이 늘어나고, 신앙이 깊어지며, 영적 권위를 갖게 된다.

10년 후, 20년 후 한국교회의 모습을 상상해보라. 가정 하브루타로 양육된 세대가 교회의 핵심 세력이 되는 시대다. 목회자들은 어릴 때부터 체계적인 성경 교육을 받아서 하브루타 목회를 자연스럽게 구사하고, 가정 사역에 대한 깊은 이해와 실제 경험을 가진 지도자들이 된다. 평신도들은 성경 해석 능력을 갖춘 성숙한 성도들이 되고, 자녀 신앙교육에 자신감을 가진 부모들이 되며, 선교지에서도 현지인을 가르칠 수 있는 역량을 갖춘 선교사들이 된다. 교회 문화는 일방적 설교에서 쌍방향 대화 중심으로, 수동적 참여에서 능동적 참여 중심으로, 개인주의에서 공동체 중심 신앙으로 바뀐다. 이것이 바로 수직문화가 만들어 낼 한국교회의 미래다.

다시 그날 밤으로 돌아가보자. LA 유대인 가정의 안식일 식탁에서 내가 목격한 천으로 가려진 컴퓨터의 장면으로. 그때 나는 단순히 '신기한 종교 의식' 정도로 생각했다. 하지만 십여 년간 하브루타를 연구하면서 깨달았다. 그것은 의식이 아니라 철학이었다. 수평문화에 대한 의도적 거부이자 수직문화에 대한 확고한 선택이었다.

그 컴퓨터 위의 하얀 천이 상징하는 것은 '우리는 다르다'는 정체성 선언이었고, '편리함보다 의미를 선택한다'는 가치관 표명이었으며, '현재보다 영원을 추구한다'는 시간관 고백이었고, '수평문화보다 수직문화가 우선이다'는 문화적 결단이었다. 그리고 그 결정의 열매들이 무엇인지 그날 밤 나는 직접 목격했다. 온 가족이 진짜 대화를 나누는 시간, 아이들이 조상들의 이야기에 몰입하는 모습, 부모가 영적 권위를 자연스럽게 행사하는 장면, 오랜 고대의 전통이 현재에 살아 숨쉬는 기적이다.

많은 사람들이 묻는다. 21세기에 그런 구식 방법이 통할까? 하지만 결과가 증명한다. 유대인들은 세계에서 가장 현대적이고 혁신적인 민족 중 하나다. 어떻게 가장 전통적인 교육이 가장 현대적인 결과를 만들어 낼까? 답은 간단하다. 진짜 지혜는 시대를 초월하기 때문이다. 3500년 전 지혜가 21세기에도 통하는 이유는 그것이 본질을 다루기 때문이다. 기술은 변해도 본질은 변하지 않는다. 학습 방식은 달라져도 깊이 있는 교육의 원리는 동일하다.

'당신은 자녀에게 무엇을 물려 주고 싶은가?'

대부분의 부모들이 좋은 교육, 경제적 안정, 사회적 성공을 말한다. 물론 이런 것들도 중요하다. 하지만 정말 중요한 것은 따로 있다. 확고한 신앙 정체성, 깊이 있는 성경 지식, 건강한 관계 능력, 의미 있는 삶의 목적이다. 이런 것들은 하루 아침에 만들어 지지 않는다. 20년, 30년의 꾸준한 투자가 필요하다. 그리고 그 투자의 핵심이 바로 가정 하브루타. 유대인 부모들은 이렇게 고백한다. "우리는 자녀에게 돈을 물려 주기보다 토라를 물려 주고 싶습니다. 돈은 잃을 수 있지만 토라는 평생 가져갈 수 있으니까요.", "우리는 자녀가 의사나 변호사가 되기 보다 멘쉬 진짜사람 가 되기를 원합니다. 성공보다 성품이 더 중요하니까요." 한국 기독교 부모들도 이런 고백을 할 수 있을까?

결국 그 천으로 가려진 컴퓨터는 선택의 상징이었다. 무엇을 가릴 것인가? 수평문화의 소음들을. 무엇을 드러낼 것인가? 수직문화의 지혜들을. 무엇을 포기할 것인가? 당장의 편리함과 즉흥적 재미를. 무엇을 얻을 것인가? 평생의 의미와 영원한 가치를. 무엇을 차단할 것인가? 또래 문화의 피상적 자극들을. 무엇에 집중할 것인가? 가족 문화의 깊이 있는 교제들을, 이제 선택은 당신의 몫이다.

당신의 가정에서도 매주 한 번씩 컴퓨터에 천을 씌울 수 있는가? 스마트폰을 끄고 가족과 함께 하나님의 말씀을 나눌 수 있는가? 편리함을 포기하고 깊이를 선택할 수 있는가? 그 선택이 당신 자녀의 미래를 결정할 것이다. 그 선택이 한국교회의 미래를 바꿀 것이다. 그 선택이 다음세대에게 물려줄 가장 소중한 유산이 될 것이다.

LA 유대인 가정의 안식일 식탁에서 시작된 여정, 천으로 가려진 컴퓨터 한 장면이 우리에게 던진 질문들에 대한 답을 찾았다. 왜 한국교회 다음세대가 떠나가는지, 무엇이 유대인들의 정체성을 지켜왔는지, 어떻게 수직문화를 회복할 수 있는지, 한국교회의 미래가 어떻게 될 것인지에 대한 답이 모두 수직문화에 있었다. 디지털 안식을 통해 수평문화를 차단하고, 가정 하브루타를 통해 수직문화를 복원해야 한다.

　　그것은 편리함을 포기하는 불편한 선택이다. 하지만 자녀들의 미래를 위한 지혜로운 투자이기도 하다. 당장의 편안함을 포기하고 영원한 가치를 선택하겠는가? 즉흥적 재미를 차단하고 깊이 있는 의미에 집중하겠는가? 수평문화의 소음을 멈추고 수직문화의 음성에 귀 기울이겠는가? 선택은 당신의 몫이다. 그러나 결과는 다음세대의 몫이 될 것이다. 이제 시작하라. 천으로 가려진 컴퓨터처럼, 수평문화를 차단하고 수직문화를 열어 젖힐 때다.

　　"하나님 나라의 백성으로서 우리가 잊지 말아야 할 한가지 사실은, 삶은 경주가 아니라 계주라는 것이다" [11]

---

11) 이비드 마이클,『우리는 아이들과 함께 예배하기로 했다』, semi, 2017, 9p

하브루타 독서토론 worksheet

이번 챕터를 읽고 난 뒤, 마음에 남은 **전체적인 느낌**을 기록해 보세요.

마음에 와닿은 문장을 옮겨 쓰고, 그 이유를 적어보세요. (페이지 기재 필수)

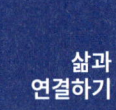

책의 내용과 비슷한 경험 혹은 가족, 친구, 사회 현상, 다른 책과 **연결지어 보세요.**

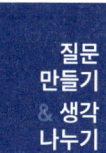

책을 읽으면서 궁금했던 나만의 질문,
혹은 나누고픈 **하브루타 질문 세 가지**를 적고 생각을 나누어 보세요.

이번 챕터를 통해 얻은 **느낀 점**과 **깨달은 점**,
그리고 일상에서 이어갈 **실천할 점**을 기록해 보세요.

하브루타 독서토론 후 기억에 남는 대화와 그 속에서 얻은 배움,
앞으로 내 **삶에서 적용하고 싶은 점**을 기록해 보세요.

chapter 2 하브루타 질문 7가지

1. 내 삶의 식탁은 어떤 문화로 채워지고 있는가? 하루 세 끼를 누구와, 어떻게 먹고 있는가? 나의 식탁에는 말씀, 기도, 질문, 대화가 함께 흐르고 있는가? 아니면 디지털 기기와 바쁜 일상, 침묵과 피로만이 자리를 차지하고 있는가? 이번 주 단 한 끼라도 말씀과 기도로 채워진 식탁을 회복하기 위해 내가 실천할 수 있는 작은 결단이 있다면 무엇인가?

2. 나는 수평문화에 무엇을 내어주고 있는가? 스마트폰, 미디어, 유튜브, SNS는 나와 내 자녀, 내 공동체의 시간과 시선을 어떻게 점령하고 있는가? 그리고 그것이 우리 가정의 정체성과 신앙을 얼마나 흐리고 있는가? 천으로 가려야 할 '수평문화의 요소'가 있다면 구체적으로 무엇이며, 언제 그것을 끊을 수 있는가?

3. 나는 나의 자녀에게 어떤 질문을 던지고 있는가? '숙제 했니?', '몇 등 했니?' 같은 질문 말고, '하나님은 오늘 너에게 어떤 말씀을 주셨니?', '이번 주 감사한 일이 있었니?'라는 질문을 던지고 있는가? 나의 질문은 자녀를 '세상의 경쟁자'로 몰고 가고 있는가, 아니면 '제자'로 길러가고 있는가?

4. 내가 만든 '거룩한 시간'이 있는가? 유대인들은 안식일 촛불 하나로 평범한 시간을 거룩한 시간으로 바꿨다. 나는 주중에 일상을 멈추고 하나님의 임재를 초

대하는 거룩한 '리듬'을 만들고 있는가? '디지털 안식일', '하브루타 가정예배', '조용한 큐티 시간' 등 구체적으로 시작할 수 있는 나만의 거룩한 시간표는 무엇인가?

5. 나는 우리 가정의 신앙전수를 교회에만 맡기고 있지 않은가? 교회학교, 주일예배, 목사님 말씀만으로 충분하다고 여긴 적은 없는가? 하나님께서는 부모를 첫 제자 훈련자로 세우셨는데, 나는 그 사명을 어떻게 살아내고 있는가? 우리 가정을 '작은 신학교'로 회복하기 위해 어떤 공간, 시간, 대화를 새롭게 만들 수 있을까?

6. 나는 어떤 '신앙 DNA'를 다음세대에 물려주고 있는가? 지금 내가 살아내고 있는 신앙은 내 자녀에게, 혹은 후배 신앙인에게 어떤 모습으로 복사되고 있을까? 유산으로 남겨주고 싶은 가장 소중한 신앙적 가치 하나를 꼽아 본다면 무엇이고, 그것을 삶으로 전수하기 위한 실제 실천은 무엇일까?

7. 나는 지금, 어떤 문화적 선택 앞에 서 있는가? 편리하고 즉흥적인 수평문화를 따를 것인가, 불편하고 느리지만 깊이 있는 수직문화를 회복할 것인가? 천으로 가려야 할 것은 무엇이며, 말씀으로 밝혀야 할 내 삶의 중심은 어디인가? 오늘부터 수직문화를 위한 '작은 개혁'을 하나 결단한다면, 그것은 무엇이 될 수 있을까?

리얼 하브루타

chapter 3
가정문화

베이트 미드라쉬에서 목격한 가정투자철학
1 가정, 하브루타의 원초적 공간
2 아버지 신학, 전수하는 자의 사명
3 어머니 신학, 일상 속 지혜의 교육
4 조부모 신학, 완성된 교사
5 1세기 교회는 가정교회였다
6 1/168이론이 말하는 시간의 압도적 진실

chapter 3 가정문화

베이트 미드라쉬에서 목격한 '가정 투자 철학'

어느 날, 나는 LA의 한 작은 베이트 미드라쉬 말씀의집 에 들어섰다. 그곳은 유대인의 공부방, 토라를 공부하는 성스러운 공간이었다. 겉보기에는 조용한 도서관 같았다. 책상마다 두 명씩 짝을 지은 젊은 남성들이 얼굴을 맞대고 앉아, 토라와 탈무드를 펼쳐놓고 하브루타에 몰두하고 있었다. 가벼운 농담도, 쓸데없는 잡담도 없었다. 그들의 토론은 진지했고, 침묵조차 경건했다. 그들의 대화는 마치 고대의 지혜자들이 시공간을 뛰어넘어 현재에 나타난 것 같았다.

어떤 이는 손가락으로 글자를 짚어가며 정확한 의미를 찾으려 했고, 또 어떤 이는 눈을 감고 깊은 사색에 잠겨 있었다. 그들의 몸짓 하나하나에서 말씀에 대한 경외심이 느껴졌다. 나는 잠시 눈을 의심했다. 그들은 모두 젊은 신혼 1년 차의 남편들이었다. 대부분의 남자들이 가장이 되어 가정을 위해 돈을 벌어야 할 그 시기에, 이들은 8시간 이상을 말씀 앞에 앉아 있었다. 이 젊은 남자들은 하나님과 말씀 앞에서 인생의 기초를 새로 세우고 있었다.

한국에서라면 상상도 할 수 없는 일이었다. 결혼하자마자 아내와 아이를 위해 밤낮으로 일을 하는 것이 우리의 상식이다. 심지어 신혼여행도 짧게 다녀와서 바로 일터로 향하는 것이 미덕으로 여겨지는 우리 사회에서, 이들의 모습은 충격 그 자체였다. "진짜 부자는 돈이 아니라 시간을 어디에 쓰는지 안다." 그 순간 내 머릿속에 떠오른 이 말이 현실로 펼쳐지고 있었다. 세상의 관점에서 보면 이들은 '비효율적'인 선택을 하고 있었다. 하지만 그들의 눈빛에서는 확신이 빛나고 있었다.

나는 그들의 표정을 자세히 관찰해 보았다. 피곤함이나 조급함은 전혀 찾아볼 수 없었다. 오히려 평안함과 만족감이 그들의 얼굴에 드러나 있었다. 마치 자신들이 지금 하고 있는 일이 세상에서 가장 가치 있는 일이라는 확신을 가진 사람들의 모습이었다. 나는 랍비에게 물었다. "왜 이들은 결혼하여 한 집안의 가장인데도, 돈을 벌지 않습니까?" 랍비는 조용히 웃으며 대답했다. "그들은 지금 가장 중요한 투자를 하고 있습니다." "투자요?" 나는 되물었다. "하지만 당장 수입이 없으면 어떻게 살아갑니까?" 이해되지 않았다. 아무리 중요하다고 해도 생계는 어쩌란 말인가. 그들의 생활비는 누가 감당하는걸까? 아내들은 어떻게 생각할까? 궁금증은 곧 충격으로 바뀌었다. "우리는 씨앗을 심을 때 당장 열매를 요구하지 않습니다. 하지만 인생에서는 왜 그 기다림을 견디지 못할까요?" 랍비의 말이 내 가슴을 울렸다.

랍비는 담담하게 말했다. "유대인 공동체에서는 신혼부부나 토라 학습자들이 코렐 Kollel 이라는 구조 안에서 경제적 지원을 받을 수 있습니다. 특히 남편이 토라 연구에 헌신하는 경우, 공동체는 일정 기간 아파트 임대료, 식비, 의료비 일부를 후원하며, 남편이 집안의 제사장으로서 온전히 가정의 기초를 세우는 데만 집중할 수 있도록 도와주는 것이죠. 무엇보다 중요한 것은 이것이 개인의 희생이 아니라 공동체 전체의 투자라는 관점입니다."

그 말은 나의 경제 관념을 정면으로 흔들어 놓았다.

"한 사람이 변하면 가정이 변하고, 가정이 변하면 공동체가 변한다. 이것이 바로 유대인들이 선택한 혁명의 방식입니다." 랍비의 설명은 계속되었다. "여기서 공부하는 남자들은 단순히 개인의 영적 성장만을 추구하는 것이 아닙니다. 그들은 미래의 랍비가 될 수도 있고, 비즈니스 리더가 될 수도 있고, 교육자가 될 수도 있습니다. 하지만 무엇이 되든 그들은 이 시기에 배운 말씀의 기초 위에서 삶을 살아갈 것입니다. 그 영향력은 그들의 자녀와 손자, 증손자에게까지 이어질 것이고요."

"그렇게까지 하는 이유가 뭡니까?" 내 물음에, 랍비는 조용히 말했다.

"가정이 신앙을 전수할 수 있는 비밀병기이기 때문이지요."

나는 아무 말도 할 수 없었다. 이것은 단지 유대인의 지혜가 아니었다. 하나님의 명령이었다.

신명기 24장 5절의 말씀이 떠올랐다. "사람이 새로이 아내를 맞이하였으면 그를 군대로 내보내지 말 것이요 아무 직무도 그에게 맡기지 말 것이며 그는 일 년 동안 집에 한가하게 집에 있으면서 그가 맞이한 아내를 즐겁게 할지니라." 성경은 단순히 부부가 행복하게 지내라는 말씀이 아니었다. 이것은 가정의 기초를 단단히 세우라는 하나님의 명령이었다.

신혼 1년 동안 가정을 세우는 것이 전쟁보다도, 그 어떤 국가 시스템보다도 우선시되고 있는 것이다. 국가의 존망이 걸린 전쟁터에 나가는 것보다 가정을 세우는 것이 더 중요하다는 뜻이었다. 랍비는 계속해서 설명했다. "현대 사회에서는 이 말씀을 단순히 신혼 생활을 즐기라는 의미로 해석하곤 합니다. 하지만 히브리어 원문을 보면 '그 맞은 아내를 즐겁게 할지니라'는 표현이 단순한 즐거움이 아니라 '행복하게 만들다', '번영하게 하다'는 의미입니다. 즉, 아내와 함께 견고한 가정의 터를 닦으라는 명령입니다. 세상은 빠른 성과를 요구하지만, 진짜 성과는 느린 곳에서 나온다. 랍비가 이어 말했다. "돈은 가치입니다. 우리가 무엇에 돈을 쓰는지는, 우리가 무엇을 가치있게 여기는지를 말해 줍니다." 그 한 문장이 내 심장을 찔렀다.

우리는 자동차에는 수천 만원을 투자하면서, 정작 가정의 기초를 세우는 데는 푼돈도 아까워한다. 결혼식에는 수백 만원을 쓰면서, 결혼 이후의 가정 교육에는 투자하지 않는다. 아이들 사교육비에는 월 수십 만원을 쓰면서, 부모 자신의 영적 성장에는 시간도 돈도 쓰지 않는다. 우리는 이 귀중한 시기를 생계라는 명목으로 '희생'시키고 있다. 이들은 그 시간을 '소비'가 아닌 '미래에 대한 투자'로 바꾸고 있었다. 그것도 공동체 전체가 한 몸이 되어서 말이다.

나는 갑자기 궁금해졌다. "그럼 이곳에서 공부한 사람들이 나중에 정말 성공합니까?" 랍비가 미소 지으며 답했다. "성공의 정의부터 다르죠. 세상이 말하는 성공은 개인의 부와 명예입니다. 하지만 우리가 말하는 성공은 대를 이어가는 것입니다. 자녀들이 부모의 신앙을 이어 받고, 그 자녀의 자녀들도 같은 가치관을 갖는 것이죠. 물론 경제적으로도 성공하는 경우가 많습니다. 탄탄한 내적 기초를 가진 사람들은 어떤 일을 해도 흔들리지 않거든요." 그야말로 우문현답이었다. 랍비의 현명한 답에 내 질문이 부끄럽기까지 했다.

"투자와 소비의 차이는 시간이 지날수록 명확해진다." 나는 이 말을 되뇌이며 그들을 다시 바라 보았다. 지금 당장은 아무것도 생산하지 않는 것처럼 보이지만, 20년 후, 50년 후를 내다보면 이것이야말로 가장 큰 수익을 가져다 줄 '투자'였다. 실제로 유대인들의 성공 사례들을 살펴보면 놀라운 공통점이 있다. 그들의 성공 뒤에는 어려서부터 받은 철저한 가정교육이 있었다. 부모가 자녀에게 물려준 것은 돈이 아니라 가치관이었고, 그 가치관이 결국 더 큰 부를 창출한 것이다.

랍비는 말했다. "신혼 1년은 가정의 DNA를 세팅하는 골든 타임입니다. 이 시기에 남편이 어떤 말씀을 배우는지, 어떤 세계관을 갖는지가 그 가정의 미래 100년을 좌우할 수 있습니다."

"구체적으로 어떤 것들을 배우나요?" 내가 물었다.
"토라와 탈무드를 통해 삶의 지혜를 배웁니다."

"강한 나무는 뿌리가 깊고, 깊은 뿌리는 보이지 않는 곳에서 자란다." 이 진리가 바로 여기서 실현되고 있었다. 겉으로는 비생산적으로 보이는 이 시간이 실제로는 가장 생산적인 시간이었던 것이다.

그 순간, 나는 깨달았다. 이것이 바로 유대인이 나라를 잃고 수천 년을 디아스포라로 돌아다니면서도 그들의 정체성을 유지하고 견디며 살아 남은 비밀이었다. 전쟁이 아니라 말씀 위에서 시작된 가정, 물질이 아닌 반석 위에 세워진 가정, 로마 제국이 무너지고, 바벨론이 사라지고, 이집트 문명이 쇠퇴할 때도 유대인들은 살아 남았다. 그들에게는 땅도 없었고, 군대도 없었고, 권력도 없었다.

하지만 그들에게는 가정이 있었다. 말씀으로 세워진 견고한 가정이…

"문명은 건물로 만들어지지 않는다. 가정으로 만들어진다." 이 깨달음이 내 안에서 폭발했다. LA의 작은 베이트 미드라쉬에서 내가 목격한 이 장면은 단지 또 하나의 문화가 아니었다. 그것은 내 인생의 우선 순위를 완전히 다시 쓰게 만든, 변화의 사건이었다. 나는 그날 밤 집에서 잠을 이룰 수 없었다. 머릿속에는 온통 그들의 모습이 맴돌았다. 그리고 우리 한국의 현실이 대비되어 떠올랐다. 신혼부부들은 결혼하자마자 대출금 상환과 생활비 마련에 쫓긴다. 아이가 태어나면 육아용품과 교육비 걱정에 시달린다. 정작 가장 중요한 시기에 가정의 기초를 세울 여유도, 시간도, 하물며 여건도 안된다.

나는 하브루타의 본질을 찾아 헤맸다. 십 년이라는 시간 동안 수많은 곳을 돌아 다니며 하브루타의 비밀을 찾으려 했다. LA에 있는 미국 유대인학교에서 공부해 보았고, 뉴욕 예시바 학교들도 방문해 보았다. 하지만 진짜 답은 LA의 작은 '베이트 미드라쉬' 에서 발견할 수 있었다.

이제 나는 가장 중요한 답을 확신을 가지고 말할 수 있다.

"하브루타의 비밀의 중심에는 가정이 있었다."

바로 가정이다!

1 가정, 하브루타의 원초적 공간

하브루타 열풍이 불면서 우리는 기법에 목말라 했다. 어떻게 질문할 것인가, 어떻게 토론할 것인가, 어떻게 방법론을 적용할 것인가. 그러나 정작 '어디서 해야 하는가'에 대해서는 깊이 생각하지 못했다. 유대인들에게 하브루타를 배우러 갔을 때 받은 첫 번째 질문이 충격이었다.

"당신의 가정은 어떻습니까?"

하브루타 기법을 물어볼 줄 알았는데, '가정'을 물었다. 하브루타는 기법이 아니다. 하브루타는 '삶의 방식 The way of life' 이다. 그리고 삶이 가장 진솔하게 드러나는 곳은 가정이다. 가정에서는 거짓말을 할 수 없다. 가정에서는 연기 할 수 없다. 가정은 인간의 가장 날것의 모습이 드러나는 공간이다. 바로 그 공간에서 하브루타가 일어날 때, 그것은 단순한 학습 기법을 넘어선다. 존재의 교육이 되는 것이다. 아버지의 숨결이, 어머니의 눈빛이, 가족의 체온이 하브루타와 하나가 된다.

유대인들에게 하브루타는 특별한 시간에 하는 특별한 활동이 아니다. 하브루타가 일상이고, 일상이 하브루타다. 학교나 교회에서 하는 하브루타는 프로그램이다. 가정에서 하는 하브루타는 라이프 스타일이다. 프로그램이나 이벤트는 끝이 있지만, 라이프 스타일은 24시간 지속된다. 이 차이가 결정적이다. 한국의 많은 교회와 학교에서 하브루타 프로그램을 시작했다가 몇 달도 되지 않아 중단하는 이유도 여기에 있다. 일주일에 몇 시간 하는 하브루타로는 삶의 변화를 기대하기 어렵다. 마치 일주일에 한 번 운동한다고 건강해지지 않는 것과 같다.

그런데 더 중요한 것은 '진정성'이다. 교회에서, 학교에서는 가면을 쓸 수 있다. 좋은 모습만 보여주고, 약한 모습은 숨길 수 있다. 하지만 가정에서는 불가능하다. 아침에 일어난 모습, 화가 났을 때의 모습, 피곤할 때의 모습까지 다 드러난다. 바로 그 날것의 상태에서 하브루타가 일어날 때, 진짜 변화가 시작된다. 그래서 하브루타는 삶이다.

일상의 대화가 식탁에서, 거실에서, 침실에서 자연스럽게 일어난다. 완벽한 부모가 완벽한 답을 주는 것이 아니라, 불완전한 인간들이 함께 하나님의 진리를 찾아가는 것이다. 가정에서 배운 것은 DNA로 전수된다. 교회에서 배운 하브루타, 학교에서 배운 하브루타는 단지 개인의 학습 경험만으로 머물기 십상이다. 하지만 가정에서 배운 것은 아버지에게서 아들로, 어머니에게서 딸로, 세대를 넘어 흘러간다. 이것이 유대인들이 하브루타를 통해 정체성을 유지할 수 있었던 비밀이다.

가정에서 하는 하브루타는 전인적이다. 말 뿐만 아니라 행동으로, 이론

뿐만 아니라 실천으로, 머리뿐만 아니라 가슴으로 전달된다. 아버지의 기도하는 모습, 어머니의 섬기는 모습이 모두 하브루타의 일부가 된다. 또한 가정의 관계는 깊이가 다르다. 친구끼리, 동료끼리의 관계에서는 깊이 들어가기가 쉽지 않다. 서로 눈치를 보고, 선을 긋게 되기도 한다. 하지만 부모는 자녀에게 아픈 이야기도 할 수 있고, 자녀는 부모에게 진짜 속마음을 털어 놓을 수 있다. 이런 깊이 있는 관계에서 나오는 하브루타는 영혼을 움직인다.

무엇보다 가정에서 하는 하브루타는 자연스럽다. 밥을 먹으면서, TV를 보면서, 산책을 하면서 자연스럽게 질문이 나오고 대화가 시작된다. 진짜 궁금한 것은 수업 시간이 아니라 예상치 못한 순간에 터져 나온다. 그리고 가정에서 하는 하브루타는 24시간 열려 있다. 새벽에도, 밤 늦게도 언제든지 질문하고 대화할 수 있다. 이런 자연스러움이 하브루타를 삶의 일부로 만든다.

가정 없는 하브루타는 뿌리 없는 나무와 같다. 아무리 화려해도 시들어 버린다. 하브루타의 뿌리는 가정에 있다. 하브루타의 본질들은 서로 분리되어 있지 않다. 그들은 유기적으로 연결되어 있고, 그 연결점이 바로 가정이다. 텍스트는 가정에서 생명을 얻는다. 아버지가 읽어 주는 성경 말씀, 어머니가 들려 주는 찬송가 가사, 가족이 함께 나누는 묵상. 텍스트가 단순한 글자가 아니라 가족의 이야기가 되는 순간이다.

하나님-부모-자녀로 이어지는 수직적 관계는 가정에서만 완전하게 구현된다. 부모는 하나님의 대리자가 되고, 자녀는 하나님의 형상을 배운다. 이 거룩한 삼각관계는 가정이라는 공간에서만 가능하다.

거룩한 삼각관계

가정문화는 하브루타의 플랫폼이다. 다른 본질들을 품는 그릇이다. 텍스트의 힘, 수직문화, 질문의 문화, 시간의 문화, 관계의 교육, 정체성 교육 까지도 모두 가정이라는 그릇 안에서 하나로 녹아든다. 이제 우리는 질문해야 한다. 과연 우리의 가정이 베이트 미드라쉬인가? 우리의 식탁이 학습의 장인가? 우리의 일상이 하브루타인가? 가정이 하브루타의 토대가 될 때, 다른 공간에서의 하브루타도 진정한 의미를 갖게 된다. 뿌리가 튼튼해야 가지도 무성하고 열매도 풍성하다.

유대인들이 우리에게 던지는 질문이 다시 들려 온다.

"당신의 가정은 어떻습니까?"
하브루타여, 가정에서 시작하라!

2 아버지 신학, 전수하는 자의 사명

하나님이 아브라함을 선택하신 이유가 창세기 18장 19절에 명확하게 기록되어 있다. 아브라함에게 주신 하나님의 명령은 다음과 같다.

> "내가 그로 그 자식과 권속에게 명하여 여호와의 도를 지켜 의와 공도를 행하게 하려고 그를 택하였나니" 창세기 18:19

아브라함의 위대함은 그의 개인적 신앙에만 있지 않았다. 오히려 그의 진정한 탁월함은 그 믿음을 자손에게 전수하는 능력에 있었다. 그는 단순히 믿는 사람이 아니라 믿음을 전수하는 사람이었다. 여기서 핵심은 '그 자식과 권속에게'라는 표현이다. 다른 민족에게 전도하라는 명령이 아니라 자기 가문에게 전수하라는 명령이다. 창세기 18:19는 수직문화의 원형을 보여주는 핵심 구절이다. 하나님이 아브라함을 선택하신 목적이 명확히 나와 있다.

첫째, 자식과 권속에게 명하여 : 1차 대상은 가족
둘째, 여호와의 도를 지켜 : 하나님의 길을 전수하여
셋째, 의와 공도를 행하게 하려 하심 : 삶으로 실천하게 하려는 것

여기서 '명하여'라는 뜻을 가진 히브리어는 '찌바 צוה'인데, 단순한 권고나 제안이 아니라 권위있는 명령을 의미한다. 아버지가 자녀에게 하나님의 도를 가르치는 것은 선택 사항이 아니라 의무다. 또한 '자식과 권속'은 단순히 직계 자녀만이 아니라 확대 가족 전체를 의미한다. 3세대, 4세대까지 이어지는 수직적 전수 시스템을 의미한다. 구약 시대 신앙전수의 특징은 자연스러움이었다. 인위적으로 만든 프로그램이나 제도가 아니라 혈연이라는 자연적 관계 안에서 신앙이 흘러 내려갔다. 마치 높은 산에서 시작된 강물이 자연의 법칙을 따라 낮은 곳으로 흘러가듯이.

아브라함 → 이삭 → 야곱으로 이어지는 3대의 신앙 전수 과정을 보면 이를 확인할 수 있다.

3대의 신앙 전수 과정

아브라함	이삭	야곱
[믿음의 조상]	[순종의 아들]	[변화의 손자]
하나님과의 언약 체결	아버지의 신앙을 그대로 계승	개인적 만남을 통해 신앙을 완성
원천	전달자	계승자

각 세대마다 신앙의 표현 방식은 달랐지만, 핵심적인 신앙 DNA는 변하지 않고 전수되었다. 이것이 바로 신앙 유전자의 기적이다. 유대인들의 현재 가정교육을 보면 이런 삼세대 구조가 여전히 살아있음을 알 수 있다. 특히 하브루타에서 이것이 두드러진다. 마치 삼중 화음이 어우러져

아름다운 선율을 만들어 내듯이 세대간의 전수가 일어난다.

이런 삼세대 하브루타에서는 과거-현재-미래가 하나로 연결된다. 단순히 지식 전달이 아니라 시간을 초월한 영적 대화가 일어난다.

『하브루타 유대인 아버지의 IQ교육』에서는 성경적 아버지의 역할을 다음 4가지로 말한다.[12]

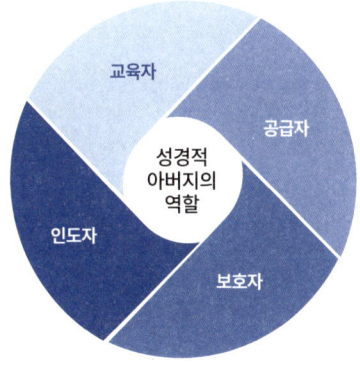

1. 공급자의 역할 마태복음 7:10-11

"너희가 악한 자라도 좋은 것으로 자식에게 줄 줄 알거든 하물며 하늘에 계신 너희 아버지께서 구하는 자에게 좋은 것으로 주시지 않겠느냐 마 7:11" 진정한 공급은 자녀가 원하는 것을 주는 것이 아니라, 자녀에게 필요한 것을 분별하여 주는 것이다. 하나님 아버지는 우리에게 항상 '좋은 것'을 주신

---

12) 현용수『하브루타 유대인 아버지의 IQ교육』, 쉐마, 2012, 101p

다. 여기서 '좋은 것'은 우리가 원하는 것이 아니라 하나님이 보시기에 우리에게 진정 필요한 것이다. 마찬가지로 성경적 아버지는 자녀의 요구를 무조건 들어주는 존재가 아니라, 하나님의 관점에서 자녀에게 진정 필요한 것이 무엇인지 분별하는 지혜로운 공급자가 되어야 한다. 자녀가 떡을 달라고 할 때 돌을 주지 않는 아버지처럼, 하나님도 우리에게 진짜 양식을 주신다. 이는 단순히 물질적 공급을 넘어서는 영적 차원의 공급을 의미한다.

2. 보호자의 역할 시편 23:3-4

"내 영혼을 소생시키시고 자기 이름을 위하여 의의 길로 인도하시는도다. 내가 사망의 음침한 골짜기로 다닐지라도 해를 두려워하지 않을 것은 주께서 나와 함께 하심이라. 주의 지팡이와 막대기가 나를 안위하시나이다 시23:3-4" 진정한 보호는 자녀를 울타리 안에 가두는 것이 아니라, 어떤 광야에서도 길을 찾을 수 있는 나침반을 심어 주는 것이다. 다윗이 표현한 목자이신 하나님의 보호는 '함께 하심'이다. 하나님은 우리를 사망의 음침한 골짜기로 가지 않게 하시는 것이 아니라, 그 골짜기를 지날 때 함께 동행하신다. 마찬가지로 성경적 아버지의 보호는 자녀를 모든 어려움과 고통으로부터 격리시키는 것이 아니라, 그 어려움 속에서도 하나님을 의지할 수 있는 믿음을 심어주는 것이다.

3. 인도자의 역할 시편 23:1-2

"여호와는 나의 목자시니 내게 부족함이 없으리로다 그가 나를 푸른

풀밭에 누이시며 쉴 만한 물가로 인도하시는도다" 시 23:1-2 아버지의 발걸음이 곧 자녀가 걸어갈 길의 지도가 된다. 목자는 양들을 강제로 끌고 가지 않는다. 앞서 걸어가며 안전한 길을 보여주고, 양들이 자연스럽게 따라올 수 있도록 인도한다. 성경적 아버지 역시 명령과 지시보다는 삶의 모범을 통해 자녀를 인도해야 한다. 자녀는 아버지가 하라고 말하는 것을 따라 하는 것이 아니라, 아버지가 실제로 하는 것을 따라 한다. 이것이 바로 인도자로서 아버지가 가져야 할 가장 중요한 통찰이다. 말보다는 삶이, 설교보다는 실천이 더 강력한 인도의 도구다.

4. 교육하는 자의 역할 신명기 6:1-2, 6-7

가르치는 아버지가 아니라 함께 배우는 아버지가 될 때, 자녀의 마음에 진정한 배움의 문이 열린다. 하나님은 부모에게 자녀를 가르치라고 명령하셨지만, 여기서 '가르침'은 일방적인 지식 전달이 아니다. 히브리어 '라마드'는 삶의 방식을 체득하게 하는 것을 의미하며, '평생에' 라는 표현은 교육이 평생의 과정임을 보여준다. "집에 앉았을 때에든지 길을 갈 때에든지 누워 있을 때에든지 일어날 때에든지" 이 말씀이 보여주는 것은 교육이 특별한 시간과 장소에 국한되지 않는다는 것이다. 일상의 모든 순간이 하나님의 말씀을 전수하는 교육의 현장이다.

완벽한 아버지는 없다. 아브라함도, 다윗도, 심지어 예수님의 육신의 아버지 요셉도 완벽하지 않았다. 중요한 것은 완벽함이 아니라 하나님의 은혜 안에서 지속적으로 성장하려는 의지다. 아버지의 역할은 완벽한 답을 주는 것이 아니라, 자녀와 함께 하나님께 향하는 질문을 던지는 것이다. 이 과정에서 아버지도 성장하고, 자녀도 성장한다. 실수할 때는 함께 회개하고, 기뻐할 때는 함께 감사한다. 성경적 아버지는 자신이 하나님이 되려고 하지 않는다. 오히려 자신의 연약함과 한계를 인정하고, 자녀와 함께 참 아버지이신 하나님께 나아가는 안내자가 된다. 이것이야말로 자녀에게 줄 수 있는 가장 큰 선물이다.

현대의 아버지들이 감당해야 할 도전들이 많다. 하지만 이 모든 도전들을 하나님의 은혜와 지혜로 극복해 나갈 때, 아버지는 단순한 경제적 책임자가 아니라 진정한 하나님의 대리자이며, 신앙의 전수자이며, 가정의 제사장이 될 수 있다. 그리고 이 거룩한 사명을 혼자 감당하는 것이 아니라, 아내와 함께, 교회 공동체와 함께, 무엇보다 하나님의 은혜와 함께 감당해 나가는 것이다. 이것이 바로 21세기 성경적 아버지가 걸어가야 할 길이다.

아버지는 저절로 만들어지는 것이 아니라, 하나님의 은혜 안에서 빚어지는 작품이다.

3 어머니 신학, 일상 속 지혜의 교육

유대인 여자고등학교에서 만난 한 여고생과의 대화는 여성의 사회 진출이 당연시 되고 있는 21세기에 쉽사리 납득하기 힘든, 오히려 충격에 가까운 대화였다.

"꿈이 뭐예요?"
"엄마가 되는 것이요."

그 순간 나는 말문이 막혔다. 한국의 여고생들에게 같은 질문을 던진다면 과연 몇 명이나 이런 대답을 할까? 아마도 거의 없을 것이다. 의사가 되고 싶다, 변호사가 되고 싶다, 사업가가 되고 싶다는 답변은 수없이 들어 봤지만, '엄마'가 되고 싶다는 답변은 처음이었다.

더 놀라운 것은 그 학생의 눈빛이었다. 부끄러워하거나 위축된 모습이 전혀 없었다. 오히려 자신의 꿈을 당당하게, 자랑스럽게 이야기하고 있었나. 마치 세상에서 가장 멋진 직업을 말하는 것처럼 말이다. "왜 엄마가 되고 싶어요?" 내가 다시 물었다. "엄마는 세상에서 가장 중요한 일을 하는 사람이니까요. 다음세대를 만드는 일이잖아요" 그 대답을 듣는 순간, 나는 깨달았다. 이 소녀에게 가정은 꿈의 무덤이 아니라 꿈의 요람이었다는 것을 결혼과 출산이 인생의 포기가 아니라 인생의 완성이었다는 것을…

그 학교의 다른 학생들과도 이야기를 나눠 볼 기회가 있었다. 놀랍게도 대부분의 학생들이 비슷한 생각을 갖고 있었다. 물론 의사나 변호사, 교사가 되고 싶다는 학생들도 있었지만, 그들 조차도 '결혼해서 아이를 낳고 경건한 가정을 꾸리는 것'을 최우선 가치로 여기고 있었다. 이것은 직업에 대한 꿈이 중요하지 않다는 것을 의미하는 것은 아니다. 다만 그들에게 직업은 부차적인 것이었다. 최우선의 가치가 먼저 존재한다는 점이다. 그들에게 진짜 중요한 것은 '토브한 삶'을 사는 것이었다. 그리고 토브한 삶의 핵심에는 언제나 가정이 있었다.

"토브한 삶이 뭐예요?" 내가 물었을 때, 한 학생이 이렇게 답했다.
"하나님을 사랑하고, 남편을 사랑하고, 아이들을 하나님의 말씀으로 잘 키우는 삶이요. 그래서 우리 가정을 통해 하나님이 영광 받으시는 삶이요." 이것이 유대인 여학생들이 추구하는 삶의 최우선 목표였다. 개인의 성취나 사회적 성공이 먼저가 아니라, 경건한 가정을 통해 하나님께 영광 돌리는 것. 그들에게 가정은 단순한 사적 공간이 아니라 하나님의 나라를 확장하는 전초기지였다. 일찍 결혼해서 아이를 낳고, 경건한 남편과 함께 그 아이들을 하나님의 말씀으로 양육하는 것, 그것이 그들이 꿈꾸는 최고의 인생이었다.

왜 유대인들은 어머니를 이토록 높이 평가하는가? 그들에게는 어머니에 대한 깊은 신학이 있다. "하나님은 모든 곳에 계실 수 없어서 어머니를 만드셨다" 이것은 유대인들이 즐겨 인용하는 격언이다. 언뜻 들으면 하나님의 전능성을 부정하는 것처럼 들릴 수도 있지만, 실제로는 어머니의 역할이 얼마나 신성하고 중요한지를 강조하는 표현이다. 하나님은 전능하시지만, 이 땅에서 당신의 사랑을 구체적으로 실현하시기 위해 어머니라는 통로를 만드셨다는 뜻이다. 어머니는 하나님의 사랑이 아이들에게 전달되는 가장 직접적이고 효과적인 경로라는 것이다.

히브리어로 자궁을 뜻하는 '레헴 רחם'은 자비를 뜻하는 '라하밈 רחמים'과 같은 어근에서 나왔다. 이는 단순한 언어학적 우연이 아니다. 하나님께서 어머니의 자궁을 통해 자비와 긍휼을 이 세상에 흘려 보내고자 하신 깊은 뜻이 담겨 있다. 어머니가 아이를 잉태하고 출산하는 과정 자체가 하나님의 창조 사역에 동참하는 거룩한 행위라는 것이다. 그래서 유대인들은 임신한 여성을 특별히 존중하고, 출산을 축복의 절정으로 여긴다.

창세기 2장 18절에서 하나님은 "사람이 혼자 사는 것이 좋지 아니하니 내가 그를 위하여 돕는 배필을 지으리라"고 말씀하셨다.

여기서 '돕는 배필'로 번역된 히브리어 '에제르 케네그도 עזר כנגדו'는 우리가 일반적으로 생각하는 '보조자'나 '2인자'와는 전혀 다른 의미다. '에제르'라

chapter 3 **가정문화**

는 단어가 구약성경에서 사용된 다른 용례들을 보면 놀라운 사실을 발견할 수 있다. 시편 33편 20절에서 "우리 영혼이 여호와를 바람이며 그는 우리의 도움 ^{에제르} 과 방패시로다"라고 했고, 시편 121편 1-2절에서도 "내가 산을 향하여 눈을 들리라 나의 도움 ^{에제르} 이 어디서 올까 나의 도움 ^{에제르} 은 천지를 지으신 여호와에게서로다"라고 했다.

즉, '에제르'는 하나님을 묘사할 때 사용되는 단어다. 여자를 '에제르'라고 부른 것은 단순히 남자의 부속품이나 조력자가 아니라, 하나님과 같은 차원의 도움을 제공하는 존재라는 의미다. 여자는 남자가 혼자서는 절대 해낼 수 없는 일들을 해내는 신적 도움의 화신인 것이다. '케네그도'는 '마주 서서 돕는 상대방'이라는 의미로, 여자가 남자와 동등한 파트너이면서도 완전히 다른 고유한 역할을 감당하는 존재임을 보여준다. 특히 가정에서 어머니의 역할은 아버지가 아무리 노력해도 대체할 수 없는 신적 영역이 있다. 어머니는 단순한 양육자가 아니라 하나님의 에제르로서 가정에 임재하신다. 그래서 어머니가 없는 가정은 마치 하나님의 도움이 없는 것과 같은 결핍을 경험하게 된다.

유대인들은 어머니를 '가정의 빛'이라고 부른다. 매주 금요일 저녁 샤밧을 시작할 때 어머니가 촛불을 켜는 것도 바로 이런 이유에서다. 어머니가 가정에 하나님의 빛을 불러오는 역할을 한다고 믿기 때문이다. 아버지가 토라의 전수자라면, 어머니는 토라의 생활화자다. 아버지가 하나님의 말씀을 가르친다면, 어머니는 그 말씀이 일상에서 어떻게 실천되는지를 보여준다. 이론과 실천, 말씀과 삶을 연결하는 다리 역할을 하는 것이다.

잠언 31장 10절부터 31절까지는 '현숙한 여인'에 대한 찬양시다. 이 구절은 유대인 가정에서 매주 샤밧 저녁에 남편이 아내에게 읽어주는 전통이 있을 정도로 중요하게 여겨진다. 이는 아내에 대한 감사와 존경을 표현하는 행위이다. "현숙한 여인을 누가 찾겠느냐 그의 값은 진주보다 더 하니라" 잠 31:10 로 시작되는 이 찬양시에서 주목해야 할 부분은 26절이다. "입을 열어 지혜를 베풀며 그의 혀로 인애의 법을 말하며" 여기서 '인애의 법'으로 번역된 히브리어는 '토라트 헤세드 תורת חסד'다. 직역하면 "사랑의 토라"라는 뜻이다. 이는 어머니만의 독특한 교육 방식을 보여준다. 아버지가 엄정한 토라를 가르친다면, 어머니는 사랑으로 포장된 토라를 가르친다는 것이다.

잠언 1장 8절에서 솔로몬은 "내 아들아 네 아비의 훈계를 들으며 네 어미의 법을 떠나지 말라"고 했다. 여기서 어미의 법이 바로 '토라트 임메카 תורת אמך'다. 이는 어머니에게도 아버지와는 완전히 다른 고유한 교육 영역이 있음을 보여준다. 아버지의 토라가 원리와 진리를 다룬다면, 어머니의 토라는 그것을 일상에서 어떻게 적용할지를 다룬다. 아버지의 토라가 머리로 향한다면, 어머니의 토라는 마음으로 향한다. 예를 들어, 아버지가 "네 이웃을 네 자신과 같이 사랑하라" ^{막12:31} 는 원리를 가르친다면, 어머니는 "아픈 이웃을 위해 병문안을 가자"며 그 원리를 실천하는 구체적인 방법을 보여준다.

구약성경에서 지혜는 종종 여성으로 의인화된다. 잠언 8장에서 "나 '지혜^{호크마}'는 명철로 주소를 삼으며 지식과 근신을 찾아 얻나니" ^{잠8:12} 라고 말한다. 이는 단순한 문학적 기법이 아니다. 하나님께서 지혜를 여성의 성품과 연결시키신 깊은 뜻이 있다. 여성은 태생적으로 직관적이고 감성적이며, 관계 중심적이다. 이런 특성들이 바로 지혜의 핵심 요소들과 맞아 떨어진다. 어머니는 가정에서 살아있는 지혜의 전수자 역할을 한다. 책에서 배운 지식이 아니라 삶에서 터득한 지혜를, 이론이 아니라 경험을 전수한다.

어머니의 가장 큰 강점은 일상의 평범한 순간들을 특별한 교육의 기회로 바꾸는 능력이다. 설거지를 하면서도, 빨래를 하면서도, 요리를 하면서도 자연스럽게 삶의 지혜를 전수한다. 이는 '에제르'로서의 어머니의 신적 능력이다. 아버지가 특별한 시간을 따로 내어야만 교육할 수 있는 것들을 어머니는 일상의 모든 순간에 녹여낸다. 이것이야말로 하나님과 같은 차원의 도움이 아닐까? 이스라엘의 그 여학생이 말했듯이, 어머니는 '다음세대를 만드는' 가장 중요한 일을 하는 사람이다. 그리고 그 일은 거창한 강단에서가 아니라 부엌에서, 침실에서, 거실에서 조용히 이루어진다.

아버지의 하브루타가 논리와 분석에 강하다면, 어머니의 하브루타는 공감과 경청에 강하다. 아버지는 "왜?" _{논리와 이성}를 묻지만, 어머니는 "어떻게 느꼈니? _{감성}"를 묻는다. 아버지는 문제를 해결하려 하지만, 어머니는 마음을 달래준다. 이것이 바로 하나님의 에제르로서 어머니가 감당하는 독특한 역할이다. 남자 혼자서는 절대 할 수 없는, 오직 여자만이 할 수 있는 신적 차원의 도움을 제공하는 것이다.

세상은 어머니를 '경력 단절녀'라 부르지만, 하나님은 '하나님 나라 건설자'라 부르신다. 이 순간에도 수많은 어머니들이 설거지를 하며 영혼을 빚어내고, 빨래를 하며 품성을 길러내고 있다.

과연 우리는 어머니를 하나님의 에제르로 인정하고 있는가?
하나님이 직접 세우신 '다음세대 창조자'로 보고 있는가?

4 조부모 신학, 완성된 교사

하브루타 강의를 하다 보면 매번 목격하는 장면이 있다. 조부모 세대 분들이 눈물을 흘리며 이렇게 말씀하신다. "목사님, 저는 이미 자녀를 다 키웠는데 어떻게 하죠? 제가 아이들을 말씀으로 제대로 키우지 못했어요. 이제 와서 후회해도 소용 없잖아요." 그때마다 나는 이렇게 답한다. "아닙니다. 하나님의 시간표에는 '늦었다'는 것이 없습니다. 오히려 지금이 하나님께서 당신에게 주신 귀한 사명을 실천할 수 있는 가장 빠른 때입니다." 조부모는 결코 '끝난 사람'이 아니다. 오히려 가장 깊이 있는 하브루타를 할 수 있는 '완성된 교사'다. 자녀 양육의 실패와 성공을 모두 경험한 조부모만이 전수할 수 있는 특별한 지혜가 있다. 그것은 책에서 배울 수 없는 삶의 진주들이다.

하나님께서 조부모를 만드신 목적이 무엇일까?

단순히 자녀들의 육아를 돕기 위해서일까? 시편 78편 4절은 이렇게 말한다. "우리가 이를 그들의 자손에게 숨기지 아니하고 여호와의 영예와 그의 능력과 그가 행하신 기이한 일을 후대에 전하리로다." 여기서 주목할 단어는 '후대'다. 히브리어로 '도르 아하론 דור אחרון'인데, 이는 '다음세대'가 아니라 '계속되는 세대들'을 의미한다. 하나님의 계획은 한 세대에서 끝나는 것이 아니라 세대에서 세대로 끊임없이 이어지는 것이다. 그런데 이 계획에서 조부모의 역할은 독특하다. 부모는 현재를 살고, 자녀는 미래를 꿈꾸지만, 조부모는 과거와 현재와 미래를 연결하는 다리 역할을 한다.

조부모만이 할 수 있는 이야기가 있다. "네 아버지가 어렸을 때는 말이야…" 이 한 마디로 시작되는 이야기들이 손자 손녀에게는 가장 생생한 역사 교육이 된다. 성경에서 조부모의 역할을 가장 아름답게 보여주는 인물은 나오미다. 룻기에서 나오미는 며느리 룻에게 단순한 시어머니가 아니라 인생의 멘토이자 신앙의 안내자였다. 나오미의 삶을 통해 룻은 이스라엘의 하나님을 만났고, 결국 다윗 왕가의 조상이 되는 영광을 얻었다.

또한 디모데후서 1장 5절에서 바울은 디모데의 신앙을 이렇게 설명한다. "이는 네 속에 거짓이 없는 믿음이 있음을 생각함이라 이 믿음은 먼저 네 외조모 로이스와 네 어머니 유니게 속에 있더니 네 속에도 있는 줄을 확신하노라"

여기서 주목할 점은 신앙 전수의 순서다. 외할머니 로이스 → 어머니 유니게 → 디모데로 이어지는 3대에 걸친 신앙 전수가 일어났다.

로이스 [외할머니] → 유니게 [어머니] → 디모데

그런데 바울이 가장 먼저 언급하는 것은 외할머니 로이스다. 이는 조부모 세대의 신앙이 가족 전체 신앙의 뿌리가 됨을 보여준다. 특히 "먼저 네 외조모 로이스… 속에 있더니"라는 표현이 의미심장하다. 조부모의 신앙이 '먼저' 있었기에 다음세대들의 신앙이 가능했다는 것이다. 조부모는 신앙의 원조 元祖 이자 뿌리인 것이다.

조부모만의 독특한 하브루타 특징이 있다.

첫째, 시간의 깊이를 가진 하브루타다.
부모는 당장의 문제들에 쫓겨 산다. 직장과 일터, 생계, 진로 고민, 그런데 조부모는 다르다. 조부모에게는 시간이 있다. 그리고 그 시간은 단순한 여유가 아니라 깊이 있는 성찰의 시간이다. 조부모만이 가진 시간의 깊이, 그것이 조부모 하브루타의 첫 번째 특징이다.

둘째, 실패를 통해 얻은 지혜의 하브루타다.
조부모는 자녀 양육에 성공만 한 것이 아니다. 실패도 했고, 후회도

했고, 다시 시작한 경험도 있다. 그래서 조부모의 조언에는 이론이 아닌 경험의 무게가 있다.

셋째, 조건 없는 사랑의 하브루타다.

부모는 자녀를 교육해야 하는 책임이 있다. 때로는 엄하게 꾸짖어야 하고, 때로는 냉정하게 판단해야 한다. 그런데 조부모는 다르다. 조부모에게 손자 손녀는 그 존재 자체로 사랑스러운 존재다. 이런 조건 없는 사랑 속에서 일어나는 하브루타는 특별하다. 아이들은 할아버지, 할머니 앞에서는 가장 편안한 마음으로 질문할 수 있다. 틀려도 괜찮고, 모르는 것이 많아도 괜찮다. 조부모의 사랑은 평가하지 않기 때문이다.

가장 아름다운 하브루타는 할아버지, 아버지, 손자가 함께 하는 3세대 하브루타다. 이때 일어나는 대화는 시간을 초월한다. 조부모의 가장 강력한 하브루타 도구는 스토리텔링이다. 조부모는 살아있는 역사책이다. 그들의 이야기에는 교과서에 없는 생생한 삶의 현장이 담겨 있다.

조부모에게는 특별한 마지막 사명이 있다. 그것은 '신앙의 유산'을 정리하여 다음세대에 전수하는 것이다. 많은 조부모들이 재산 상속은 미리미리 준비하면서도 신앙 상속은 준비하지 않는다. 하지만 진정한 유산은 돈이 아니라 믿음이다. 신앙의 유산을 제세석으로 성리하여 전수하는 것, 그것이 조부모의 마지막 책임이다. 이런 구체적인 신앙 기록들은 다음세대에게 추상적인 교훈이 아닌 살아있는 증언이 된다.

'늦었다'고 생각하는 조부모들에게 전하고 싶은 메시지가 있다. 하나님의 시간표에는 '너무 늦었다'는 것이 없다. 모세는 80세에 이스라엘을 이끌기 시작했고, 갈렙은 85세에 헤브론 산지를 정복했다. 나이는 제한이 아니라 오히려 깊이 있는 하브루타를 위한 자산이다. 지금까지 자녀를 제대로 키우지 못했다고 후회하는 조부모들이 있다. 하지만 그 후회조차도 손자 손녀에게는 귀한 교육 자료가 될 수 있다. "할아버지가 네 아빠를 키울 때 이런 실수를 했었단다. 그래서 네게는 그런 실수를 하지 않으려고 한다"는 솔직한 고백이 오히려 더 큰 감동을 준다. 조부모의 실패 경험도 하나님께서 사용하실 수 있는 귀한 교육 도구다. 완벽한 조부모의 훈계보다 실패를 통해 배운 지혜가 때로는 더 큰 울림을 준다.

다음세대 신앙 전수의 위기 앞에서 조부모는 가정의 마지막 보루다. 부모 세대가 바쁘고, 자녀 세대가 세속에 빠져있을 때, 조부모만이 할 수 있는 것들이 있다. 조부모의 기도는 다르다. 부모의 기도가 당장의 필요를 위한 기도라면, 조부모의 기도는 손자 손녀의 평생을 위한 기도다.

조부모는 결코 '늦은 사람'이 아니다. 오히려 가장 깊이 있는 하브루타를 할 수 있는 '완성된 교사'다. 늦었다고 생각할 때가 가장 빠른 때다.

조부모의 하브루타는 지금 시작이다. 신앙의 대를 잇는 것, 그것이 조부모에게 주신 하나님의 마지막 사명이다. 그리고 그 사명은 지금 이 순간부터 시작될 수 있다.

5 1세기 교회는 가정교회였다

하브루타의 진정한 비밀은 삶과 배움이 분리되지 않는다는 것이다. 교실에서 배우고 집에서 사는 것이 아니라, 삶 자체가 배움이고 배움 자체가 삶이 되는 것. 이것이 바로 가정 교육의 철학이며, 하브루타가 가정에서 꽃 피우는 이유다.

사도행전 18장과 로마서 16장, 고린도전서 16장을 보면 브리스길라와 아굴라의 집이 교회의 중심지였음을 알 수 있다. "저희 집에 있는 교회 롬 16:5, 고전 16:19" 라는 표현이 반복해서 나온다. 이는 단순히 건물이 없어서 집을 빌려 쓴 것이 아니다. 가정 자체가 교회의 본질을 구현하는 최적의 공간이었기 때문이다. 가정에서는 형식적인 종교 의식이 아니라 진정한 삶의 나눔이 일어난다. 가식 없는 진솔한 모습으로 하나님을 예배하고, 서로를 섬기며, 말씀을 나누는 것이다.

사도행전 18장 26절에 보면, 브리스길라와 아굴라가 아볼로를 "데려다가 하나님의 도를 더 정확하게 풀어 이르더라"고 기록되어 있다. 여기서 주목할 점은 그들이 아볼로를 공개적으로 교정한 것이 아니라 '데려다가', 즉 자신들의 집으로 초대해서 개인적으로 가르쳤다는 것이다. 이것이 바로 가정 하브루타의 모습이다. 공개적인 토론이나 논쟁이 아니라, 가정이라는 안전하고 친밀한 공간에서 진행되는 진솔한 대화와 교육. 여기서는 체면을 잃을까봐 질문을 못하는 일도 없고, 시간에 쫓겨 대충 넘어가는 일도 없다.

브리스길라와 아굴라 부부가 함께 아볼로를 가르쳤다는 것도 의미가 깊다. 남편과 아내가 각각의 고유한 관점과 경험을 바탕으로 하나의 진리를 다각도로 조명해 준 것이다. 이는 현대의 팀 티칭 team teaching 보다 훨씬 유기적이고 자연스러운 교육 방식이었다.

1세기, 이들의 가정에서 일어났던 예배는 과연 어떤 모습이었을까?

로버트 뱅크스의 『1세기 교회 예배 이야기』는 이 상상질문에 대한 생생한 증언을 제공한다. 현대 기독교의 예배는 설교 중심의 예배다. 웅장한 성전 안에서 목사의 일방적 설교를 듣는 것이 예배의 핵심이 되었다. 그러나 1세기 그리스도인들의 예배는 전혀 달랐다. 그들은 사제나 목사를 통해 듣는 설교가 아니라, 함께 가정에 초대받고 환대의 공동체를 경험하며 그 가정 안에서 함께 식탁의 교제를 나누었다. 식탁에서 음식과 함께 텍스트를 앞에 두고 질문하고, 대화하고, 토론하고, 나누는 것이 그들의 예배였다.[13]

---

13) 로버트뱅크스『1세기 교회 예배 이야기』, IVP, 2017, 53p

빌립보 출신 푸블리우스가 아굴라와 브리스길라 유대인 부부의 초대를 받아 매주 일곱째 날마다 그들의 집에서 드리는 예배에 참석했을 때의 경험은 이를 생생하게 보여준다. 푸블리우스가 경험하였던 예배는 그의 모든 종교적 상식을 뒤흔드는 것이었다. 푸블리우스가 처음 목격한 것은 예배가 특별한 의식으로 시작되는 것이 아니라는 점이었다. "예배는 집에 들어오면서부터 실제로 예배가 시작되었다." 가정 자체가 성전이었고, 일상의 공간이 거룩한 예배의 장소가 되었다. 더욱 놀라운 것은 예배를 인도하는 모습이었다. 푸블리우스는 "아굴라의 모든 예배가 삶의 자리에서 이루어졌고, 또 평범한 목소리로 진행되었다"고 말한다. "의식적이지도 신비적이지도 않은 모임이었으며, 어째서 사제조차 없단 말인가?"라며 놀라워했다. 1세기 교회의 예배는 식탁에 둘러앉아 평범한 일상의 목소리와 삶의 자리 안에서 질문하고 토론하는 그런 예배였다. 화려한 종교적 장식도, 엄숙한 의식도, 특별한 사제도 없었다. 오직 진실한 삶과 진정한 대화만이 있었다.

처음에 푸블리우스는 이런 예배 방식에 당황했다. 그는 "종교적 격식에 매이지 않는 모임이라 처음에는 자기네 신을 가볍게 여기는 것으로 보였다"고 까지 표현한다. 그의 종교적 상식으로는 이해할 수 없는 모임이었다. 그런데 놀라운 변화가 일어났다. 아굴라의 말이 끝난 후 푸블리우스는 이렇게 고백한다. "아굴라의 말이 끝난 후 잠시 침묵이 흐른 것이 전혀 놀랍지 않았다. 우리의 대중적 도덕가들처럼 상투적이고 화려한 꾸밈

이 없었음에도 불구하고 그의 말에는 부인할 수 없는 힘이 내재되어 있었기 때문이었다. 나도 그렇게 느꼈다."

그 부인할 수 없는 힘이 바로 경건한 삶의 힘이었다. 커뮤니케이션 전문가 김창옥 강사가 성직자들 앞에서 했던 강연이 이 부분을 정확히 짚어낸다. 김창옥 강사는 경건하게 보이려 목소리를 종종 일부러 꾸며서 인위적인 목소리를 내는 성직자들에게 이렇게 꼬집어 권면한다. "경건하게 사시고, 목소리는 그냥 내십시오." 바로 이것이다. 그것이 훨씬 더 자연스럽고 힘이 있다는 것이다. 아굴라에게는 종교적 연기가 없었다. 경건한 목소리를 흉내 내려는 노력도 없었다. 오직 경건하게 살아가는 삶이 있었을 뿐이다. 그러나 평범한 목소리로 자연스럽게 살아냈음에도, 그 안에는 인위적인 종교적 격식으로는 결코 만들어낼 수 없는 생명력이 있었다. 말과 삶이 일치할 때 나타나는 그런 강력한 힘 말이다.

푸블리우스의 마지막 고백이 가장 인상적이다. "내 예상과는 아주 달랐지만, 대체로 그날 저녁이 즐거웠다. 사람들 자체가 확실히 인상적이었다. 그들의 대화에는 이상하게도 그 자체로 무시할 수 없는 무언가가 있었다. 그들의 행동에는 틀림없이 무언가가 있었다." 그러나 그들의 모임은 종교적 관점에서는 부적절한 부분이 꽤 많았고, 그들의 어떤 행동은 아주 이색적이어서 상당히 당혹스러웠다. 아굴라와 브리스길라의 초청을 받아들여 다음 주 모임에 갈지는 아직 모르겠다. 뭐라 말하기 힘들다.

확신이 없다. 하지만 "어쩐지 응할 것 같다는 예감이 든다!"[14] 바로 이 부분이 핵심이다. 이것이 진리를 살아낼 때 그 안에서 나오는 힘이다. 종교적 완벽함이나 의식적 화려함이 아니라, 진실한 삶과 진정한 대화가 만들어내는 거부할 수 없는 매력적인 힘 말이다. 오늘의 한국교회는 세상 사람들에게 마저 부인할 수 없는 이 진정한 힘을 과연 잃어버린 것은 아닌지 자문해 보아야 한다.

브리스길라와 아굴라의 집에서는 가정과 교회의 경계가 사라졌다. 그들의 일상이 곧 예배였고, 그들의 가정이 곧 교회였다. 아침에 일어나 함께 기도하는 것도, 저녁에 하루를 마무리하며 감사하는 것도, 손님을 맞이하여 대접하는 것도 모두 교회의 사역이었다. 이들에게는 '교회 갈 시간'과 '가정예배 시간'이 따로 없었다. 교회가 가정이었고 가정이 교회였다. 예배가 삶이었고 삶이 예배였다. 이것이 바로 쉐마가 추구하는 '삶과 배움의 일치'의 완전한 실현이었다.

브리스길라와 아굴라는 텐트 제작자였다 [행 18:3]. 그들은 직업을 가진 평신도 부부였지만, 동시에 교회의 핵심 리더였다. 이는 신앙과 직업, 영성과 일상이 분리되지 않았음을 보여준다. 그들의 작업장에서도 복음이 전해졌을 것이고, 그들의 거래에서도 그리스도의 향기가 나타났을 것이다.

---

14) Ibid, 73p

그들의 텐트는 단순한 상품이 아니라 하나님 나라의 가치를 담은 작품이었을 것이다. 현대의 우리에게 이들이 주는 교훈은 명확하다. 신앙은 주일에만 하는 것이 아니라 매일의 삶에서 실현 되어야 하고, 교육은 교회 건물에서만 일어나는 것이 아니라 가정의 모든 공간에서 이루어져야 한다는 것이다.

매주 금요일 저녁부터 토요일 저녁까지 이어지는 샤밧은 가정이 중심이 되는 예배다. 어머니가 촛불을 켜고, 아버지가 포도주와 빵을 축복하며, 온 가족이 함께 식사하고 찬양한다. 이 모든 과정에서 아이들은 자연스럽게 신앙의 가치를 학습한다. 일주일 간의 세속적인 시간을 멈추고 하나님께 집중하는 것의 의미를, 가족이 함께 모여 나누는 것의 소중함을, 하나님의 창조와 구원에 감사하는 마음을 몸으로 익혀간다. 유대인 가정에서 가장 중요한 교육의 공간은 바로 식탁이다. 식탁은 단순히 음식을 먹는 곳이 아니라 영혼의 양식을 나누는 곳이다.

유대인들은 식탁을 '작은 성전'이라고 부른다. 음식을 먹기 전에 축복 기도를 하고, 식사 중에 토라에 대해 이야기하며, 식사 후에 감사 기도를 한다. 이 모든 과정이 하나의 예배이자 교육이다. 여기서 일어나는 대화는 형식적인 문답이 아니라 삶에서 우러 나오는 진솔한 나눔이다. 유대인 가정의 식탁에서는 아이들의 질문이 환영 받는다. 아무리 엉뚱한 질문이라도, 아무리 어려운 질문이라도 진지하게 받아 들여진다. 부모가 모르는 것은 "함께 찾아 보자"고 하고, 답이 없는 것은 "계속 생각해 보자"고 한다. 이런 분위기에서 자란 아이들은 질문하는 것을 두려워 하지 않는다. 오히려 질문하는 것이 배움의 시작이라는 것을 자연스럽게 터득한다. 이것이 바로 하브루타의 기초가 되는 질문 문화다.

식탁에서 일어나는 하브루타는 교실에서 하는 하브루타와 질적으로 다르다. 음식을 함께 나누며 이루어지는 대화는 더욱 친밀하고 자연스럽다. 배고픈 상태가 아니라 배부른 상태에서 나누는 대화는 더욱 여유롭고 깊이 있다. 무엇보다 가족이라는 끈끈한 관계 속에서 이루어지는 하브루타는 단순한 지적 교류를 넘어 영혼의 교감이 된다. 여기서 배운 것들은 머리에만 저장되는 것이 아니라 마음에 새겨지고, 삶 전체에 스며든다.

푸블리우스가 경험하였던 '무시할 수 없는 무언가, 부인할 수 없는 힘'은 오늘날 한국교회가 절실히 필요로 하는 것이다. 다음세대 신앙전수 실패의 위기라는 충격적 현실 앞에서, 우리는 왜 젊은이들이 교회를 떠나는지 물어야 한다. 혹시 우리의 예배가 너무 일방적이지는 않았나? 설교자의 독백만 있고 회중의 질문은 없지 않았나? 종교적 격식은 완벽했지만 삶의 진정성은 부족하지 않았나? 화려한 프로그램은 많았지만 진실한 대화는 없지 않았나?

1세기 교회의 하브루타 예배는 이런 문제들에 대한 해답을 제시한다. 가정이 성전이 되고, 식탁이 강단이 되고, 대화가 설교가 되는 예배, 질문이 허용되고, 토론이 격려되고, 모든 사람이 참여하는 예배. 이런 예배를 통해 사람들은 기독교가 단순한 종교가 아닌 매력적인 힘을 가진 진리임을 발견하게 된다. 푸블리우스처럼 '어쩐지 응할 것 같다는 예감'을 갖게 하는 것, 그것이 바로 하브루타 예배가 가진 전도의 힘이다. 강요나 설득이 아니라, 진리를 살아내는 삶의 매력으로 사람들을 끌어당기는 힘 말이다.

이제 우리는 1세기 교회의 하브루타 예배를 주목해야 할 때다. 설교 중심에서 대화 중심으로, 성전 중심에서 가정 중심으로, 의식 중심에서 관계 중심으로 예배의 패러다임을 확대해야 한다. 그때 비로소 우리도 푸블리우스가 경험했던 그 '부인할 수 없는 힘'을 다시 경험할 수 있을 것이다. 이것이 바로 가정 교육의 철학이다. 삶과 배움이 분리되지 않고, 일상과 신앙이 하나가 되며, 교육과 관계가 통합되는 것. 브리스길라와 아굴라의 가정에서 일어났던 그 아름다운 조화가 오늘 우리의 가정에서도 일어날 수 있다면, 그것이야말로 진정한 하브루타의 회복이 아닐까?

당신의 가정 식탁에서는 지금 어떤 대화가 오가고 있습니까?

그 대화가 다음세대에게 선해질 만한 '부인할 수 없는 힘'을 담고 있습니까?

6 1/168 이론이 말하는 시간의 압도적 진실

일주일은 168시간이다. 그 중에서 우리 아이들이 교회에서 신앙교육을 받는 시간은 얼마나 될까? 주일학교 예배시간과 성경공부 합쳐도 기껏해야 1시간 내외다. 168분의 1. 전체 시간의 0.6%에 불과하다. 나머지 167시간은 어디서 보낼까? 학교에서 40시간, 집에서 80시간, 학원과 기타 시간이 47시간 정도다. 우리는 0.6%의 시간으로 99.4%의 시간을 이기려고 하고 있다. 이것이 바로 현재 한국교회 신앙교육의 적나라한 현실이다. 이 비율을 보면 왜 다음세대가 교회를 떠나는지 답이 보인다. 아무리 훌륭한 주일학교 프로그램도, 아무리 은혜로운 예배도 일주일에 1시간으로는 결단코 충분하지 않다.

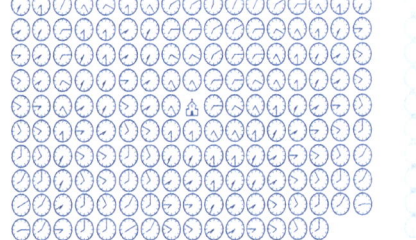

한국교회는 지금까지 '교회 중심'의 신앙교육에만 의존해 왔다. 좋은 교육 프로그램을 만들고, 훌륭한 주일학교 교사를 세우고, 최신 교육 방법을 도입하면 다음세대 문제가 해결될 것이라고 믿었다. 그 결과는 어떠했는가? 교회에서 아무리 좋은 교육을 해도 아이들은 여전히 교회를 떠나고 있다. 왜 그럴까? 문제는 교회교육이 나쁘기 때문이 아니다. 교회교육이 홀로 서려고 하기 때문이다.

교회가 아무리 '예수님이 답이야'라고 가르쳐도, 집에 가면 부모는 은연 중에 '공부가 답이야'라고 말한다. 교회에서는 '하나님을 사랑하라'고 배우지만, 집에서는 부모가 하나님보다 돈과 성공을 더 사랑하는 모습을 본다. 이런 이중적 환경에서 자란 아이들이 성인이 되면 어떤 선택을 할까? 당연히 더 많은 시간을 함께 보낸 세상의 가치관을 선택한다. 168시간 중 1시간의 교회 교육보다 167시간의 세상 교육이 더 강력한 영향을 미치는 것이다.

그렇다면 가정에서 보내는 80시간은 그냥 포기해야 할까? 절대 그렇지 않다. 오히려 그 80시간이야말로 가장 강력한 신앙교육의 시간이다. 가정에서 일어나는 모든 순간이 하브루타의 기회가 될 수 있다. 아침에 일어나 "하나님, 오늘도 감사합니다"로 시작하는 하루와 그냥 일어나는 하루는 다르다. 밥을 먹기 전 하나님이 주신 음식에 감사하며 먹는 것과 그냥 먹는 것은 다르다. 잠들기 전 "오늘 하루 어떤 일로 하나님께 감사할까?"라고 묻는 부모와 그냥 "잘 자"라고 말하는 부모는 다르다. 이런 작은 차이들이 80시간 동안 누적되면 어떻게 될까? 그것이 바로 신앙의 DNA가 되고, 삶의 패러다임이 되고, 평생의 가치관이 된다.

교회와 가정이 따로 함께하면 1+1=10이 될 수 있다.

이것이 바로 시너지 효과다. 교회에서 배운 것을 가정에서 실천하고, 가정에서 경험한 것을 교회에서 나누는 선순환이 만들어진다. 교회는 씨앗을 심고, 가정은 물을 주고, 하나님이 자라게 하신다.

그렇다면 교회는 어떤 역할을 해야 할까? 이제 교회는 패러다임을 바꿔야 한다. 아이들만 교육하는 곳이 아니라 부모를 가정의 선교사로 파송하는 선교 본부가 되어야 한다. 교회의 새로운 사명은 부모를 훈련시켜 가정이라는 선교지로 파송하는 것이다.

교회와 가정의 연계가 지속되면 어떤 변화가 일어날까?

교회에서 말씀을 배우고 집에서 실천하고, 집에서 삶으로 실천한 것을 교회에서 나누고 더 깊이 배우는 선순환이 만들어진다. 교회와 가정이 따로 가지 않고 파트너쉽을 가지고 하나의 팀이 되어 다음세대를 키우는 것이다. 일상의 모든 순간이 신앙교육의 기회가 되고, 신앙이 특별한 것이 아니라 자연스러운 삶의 일부가 되는 것이다. 이런 통합 교육이 지속되면 놀라운 일이 일어난다. 세대간 제자도가 완성되는 것이다.

할아버지가 아버지에게, 아버지가 아들에게 전수한 신앙이 교회 공동체 안에서 더욱 풍성해진다. 개별 가정의 신앙 경험들이 교회 공동체에서 만나 더 큰 울림을 만들어낸다. 교회는 여러 가정의 신앙 이야기들이 모이는 거대한 하브루타 공간이 되고, 가정은 교회에서 배운 것들을 실험하고 적용하는 실습실이 된다. 이때 비로소 진정한 의미의 '신앙 공동체'가 만들어진다. 교회와 가정이 분리된 것이 아니라 하나의 유기체처럼 연결된 공동체. 아이들은 교회에서도, 집에서도 같은 가치관을 경험하며 혼란 없이 신앙을 형성해 간다. 교회에서만 크리스천이고 집에서는 세상 사람인 이중적 삶이 아니라, 어디서나 하나님의 자녀로 사는 통합적 삶을 배우게 되는 것이다.

그런데 여기서 한 걸음 더 나아가면 어떨까? 교회와 가정에 기독교학교까지 함께 힘이 더해진다면 어떨지 상상해 보자. 그때야말로 진정한 삼위일체 교육이 완성된다. 기독교학교는 교회와 가정을 연결하는 다리 역할을 할 수 있다. 주중 40시간 동안 아이들이 보내는 학교에서도 기독교 세계관을 배운다면? 수학을 배워도 하나님의 질서를 발견하고, 과학을 배워도 하나님의 창조를 경험하고, 역사를 배워도 하나님의 섭리를 깨닫는다면 어떨까? 이때 아이들의 시간표는 완전히 달라진다.

교회 1시간 + 가정 80시간 + 기독교학교 40시간 = 121시간, 전체 168시간 중 70%넘는 비율로 기독교 세계 교육을 할 수 있는 시간을 확보하게 되는 것이다. 이 정도면 승부가 난다. 교회에서 믿음을 배우고, 가정에서 사랑을 배우고, 학교에서 소망을 배우는 다음세대 자녀들. 이들이야말로 세상을 변화시킬 하나님 나라의 인재가 아닐까?

기독교학교에서는 교회에서 배운 성경 진리를 학문적으로 심화 시킬 수 있다. 가정에서 경험한 신앙 실천을 또래 친구들과 나누며 확장시킬 수 있다. 그리고 모든 학문을 기독교적 관점에서 통합적으로 이해할 수 있다. 더 중요한 것은 또래 친구들과의 관계다. 같은 가치관을 가진 친구들과 함께 자라는 아이들은 신앙을 부끄러워하지 않는다. 오히려 자랑스러워한다. 혼자가 아니라 함께이기 때문이다. 이런 환경에서 자란 아이들은 성인이 되어서도 신앙을 포기하지 않는다. 신앙이 삶의 일부가 아니라 삶의 전부가 되어 있기 때문이다.

교회 + 가정 + 기독교학교가 하나로 연결된 삼위일체 교육 공동체를 상상해보자. 월요일 아침, 아이가 기독교학교에 간다. 학교에서 "주일에 교회에서 뭘 배웠니?"라고 묻는다. 교회에서 배운 내용을 학교 수업과 연결해 준다. 집에 돌아와서는 부모가 "오늘 학교에서 하나님에 대해 뭘 새로 알았니?"라고 묻는다. 이런 대화가 매일 반복되면서 교회-가정-학교의 경계가 사라진다. 세 곳에서 배우는 것이 따로 노는 것이 아니라 하나의 거대한 퍼즐 조각들이 되어 아이의 세계관을 완성해간다.

이렇게 자란 아이들은 어떤 모습일까? 성경을 단순히 종교책이 아니라 삶의 매뉴얼로 여기는 아이들. 기도를 종교적 의식이 아니라 일상의 호흡으로 여기는 아이들. 교회를 주일에만 가는 곳이 아니라 평생의 공동체로 여기는 아이들. 신앙을 개인적 취향이 아니라 삶의 전부로 여기는 아이들. 이런 아이들이야말로 이 시대가 간절히 필요로 하는 다음세대가 아닐까?

지금 한국교회는 위기다. 다음세대가 떠나가고 있다. 하지만 위기는 기회이기도 하다. 지금이야말로 교육 패러다임을 바꿀 수 있는 절호의 찬스다. 1/168의 현실을 직시하자. 교회 혼자서는 안 된다. 가정 혼자서도 안 된다. 학교 혼자서도 안 된다. 하지만 셋이 하나가 되면 된다. 교회의 깊이 + 가정의 진실함 + 학교의 체계성이 만나면 세상을 이길 수 있다.

이것은 단순한 교육 방법의 변화가 아니다. 다음세대를 향한 사랑의 표현이다. 우리가 얼마나 이 아이들을 사랑하는지 보여주는 증거다. 편한 길을 포기하고 어려운 길을 선택하는 것, 각자 따로 하면 쉽지만 함께 하기로 결단하는 것, 이것이야말로 다음세대를 향한 진정한 사랑이 아닐까?

상상해 보자. 10년 후, 20년 후 이런 환경에서 자란 아이들이 사회의 각 분야에서 활동하는 모습을! 정치인이든, 의사든, 교사든, 사업가든 어디에 있든지 하나님의 사람으로 살아가는 모습을! 그들이 다시 가정을 이루고, 다음세대를 키울 때 자연스럽게 신앙을 전수하는 모습을!

이것이야말로 한국교회가 꿈꿔야 할 가장 아름다운 미래가 아닐까?

지금 시작하자! 교회에서, 가정에서, 학교에서, 각자의 자리에서 할 수 있는 것부터 시작하자! 작은 변화가 모여 큰 변화가 되고, 한 가정의 변화가 모여 교회의 변화가 되고, 한 교회의 변화가 모여 한국교회의 변화가 될 것이다. 하브루타는 교회에서 시작되지만 가정에서 완성된다. 그리고 학교에서 확장되어 세상을 변화시킨다. 이것이 우리가 걸어가야 할 길이다. 다음세대를 위한 사랑의 길이다. 가슴 뛰는 사명이다. 희망찬 미래다.

일주일 168시간 중 교회 1시간으로 나머지 167시간을 이길 수는 없다.

교회·가정·학교가 하나 될 때 비로소 1+1+1=무한대의 기적이 일어난다. 다음세대는 우리의 선택을 기다리고 있다.

당신은 지금 자녀의 168시간을 누구에게 맡기고 있습니까? 그리고 그 선택의 결과를 10년 후에도 책임질 수 있습니까?

하브루타 독서토론 worksheet

이번 챕터를 읽고 난 뒤, 마음에 남은 **전체적인 느낌**을 기록해 보세요.

마음에 와닿은 문장을 옮겨 쓰고, 그 이유를 적어보세요. (페이지 기재 필수)

책의 내용과 비슷한 경험 혹은 가족, 친구, 사회 현상, 다른 책과 **연결지어 보세요.**

책을 읽으면서 궁금했던 나만의 질문,
혹은 나누고픈 **하브루타 질문 세 가지**를 적고 생각을 나누어 보세요.

이번 챕터를 통해 얻은 **느낀 점**과 **깨달은 점**,
그리고 일상에서 이어갈 **실천할 점**을 기록해 보세요.

하브루타 독서토론 후 기억에 남는 대화와 그 속에서 얻은 배움,
앞으로 내 **삶에서 적용하고 싶은 점**을 기록해 보세요.

chapter 3 하브루타 질문 7가지

1. LA의 베이트 미드라쉬에서 젊은 신혼 남편들이 생계를 미루고 토라 학습에 헌신하는 모습을 통해, 나는 우리 가정이 무엇을 '진짜 투자'로 여기고 있는지를 돌아볼 수 있는가? 나의 시간과 재정 사용은 '가정을 세우는 일'을 우선 순위에 두고 있는가?

2. 유대인들은 하브루타를 특정 시간에만 하는 교육 활동이 아니라, 식탁과 거실, 산책길과 침실에서 계속되는 일상의 삶 그 자체로 살아낸다. 그렇다면 나는 우리 가정에서 '말씀과 질문이 흐르는 대화의 리듬'을 실제로 만들어 가고 있는가?

3. 하나님이 아브라함을 택하신 이유는 그가 '자식과 권속에게 하나님의 도를 명하여 전하게 하려 함'이었다. 나의 신앙은 혹시 개인적 열심에 머물러 있지는 않은가? 나의 자녀와 가족에게 말씀이 자연스럽게 흘러가고 있는가?

4. 유대인 아버지는 단지 경제적 책임자가 아니라 자녀의 영적 길을 보여주는 '인도자'이며, 유대인 어머니는 '토라트 헤세드', 즉 삶으로 말씀을 실천하는 지혜로운 교사이다. 나는 우리 가정에서 이 두 역할을 어떤 방식으로 살아내고 있으며, 무엇이 결핍되어 있는가?

5. 조부모는 시간의 깊이, 실패의 고백, 조건 없는 사랑으로 다음세대에 살아있는 신앙을 전수할 수 있는 '완성된 교사'이다. 나는 조부모로서, 혹은 조부모 세대와 함께 살아가는 이로서, 그 영적 유산을 어떻게 이어가고 있는가?

6. 1세기 교회는 브리스길라와 아굴라의 집처럼 '가정이 곧 교회'였고, 식탁이 예배의 중심이었다. 우리 가정은 예배의 형식이 아니라 말씀과 진심이 오가는 대화의 장이 되고 있는가? 가정 예배와 대화 중심의 신앙 전수가 실제로 이루어지고 있는가?

7. 168시간 중 1시간 교회교육만으로는 다음세대의 신앙을 지킬 수 없다. 나는 지금 교회, 가정, 학교가 각각 따로 움직이는 '개별 교육'에 머물러 있지는 않은가? 아니면 이 셋이 하나의 흐름을 이루는 신앙 교육 생태계를 만들기 위해 부모로서, 교사로서, 리더로서 적극적인 연결자로 살아가고 있는가?

리얼 하브루타

chapter 4
질문의 문화

없나요? 아무도 없나요?
1 후츠파, 유대인의 질문 DNA
2 파르데스, 질문의 정원을 여는 네 개의 열쇠
3 도로시 리즈의 질문의 7가지 힘
4 하브루타 질문 VS 코칭 질문
5 물음표와 느낌표의 넘나듦
6 질문하는 다음세대를 꿈꾸며

chapter 4 질문의 문화

없나요? 아무도 없나요?

 [오바마 기자회견]

2010년 서울 G20 정상 회의 폐막 기자회견 오바마 대통령이 단상에 서서 질문을 받겠다고 했다. 세계 각국 기자들이 몰려든 기자 회견장, 오바마는 주최국에 대한 예의로 한국 기자들에게 질문 우선권을 주었다.

"먼저 한국 기자분들부터 질문권을 드리고 싶군요. 정말 훌륭한 개최국 역할을 해주셨으니까요"

하지만 이상한 일이 벌어졌다. 아무도 손을 들지 않았다. 어색한 침묵이 흘렀다. 오바마가 다시 한번 권했다. "한국 기자분들, 질문 있으시면 해주세요. 없나요? 아무도 없나요?"

여전히 침묵이었다. 주최국 기자들이 미국 대통령 앞에서 아무 말도 하지 않는 기이한 풍경이 연출되었다. 이것은 단순한 기자회견의 한 장면이 아니었다. 질문하지 않는 우리나라 문화의 적나라한 민낯이었다. 벌써 오래 전 영상이지만, 나는 이 영상을 보았을 때 받은 깊은 충격을 지금도 지울 수 없다. 과연 나라면 질문을 할 수 있었을까? 왜 우리는 질문을 하지 못할까?

질문할 수 없는 문화의 극단적 결과를 보여주는 더 충격적인 사건이 있다. 1997년 8월 6일 괌 상공에서 일어난 대한항공 801편 추락 사고다. 229명의 목숨을 잃은 이 참사의 원인을 조사한 결과, 놀라운 사실이 밝혀졌다. 부기장은 기장의 착륙 시도가 위험하다는 것을 알고 있었다. 항공기가 잘못된 경로로 접근하고 있다는 것을 인지했다. 하지만 독특한 서열 문화 때문에 직접적으로 말하지 못했다.

"기장님, 그런데…" 부기장의 찰라의 선택에 229명의 운명이 결정 되었다.

"기장님, 그런데…" 부기장이 말끝을 흐렸다. "착륙을 중단해야 합니다"라고 직접적으로 말하지 못했던 것이다. 기장에게 직접적으로 반대 의견을 표현하는 것이 '불손하다'고 여겨지는 군 서열 문화 때문이었다.

그 순간의 침묵이 소중한 수백 명의 생명을 한 순간에 앗아갔다.

"침묵이 만든 참사였다. 질문하지 못하는 문화가 목숨을 앗아간 것이다." 항공기 사고 조사 전문가들은 이 사고를 '한국적 서열문화'가 만든 인재라고 결론 지었다. 기술적 결함이 아니라 문화적 결함이 원인이었다. 침묵이 만든 참사였다. 질문하지 못하는 문화가 참사를 불러 온 것이다.

chapter 4 **질문의 문화**

G20 오바마 기자회견 영상에서 한 기자의 의견이 내 가슴을 찔렀다.
"우리에겐 질문도 답인 것 같아요 어떤 상황에서 어디까지 질문이 용인되고, 어떤 질문을 할 수 있을까?" 정확한 지적이었다.

우리는 질문 자체를 부담스러워한다. 질문하기 전에 이미 수많은 고민을 한다. "이런 질문 해도 될까?", "혹시 무례하다고 생각하지는 않을까?", "나만 모르는 건 아닐까?" 어디까지가 질문이고 어디부터가 불손인가? 우리는 그 경계선을 너무 두려워한 나머지 아예 질문을 포기해 버린다. 그리고 그 결과는 때로는 기자 회견장의 침묵으로, 때로는 하늘에서의 참사로 나타났다. 질문 없는 문화는 단순한 예의의 문제가 아니다. 오히려 생존에 가깝다.

언제부터 우리는 질문하지 않는 법을 배웠을까? 유치원부터? 초등학교부터? 아니면 태어나면서부터? 기억을 더듬어보니 어린 시절부터였다. "선생님, 그건 왜 그래요?"라고 물으면 "나중에 따로 물어봐" 라는 답이 돌아왔다. "지금은 설명할 시간이 없어"라는 답도 함께였다.
"이건 외우는 거야, 이해하는 게 아니야"라는 말을 종종 듣고 자랐다.

그렇게 우리는 학습되었다. 질문은 수업을 방해하는 것이라고, 질문은 시간을 낭비하는 것이라고, 질문은 모르는 것을 드러내는 부끄러운 행위라고.

더 나아가 우리는 이렇게 배웠다. '왜?'라고 묻는 아이는 문제아가 되고, '네'라고 답하는 아이는 모범생이 된다. 순종이 미덕이고, 의문은 불순이 되었다.

가정에서도 마찬가지였다. "어른들 대화에 끼어들면 안 된다.", "어른이 말씀하실 때는 듣기만 해야 한다." 이것이 우리가 배운 예의였다. 어른이 이야기를 하실 때, 묻고 싶었지만 묻지 못했다. 질문은 때론 '건방지다'라고 여겨졌다. 아버지가 회사 이야기를 하실 때, "아빠, 회사에서 뭐가 제일 힘들어요?"라고 묻고 싶었지만 묻지 못했다. 그런 질문은 '아이가 알 필요 없는 것'이었다. 우리는 호기심을 예의라는 이름으로 포장된 검열을 통해 차곡차곡 죽여갔다.

직장에 들어가서도 마찬가지였다. 회의실에서 상사가 "다른 의견 있나요?"라고 물으면 모두가 고개를 숙인다. 질문이 없어서가 아니라 질문하면 안 될 것 같아서다. "이 프로젝트는 일정이 너무 빡빡한 것 같은데요"라고 말하고 싶지만 부정적이라고 여겨질까 봐 참는다. "이 방법 말고 다른 방법은 없을까요?"라고 묻고 싶지만 기존 결정을 의심한다고 여겨질까 봐 참는다. 또는 그 질문을 하면 내가 모든 업무를 떠맡아 책임져야 할까봐, 그렇게 우리는 '가만히 있으면 중간이라도 간다'가 가장 미덕인 완벽한 침묵의 완성제로 살아간다. 질문 없는 식상인, 의문 없는 시민, 호기심 없는 어른, 우리는 답을 맞히는 교육은 받았지만, 질문을 만드는 교육은 받지 못했다.

돌이켜보면 우리 교육은 철저히 '정답 중심'이었다. '이 문제의 답은 무엇인가?'는 늘 물었지만, '여기서 너의 질문은 무엇인가?'는 묻지 않았다. 선택지에서 정답을 고르는 법은 배웠지만, 선택지에 없는 새로운 가능성을 상상하는 법은 배우지 못했다. 시험지에는 물음표보다 마침표가 훨씬 많았다. 그것이 우리 교육의 상징이었다. '다음 중 옳은 것은?' 이런 식의 질문 뒤에는 수십 개의 문장들이 마침표로 끝난다.

G20 오바마 기자 회견장의 그 침묵을 다시 생각해 보자. 같은 상황에서 유대인 기자라면 어땠을까? 아마도 가장 먼저 손을 들었을 것이다. 그리고 이렇게 질문했을 것이다.

"대통령님, 방금 말씀하신 정책이 실제로 국민들의 삶을 개선할 수 있다고 확신하시나요?"

"구체적인 증거는 무엇인가요?"

"만약 예상과 다른 결과가 나온다면 어떻게 하실 건가요?"

그들에게 질문은 불손이 아니라 책임이다. 의심이 아니라 관심이다. 도전이 아니라 참여다. 권위에 대한 반항이 아니라 진리에 대한 추구다.

질문 없는 사회는 위험하다. 질문 없는 사회는 발전할 수 없다. 의문 없는 조직은 혁신할 수 없다. 호기심 없는 교육은 창의성을 기를 수 없다. 질문하지 않는 것이 예의라고 배운 문화가 결국 우리 자신을 위험에 빠뜨린다. 이제는 질문해야 할 때다. 더 이상 침묵할 수 없다. 더 이상 순종만

할 수 없다. 질문하는 법을 배워야 한다.

AI 시대에는 정답을 외우는 능력보다 질문을 만드는 능력이 더 중요하다. 기계는 이미 우리보다 많은 정보를 알고 있다. 하지만 기계는 아직 인간만큼 좋은 질문을 만들지 못한다. 우리는 질문하는 문화를 만들어야 한다.

의심하는 것이 불경이 아니라 성장임을 가르쳐야 한다. 호기심을 격려하고, 탐구를 존중하고, 다양성을 인정해야 한다. 유대인들은 어떻게 질문하는 문화를 만들었을까? 그것은 바로 하브루타다. 하브루타에서는 질문이 금지되지 않는다. 오히려 질문이 환영받는다. '좋은 질문이 좋은 답보다 중요하다'는 것이 그들의 철학이다. '질문 없는 하브루타는 하브루타가 아니다'라고 말한다.

우리는 하브루타를 배워야 한다. 질문하는 법을, 의심하는 법을, 탐구하는 법을, 그래야 기자 회견장에서 침묵하지 않을 수 있다. 그래야 진짜 민주시민이 될 수 있다. 질문할 수 있는 용기, 그것이 바로 우리에게 필요한 첫 번째 교육이다.

질문하지 않는 것이 예의라고 배우는 순간, 우리는 스스로를 위험에 빠뜨리고 성장을 멈춘 채 살아가기로 선택한 것이다.

당신은 마지막으로 언제 '위험한 질문'을 했습니까?

1 후츠파, 유대인의 질문 DNA

미국 뉴욕 예시바 대학교 도서관에서 목격한 하브루타 광경은 가히 놀라움 그 자체였다. 스무 살 남짓 된 한 학생이 백발의 교수 앞에서 목소리를 높이며 격렬하게 토론하고 있었다. 아니, 토론이라기보다는 논쟁에 가까웠다. 교수의 논리에 정면으로 반박하며 자신의 견해를 펼치는 학생의 모습에서 한국 대학생들과는 전혀 다른 무엇인가를 보았다. 나는 그 교수에게 물었다. "학생이 너무 무례하다고 생각하지는 않나요?" 교수는 웃으며 대답했다. "이것이 바로 '후츠파 Chutzpah'입니다. 우리는 이런 학생을 자랑스럽게 여깁니다."

후츠파를 단순히 '뻔뻔함'으로 번역하는 것은 이 개념의 깊이를 왜곡하는 일이다. 후츠파는 기존의 권위와 관습에 굴복하지 않고 진리를 추구하는 정신이며, 나이와 지위에 상관없이 자신의 의견을 당당하게 표현하는 '용기'다. 무엇보다 끝까지 포기하지 않고 질문하며 탐구하는 끈질긴 정신이다. 이는 서구적 개념의 단순한 반항정신과는 근본적으로 다르다. 후츠파는 '파괴를 위한 도전'이 아니라 '건설을 위한 도전'이며, '혼란을 위한 질문'이 아니라 '진리를 위한 질문'이다. 그 뿌리에는 하나님과 진리에 대한 깊은 경외심이 있다.

이 후츠파 정신의 뿌리는 성경에서 찾을 수 있다. 야곱이 천사와 씨름하며 "당신이 내게 축복하지 아니하면 가게 하지 아니하겠나이다" 창세기 32:26 라고 말한 것, 아브라함이 소돔과 고모라를 위해 하나님과 협상하며 의인 "십 명을 찾으시면 어찌 하려 하시나이까" 창세기 18:32 라고 끝까지 요청하는 것, 모세가 하나님께 "어찌하여 이 백성이 학대를 당하게 하셨나이까" 출애굽기 5:22 라고 직언한 것 모두가 후츠파의 원형이다.

욥기는 후츠파 정신의 극치를 보여준다. 욥은 하나님께 따지고 또 따진다. "어찌하여 나를 당신의 과녁으로 삼으셔서 내게 무거운 짐이 되게 하셨나이까" 욥기 7:20, "주께서 어찌하여 얼굴을 가리시고 나를 주의 원수로 여기시나이까" 욥기 13:24. 욥의 친구들은 "하나님께 분노를 터뜨리며 네 입을 놀리느냐" 욥기 15:13 며 욥을 비난했지만, 결국 하나님은 욥의 진실한 마음의 질문을 인정하셨다.

이러한 성경적 전통이 그들에게 후츠파 문화를 형성했다. 그들에게 질문은 불경이 아니라 신앙의 표현이며, 의문 제기는 반역이 아니라 성장과 성화의 과정이다. 의심이 없는 믿음은 진정한 믿음이 아니다. 의심을 통과한 믿음만이 견고한 믿음이 된다. 의문없이 무조건 믿는 것은 믿음이 아닌 맹신일 뿐이다. 신학이란 '이해를 추구하는 신앙'이다. 이해를 추구하기 위해서는 반드시 먼저 질문하는 신앙을 훈련해야만 한다.

미국 뉴욕 예시바에서 만난 유대인 학생들의 공통된 증언은 놀라웠다. 어릴 때부터 부모들은 "오늘 학교에서 어떤 좋은 질문을 했니?"라고 물었다는 것이다. 성적을 묻기 전에 질문을 물었다. 이것이 바로 후츠파 교육의 핵심이다. 질문하는 것을 부끄러워하지 않고, 모르는 것을 인정하는 것을 두려워하지 않으며, 권위에 굴복하지 않는 정신을 기르는 것이다. 후츠파는 단순한 반항이나 무례함이 아닌 명확한 목적과 방향성을 가진 도전이다. 진리를 찾기 위한 도전, 더 나은 해답을 위한 도전, 성장과 발전을 위한 도전이다. 후츠파 문화는 7가지 특징이 있다.

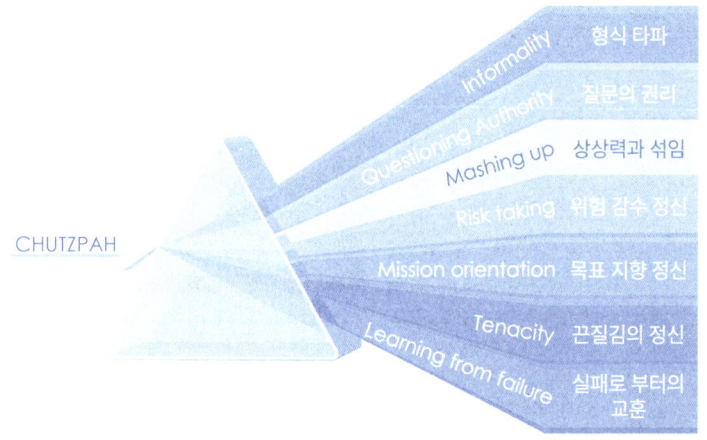

첫째, 형식 타파 Informality

"왜 그래야 하는가?" 이것이 후츠파 정신의 첫 번째 특징이다. 기존의 틀과 관습에 의문을 제기하고, 당연하다고 여겨지는 것들을 다시 생각해

보는 것이다. 이는 단순한 파괴적 회의주의가 아니라 '건설적 비판정신'이다. 유대인 학교에서 70대 노랍비가 탈무드를 가르치는데, 20대 학생이 "랍비님, 그 해석이 정말 옳습니까?" "2천 년 전 상황과 지금은 다르지 않습니까?"라고 질문하는 것은 자연스러운 일이다. 한국에서라면 상상할 수 없는 일이지만, 그 랍비는 기뻐하며 "좋은 지적이다. 함께 토론해 보자"라고 응답한다. 하브루타에서도 형식 타파는 핵심이다. 전통적인 교사 중심의 일방적 강의를 깨고, 학습자가 주도하는 쌍방향 대화로 바뀐다. 정해진 교육과정에 얽매이지 않고, 학습자의 질문에 따라 자유롭게 탐구한다. 이는 교육의 패러다임을 근본적으로 바꾸는 혁명적 변화다. 기존의 틀을 의심하는 용기가 새로운 가능성을 여는 것이다.

둘째, 질문의 권리 Questioning Authority

유대인 문화에서는 나이나 지위에 상관없이 누구나 '질문할 권리'가 있다. 이것이 후츠파의 두 번째 특징이다. 이는 민주적 가치와 인간 존엄성에 대한 깊은 신념에서 나온다. 지식과 지혜는 특정 계층의 독점물이 아니라 모든 인간의 공통 유산이라는 믿음이 바탕에 있다. 하브루타는 이 질문의 권리를 회복시킨다. 학습자의 나이, 성별, 배경에 상관없이 누구나 자유롭게 질문할 수 있는 환경을 만든다. 특히 한국의 위계질서 문화에서 억압된 질문의 권리를 되찾아준다. 이는 단순한 교육 방법론의 변화가 아니라 인간관과 교육관의 근본적 전환이다. 질문할 권리는 인간의 기본권이며, 학습의 출발점이다.

셋째, 상상력과 섞임 Mashing up

후츠파 문화의 세 번째 특징은 서로 다른 아이디어의 충돌과 융합을 환영한다는 것이다. 다양한 관점이 만나 새로운 창조가 일어나는 것을 소중히 여긴다. 이는 유대인들의 디아스포라 경험에서 나온 지혜다. 서로 다른 문화 속에서 살아가면서 다양성의 가치를 체득한 것이다.

탈무드 자체가 바로 이런 섞임의 산물이다. 한 페이지에 원문과 수십 명의 랍비들의 서로 다른 해석이 함께 실려 있다. 심지어 정반대의 의견도 나란히 기록되어 있다. 이것은 다양성을 인정하고, 다른 의견을 존중한다는 의미다. 진리는 하나의 관점으로만 파악될 수 없으며, 여러 각도에서 조명될 때 더 풍성해진다는 믿음이 담겨 있다. 하브루타는 이런 섞임의 교육학이다. 두 사람이 서로 다른 관점에서 같은 텍스트를 읽고, 다른 해석을 제시하며, 다른 질문을 던진다. 이 과정에서 새로운 통찰이 생겨난다. 특히 세대 간, 성별 간, 배경 간의 차이가 학습을 더욱 풍성하게 만든다. 다름은 문제가 아니라 기회이며, 충돌은 파괴가 아니라 창조다.

넷째, 위험 감수 정신 Risk taking

네 번째 특징은 틀릴 수도 있다는 두려움을 넘어서는 용기다. 후츠파는 안전한 답보다 위험한 질문을 선택한다. 이는 실패를 성공의 반대가 아니라 성공을 위한 과정으로 보는 관점에서 나온다. 실리콘밸리의 유대인 기업가들이 보여주는 도전정신도 바로 여기서 나온다.

이스라엘 창업 생태계에서 유명한 격언이 있다. "빨리 실패하고, 자주 실패하고, 실패로부터 배워라 Fail fast, fail often, learn from failure" 이것이 바로 후츠파 정신의 핵심이다. 실패를 두려워하여 도전하지 않는 것보다, 실패할 위험을 감수하고서라도 시도하는 것이 더 가치 있다고 본다. 하브루타는 실패를 두려워하지 않는다. 틀린 해석, 엉뚱한 질문, 황당한 가설도 모두 환영 받는다. 왜냐하면 그 모든 것이 학습의 과정이기 때문이다. 정답을 맞추는 것보다 깊이 생각하는 것이 더 중요하고, 안전한 침묵보다 위험한 발언이 더 가치 있다.

가장 큰 실패는 시도하지 않는 것이다.

다섯째, 목표 지향 정신 Mission Orientation

후츠파의 질문은 목적 없는 반항이 아니다. 다섯 번째 특징은 명확한 목표를 향한 질문이라는 것이다. 진리 추구, 문제 해결, 성장과 발전이라는 목표가 있다. 이는 유대인들의 실용주의적 지혜에서 나온다. 추상적 논쟁보다는 구체적 해결책을, 이론적 탐구보다는 실천적 적용을 중시한다. 유대인 학생들이 보여주는 질문의 특징도 여기에 있다. 단순한 호기심을 넘어서 "이 질문이 우리를 어디로 데려갈 것인가?"를 항상 의식한다. 질문에는 방향성이 있어야 하고, 탐구에는 목적성이 있어야 한다는 것이다. 하브루타의 질문도 마찬가지다. 단순한 호기심을 넘어서 더 깊은 이해와 적용을 향한다. 텍스트를 통해 삶의 지혜를 찾고, 현실의 문제를 해결하려고 한다. 이는 학습을 단순한 지적 유희가 아닌 삶의 변화를 위한 도구로 보는 관점 때문이다. 질문은 목적지 없는 여행이 아니라 명확한 목표를 향한 탐험이다.

여섯째, 끈질김의 정신 Tenacity

"아직 이해가 안 돼요" 이 말을 부끄러워하지 않는 것이 후츠파의 여섯 번째 특징이다. 한 번의 설명으로 끝나지 않고, 완전히 이해할 때까지 계속 질문하는 '끈질김'이다. 이는 지적 정직성에서 나온다. 아는 척하는 것보다 모름을 인정하는 것이 더 지혜롭다는 믿음이다. 예시바 대학에서 한 학생이 교수의 설명을 듣고도 계속 "하지만…", "그런데…", "만약에…"를 반복하는 것은 무례한 것이 아니라 학습에 대한 열정으로 받아들여진다. 교수도 전혀 귀찮아하지 않고 계속 다른 방식으로 설명한다. 30분이 넘게 그 한 질문에 대해서만 대화가 이어지는 것도 자연스럽다. 하브루타는 이런 끈질김을 격려한다. 빨리 진도를 나가는 것보다 깊이 이해하는 것을 중시한다. 한 구절을 가지고 한 시간을 토론해도 시간 낭비가 아니라 깊은 학습으로 본다. "진도가 아니라 심도"라는 하브루타의 격언이 이를 잘 표현한다. 깊이가 없는 속도는 얕은 지식만 남기고, 속도 없는 깊이는 진정한 이해를 만든다.

일곱째, 실패로 부터의 교훈 Learning from Failure

마지막 특징은 실패를 학습의 기회로 보는 것이다. 틀린 질문, 잘못된 해석, 실패한 시도 모두가 다음 단계를 위한 디딤돌이 된다. 이는 성장에 대한 긍정적 관점에서 나온다. 인간은 완전하지 않으며, 바로 그 불완전함이 성장의 동력이 된다는 믿음이다. 질문은 무지를 드러내지만, 동시에 배움의 가능성을 열어준다. 실패는 부끄러운 것이 아니라 성장의 증거다. 시도해 보지 않으면 실패할 일도 없지만, 배울 일도 없다. 하브루타에서도 틀린 답은 문제가 되지 않는다. 오히려 틀린 답을 통해 왜 틀렸는지, 어떻게 하면 더 나은 답을 찾을 수 있는지를 탐구한다. 이 과정에서 학습자는 자신의 사고 과정을 성찰하고, 더 정교한 사고력을 기르게 된다. 실패는 끝이 아니라 시작이며, 좌절이 아니라 성장의 기회다.

이 일곱 가지 후츠파 특징이 하브루타와 만날 때 어떤 일이 일어날까?

바로 질문하는 용기의 회복이다. 한국의 수직적 서열 문화 속에서 억압된 질문의 권리가 회복되고, 정답 중심 교육에서 잃어버린 탐구 정신이 되살아나며, 획일화된 사고에서 벗어나 창의적 사고가 꽃 피게 된다.

후츠파와 하브루타의 만남은 단순한 교육 방법론의 도입을 넘어선다. 이는 문화적 패러다임의 전환이다. 질문이 문제가 아니라 자산이 되고, 의문이 반항이 아니라 성장의 동력이 되며, 다양성이 혼란이 아니라 창조의 원천이 되는 문화가 만들어진다.

한국 사회의 고질적 문제들인 창의성 부족, 비판적 사고력 결여, 수동적 학습 태도, 이 모든 것들이 후츠파 정신을 통해 해결될 수 있다.

무엇보다 '틀려도 괜찮다'는 자유로움을 얻는다. 모르는 것을 부끄러워하지 않고, 질문하는 것을 두려워하지 않으며, 다른 생각을 표현하는 것을 주저하지 않게 된다. 후츠파 정신이 하브루타를 통해 구현될 때, 전혀 새로운 형태의 학습 공동체가 탄생한다. 교사와 학생의 경계가 흐려지고, 나이와 지위의 벽이 무너지며, 서로 다른 관점이 충돌하고 융합하면서 집단지성이 발현된다. 이런 공동체에서는 개인의 성장이 곧 공동체의 발전이 되고, 공동체의 지혜가 개인의 통찰로 환류된다. 후츠파와 하브루타의 만남, 그것은 질문하는 DNA의 각성이다.

수천 년 동안 유대인들이 지켜온 후츠파 정신과 하브루타 교육문화가 만날 때, 한국교회와 한국 사회에 새로운 바람이 불기 시작할 것이다. 질문이 환영받는 문화, 의문이 성장의 동력이 되는 문화, 다양성이 창조의 원천이 되는 문화가 만들어진다. 이제 우리도 물어야 한다. "왜 그래야 하는가?", "다른 방법은 없을까?", "만약에 이렇게 한다면?" 이런 질문들이 우리를 새로운 차원으로 이끌 것이다. AI 시대에 필요한 것은 정답을 외우는 능력이 아니라 좋은 질문을 만드는 능력이다. 급변하는 세상에서 살아남기 위해 필요한 것은 기존의 틀을 고수하는 것이 아니라 새로운 가능성을 탐구하는 것이다. 후츠파, 그것은 단순한 뻔뻔함이 아니다. '진리를 향한 거룩한 용기'이며, '성장을 위한 필수적인 정신'이다. 하브루타를 통해 이 후츠파 정신을 회복할 때, 우리는 비로소 질문하는 민족이 될 수 있을 것이다. 그리고 질문하는 민족만이 미래를 창조할 수 있다.

한국인은 "왜 그런 질문을 해?"라고 묻지만, 유대인은 "오늘 어떤 좋은 질문을 했니?"라고 묻는다. 이 차이가 질문을 두려워하는 민족과 질문으로 세상을 바꾸는 민족의 차이를 만들었다.

당신은 후츠파를 '뻔뻔함'이라고 생각하시나요?
아니면, '진리를 향한 거룩한 용기'라고 생각하시나요?

2 파르데스, 질문의 정원을 여는 네 개의 열쇠

질문은 텍스트를 깨우는 '열쇠'이다. 『천천히 깊이 읽는 독서법』에서 강준민 목사는 "질문 없이 성경을 대하는 것은 마치 목적 없이 항해하는 배와 같다고 했다. 질문은 성경을 읽는 방향을 정해주고 더 깊은 깨달음으로 인도해 주는 안내자가 되며 성경을 풀어가는 열쇠"라고 말한다.[15] 유대인들은 단순히 성경을 읽는 민족이 아니다. 그들은 수천 년 동안 말씀의 땅을 갈고, 묻고, 토론하며, 그 속에서 생명을 끌어올려 온 경작자였다. 그들의 하브루타는 단순한 토론 기술이 아니라, 말씀의 정원을 가꾸는 삶의 방식이었다. 그리고 그 정원을 여는 네 개의 가장 중요한 열쇠가 있다. 바로 '파르데스 PaRDeS'이다. 묵은 종이 위의 글자들이 생명력을 얻게 되는 순간은 바로 우리가 올바른 질문을 던질 때이다. 파르데스는 히브리어로 '정원'을 뜻한다. 그러나 여기서 말하는 정원은 단지 아름답고 평온한 공간이 아니다. 파르데스는 말씀 속에 숨어 있는 깊이로 나아가는 네 개의 질문 열쇠를 말한다.

---

15) 강준민, 『천천히 깊이 읽는 독서법』, 두란노, 2007, 142p

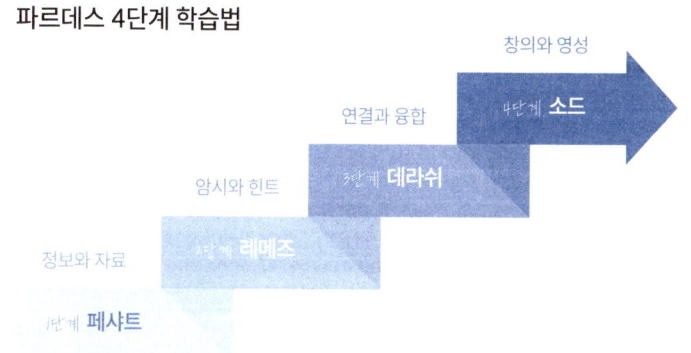

1단계 페샤트 פשט 는 정보와 자료를 통해 표면적 의미를 묻고, 2단계 레메즈 רמז 는 의미와 상징을 통해 더 깊은 해석을 탐구하며, 3단계 데라쉬 דרש 는 연결과 융합을 통해 현재 삶에의 적용을 찾고, 4단계 소드 סוד 는 창의와 영성을 통해 영적 깊이까지 나아간다.

페샤트 פשט 는 히브리어 동사 '파샤트 פשט'에서 나온 말로 '벗기다, 펼치다, 단순하게 하다'는 뜻이다. 텍스트의 겉옷을 벗겨 그 안의 순수한 의미를 드러내는 것이다. 레메즈 רמז 는 '눈짓하다, 암시하다'라는 뜻의 동사에서 파생되어, 텍스트가 다른 곳을 향해 보내는 은밀한 신호를 포착하는 단계이다. 데라쉬 דרש 는 '찾다, 탐구하다, 해석하다'는 의미로, 미드라쉬 해석서 의 어근이기도 하다. 마지막으로 소드 סוד 는 '비밀, 친밀한 대화'를 뜻하며, 하나님과의 은밀한 교제 속에서만 깨달을 수 있는 영적 차원을 가리킨다. 이 네 단계는 질문을 얕은 호기심에서 깊은 영적 통찰로 이끄는 탐색의 길이다.

하브루타가 단순히 교육 기법으로만 활용될 때 우리는 자연스럽게 의문을 갖게 된다. 왜 질문을 하라고 하면서도 질문의 깊이는 가르치지 않는가? 파르데스는 바로 그 질문의 깊이를 복원하는 고대의 지혜이다. 첫 번째 열쇠인 페샤트는 '표면적 의미'를 묻는다. 본문이 단어 그대로 무엇을 말하고 있는지를 살피는 것이다. 본문의 문맥, 역사적 배경, 문장 구조에 주목하며, 텍스트의 맨 처음 문을 여는 열쇠이다. "예수께서 사마리아 여인에게 무엇이라고 말씀하셨는가?"라는 페샤트 질문은, 본문에 기록된 실제 대화 내용과 당시의 역사적 상황을 정확히 파악하는 것에서 시작된다. 질문은 언제나 '정확히 보는 것'에서 시작된다. 질문이 피상적일수록 배움도 얕아진다. 페샤트 없이는 모든 해석이 공중에 떠버린다. 마치 뿌리 없는 나무가 아름다운 꽃을 피울 수 없듯이, 문자적 이해 없이는 깊은 영적 통찰도 불가능하다.

두 번째 열쇠인 레메즈는 '암시, 힌트'라는 뜻을 가진다. 유대인은 성경을 하나의 독립된 책이 아니라 서로 얽힌 생명의 숲으로 읽는다. 본문 앞에 멈추면, 다른 본문이 뒤에서 조용히 손을 흔든다. "예수께서 왜 사마리아 여인에게 '물을 달라' 요청하셨는가?"라는 레메즈 질문은, 이방인과 상종하지 않던 유대문화를 넘나드는 그 행위가 어떤 더 깊은 의미와 상징을 담고 있는지를 묻는다. 생수라는 단어는 에스겔 47장의 강물 흐름을 떠올리게 하고, 요한계시록의 생명수로 이어진다. 레메즈란 바로 이 연결의 암시를 붙잡는 능력이다.

세 번째 열쇠인 데라쉬는 '탐구하고 해석하다'는 뜻이다. 이 지점에서 질문은 본문의 의미를 넘어 '왜 지금 나에게 들리는가?'를 묻기 시작한다. 페샤트가 사실을 확인하는 질문이라면, 데라쉬는 삶을 향해 파고드는 질문이다. 하브루타는 바로 이 데라쉬의 치열함 속에서 깊어진다. 서로 다른 해석이 충돌하고, 각자의 삶의 문맥이 겹쳐지며, 텍스트는 우리를 향해 새로운 메시지를 쏟아낸다. "왜 예수는 유대의 사회적 통념을 깨고 사마리아 여인에게 말을 거셨는가?"라는 데라쉬 질문은, 말씀을 현실에 직면하게 한다. 질문은 텍스트를 현재화한다. 텍스트와 삶이 충돌해야, 말씀이 '오늘'이 된다. 또한 데라쉬는 "이 말씀이 성경 전체 어디와 연결되어 있는가?"라는 질문을 통해 사고의 지경을 넓힌다. 텍스트가 연결될 때, 말씀은 더 이상 머릿속 정보가 아니라 거대한 이야기 속에 나를 위치시킨다. 데라쉬의 눈으로 보면, 성경은 66권이 아니라 하나의 거대한 교향곡이 된다. 각 구절은 독립된 선율이면서 동시에 전체의 화음에 기여하는 음표가 된다. 데라쉬에서 텍스트는 거울이 된다. 우리의 편견과 가치관, 상처와 소망이 말씀과 만나면서 새로운 해석이 탄생한다. 이때 해석은 더 이상 객관적 분석이 아니라 실존적 고백이 된다.

마지막 열쇠인 소드는 '비밀'이다. 이것은 언어로 명쾌하게 설명되지 않는다. 소드는 질문하는 자의 영혼에 말씀의 숨결이 닿는 순간을 일컫는다. 성령의 조용한 깨달음, 눈물로 반응하게 되는 말씀의 언저리, 말할 수 없는 떨림이 그 영적 증거이다. "이 말씀이 내 깊은 곳을 왜 울리는가?"라는 질문은 머리로 하는 질문이 아니다. 이는 영혼 깊은 곳에서 터져 나오는 응답이다. 파르데스를 거칠수록 질문은 깊어지고, 결국 질문은 기도가 된다. 질문을 통해 하나님께 도달한다. 하브루타는 바로 그 영적 여정을 위한 공동체적 통로이다. 소드에서 우리는 말씀이 우리를 읽고 있음을 깨닫는다. 텍스트를 해석하던 우리가 오히려 텍스트에 의해 해석당하는 신비로운 역전이 일어난다.

하브루타에서 서로 다른 파르데스 차원이 만날 때, 텍스트는 더욱 풍성한 의미를 드러낸다.

하브루타의 진정한 힘은 혼자서는 한 번에 하나의 차원에서만 질문할 수 있지만, 짝과 함께할 때 우리는 동시에 여러 차원을 탐구할 수 있다는 데 있다. A가 페샤트로 "이 말씀이 문자적으로 무엇을 말하는가?"를 묻는 동안, B는 데라쉬로 "이것이 다른 어떤 말씀과 연결되는가?"를 탐구한다. 이때 일어나는 것은 단순한 정보 교환이 아니다. 두 개의 서로 다른 질문 렌즈가 만날 때, 텍스트는 혼자서는 절대 볼 수 없었던 새로운 면을 드러낸다. 1차원과 2차원이 만나 입체가 되듯이, 서로 다른 파르데스 차원이 만날 때 말씀은 살아있는 현실이 된다.

예를 들어, A가 페샤트로 "예수께서 사마리아 여인에게 실제로 무엇이라고 말씀하셨는가?"를 묻는 동안, B는 레메즈로 "이 말씀이 의미하는 바와 상징하는 것은 무엇인가?"를 탐구한다.

또 다른 경우, A가 레메즈로 "물을 달라는 요청이 담고 있는 더 깊은 의미는 무엇인가?"를 묻는 동안, B는 데라쉬로 "이 이야기가 창세기의 야곱과 라헬의 우물가 만남, 출애굽기의 모세와 십보라의 만남과 어떻게 연결되며, 동시에 지금 우리 공동체의 배타성 문제에 어떤 도전을 주는가?"를 탐구한다. 이렇게 의미의 발견과 연결의 융합이 만날 때, 텍스트는 과거와 현재, 성경과 성경, 말씀과 삶을 잇는 살아있는 다리가 된다. 파르데스 4단계 방식으로 본문을 연구하는 가이드북은 다음책 '대화식 예배'(가제)에서 더욱 깊고 실제적으로 다룰 예정이다.

하브루타는 이렇게 파르데스의 각 차원을 공동체적으로 경험하게 한다. 혼자서는 도달하기 어려운 소드의 영역도, 함께 질문하고 나누는 과정에서 자연스럽게 열린다. "너의 페샤트가 나의 레메즈를 깨우고, 나의 데라쉬가 너의 소드를 부른다." 이것이 진정한 하브루타의 신비이다. 닫힌 땅에서 열린 정원으로의 질문은 텍스트를 변형시키지 않는다. 다만 그 안의 생명을 깨울 뿐이다. 마치 봄볕이 씨앗을 변형시키지 않고 다만 그 안의 생명력을 깨우듯이, 올바른 질문은 텍스트 안에 이미 숨어있던 의미들을 깨어나게 한다. 하브루타는 질문을 많이 던지자는 교육이 아니다. 질문의 층위를 경작하자는 부르심이다. 하브루타가 사라진 곳에서 하브루타를 회복하기 위해서는, 먼저 질문의 질서, 파르데스를 회복해야 한다. 이러한 네 개의 열쇠 없이 텍스트는 우리 앞에 '닫힌 땅'으로 남는다. 그러나 파르데스의 열쇠를 하나씩 돌릴 때, 말씀은 정원의 문을 열고 우리를 초대한다.

오늘날 한국교회에게는 성경 읽기의 새로운 가능성이 펼쳐지고 있다. 질문하라는 외침이 곳곳에서 들려오고, 이제 우리는 '어떻게' 질문해야 하는지를 배울 때가 되었다. 성경공부가 페샤트를 넘어서고 있다. 레메즈를 통해 암시의 언어를 배우고, 데라쉬를 통해 삶과 충돌하며, 소드를 통해 영혼의 떨림까지 나아갈 때, 우리는 비로소 파르데스라는 깊은 정원에 들어간다.

하브루타는 진리를 인식하는 데 머무는 것이 아니라, 진리 앞에서 우리가 변화되는 길이다.

> "토라를 가르치기 위해 배우면, 배우고 가르치는 기회를 갖게 되고, 토라를 실천하기 위해 배우면, 배우고 가르치고 지키고 실천하는 기회를 모두 가지게 된다"
>
> 미쉬나 "조상들의 윤리" Pirkei Avot, 4:5

파르데스는 그 변화를 이끌어내는 네 개의 질문 열쇠이다. 이제 우리에게 필요한 것은 이 열쇠들을 손에 쥐는 용기이다. 성경을 한 구절 읽을 때마다 네 번 묻는 것이다. 이 말씀이 문자적으로 말하는 바는 무엇인가? 이 말씀이 담고 있는 더 깊은 의미와 상징은 무엇인가? 이 말씀이 다른 성경과 어떻게 연결되며, 왜 지금 내 삶에 들리는가? 그리고 이 말씀이 내 영혼을 흔드는 이유는 무엇인가? 이 네 개의 질문은 단순한 분석 도구가 아니다. 그것들은 살아있는 열쇠이다. 페샤트의 열쇠를 돌리면 텍스트의 견고한 문이 열리고, 레메즈의 열쇠를 돌리면 의미의 보물창고가 드러나며, 데라쉬의 열쇠를 돌리면 연결의 다리가 놓이고, 소드의 열쇠를 돌리면 하나님의 마음이 보인다. 그렇게 질문할 때, 텍스트는 더 이상 과거의 기록이 아니게 된다. 말씀은 살아계신 하나님과의 현재진행형 대화가 된다. 질문이 깊어질수록 텍스트는 더욱 생생하게 숨쉬기 시작한다. 어제까지 조용했던 구절들이 갑자기 우리를 향해 말을 걸어오고, 수천 년 전의 이야기가 오늘이 된다.

하지만 이 열쇠들을 쥐는 것은 결코 가볍지 않다. 진정한 질문은 우리를 안전지대에서 끌어낸다. 페샤트는 우리의 무지를 폭로하며, 레메즈는 우리의 편견을 드러내며, 데라쉬는 우리의 삶을 심판대에 올려놓고, 소드는 우리의 영혼을 벌거벗긴다. 그렇기에 이 열쇠들은 정직하고도 두려운 것이다. 정직하다는 것은 텍스트와 우리 자신에게 진실해야 한다는 뜻이다. 내가 듣고 싶은 말만 골라 듣거나, 내 신념에 맞는 해석만 받아들일 수는 없다. 파르데스는 우리로 하여금 텍스트 앞에서 완전히 열린 마음이 되도록 요구한다. 두렵다는 것은 진정한 질문이 우리를 변화시킨다는 뜻이다. 질문의 끝에서 우리는 질문을 시작했을 때의 그 사람이 아니다. 파르데스를 거친 사람은 같은 성경을 읽어도 다른 사람이 되어 있다. 말씀이 우리를 읽었기 때문이다.

하브루타는 질문을 던지는 기술이 아니라, 질문이 우리를 어디까지 끌고 가는지를 묻는 영적 여행이다. 그 여행에서 우리는 혼자가 아니다.

하베르와 함께 걷고, 성령이 인도하시며, 수많은 믿음의 선배들이 이미 걸어간 길을 따라간다. 때로는 길이 험하고 때로는 어둡지만, 파르데스의 네 열쇠가 있는 한 우리는 길을 잃지 않는다. 파르데스는 그 여행의 정문 앞에서 우리 손에 쥐어 주시는, 네 개의 정직하고도 두려운 열쇠다. 이 열쇠들을 쥔 자는 더 이상 말씀의 관찰자가 아니라 경험자가 되고, 구경꾼이 아니라 실천가가 된다. 그러므로 용기를 내자. 오늘 성경을 펼칠 때, 이 네 개의 열쇠를 손에 쥐고 질문하자. 안전한 해석에 머물지 말고, 깊은 바다로 나아가자. 말씀이 우리를 어디로 이끌지는 모르지만, 그 여행의 끝에서 우리는 하나님을 만날 것이다. 그리고 그분을 만난 우리는, 다시는 예전의 우리가 아닐 것이다. 그렇게 우리는 삶의 예배자가 되어 있을 것이다.

당신의 질문은 말씀의 관찰자로 머물게 합니까, 아니면 말씀의 경험자로 변화시킵니까?

3 도로시 리즈의 질문의 7가지 힘

도로시 리즈 Dorothy Leeds 의『질문의 7가지 힘』을 처음 읽었을 때 하브루타에서 질문의 효능에 대해 연구하는 내겐 큰 유익이 있었다. 서구의 커뮤니케이션 전문가가 발견한 질문의 7가지 효과가 유대인 하브루타 전통과 정확히 일치했기 때문이다. 시공간을 초월한 이 놀라운 일치는 우연이 아니었다. 그것은 질문이 가진 보편적 힘의 증거였다. 실제로 도로시 리즈의 7가지 질문 효과는 하브루타가 왜 그토록 강력한 교육법인지를 명쾌하게 설명해준다. 단순히 '좋은 교육법'이 아니라 인간 뇌의 작동 원리에 부합하는 '과학적 교육법'이라는 것이 증명된 것이다.

질문의 7가지 힘은 다음과 같다.

첫째, 질문을 하면 답이 나온다 : 하브루타의 방향성 원리

하브루타에서 질문은 단순한 의문 제기가 아니라 사고의 방향타 역할을 한다. 질문이 답이다. 전통적인 교육에서는 교사가 미리 설정한 학습 목표와 방향에 따라 학습이 진행되지만, 하브루타에서는 학습자의 질문이 탐구의 방향을 결정한다. 이는 학습의 주도권이 교사에서 학습자로 이동하는 패러다임의 전환을 의미한다. 질문의 방향성 원리는 하브루타의 텍스트 중심성과 밀접하게 연결된다.

동일한 텍스트라도 어떤 질문을 던지느냐에 따라 전혀 다른 의미와 깊이로 접근할 수 있다. 이는 텍스트가 고정된 의미를 가진 정보 저장소가 아니라, 질문을 통해 끊임없이 새로운 의미를 생성하는 살아있는 대화의 파트너임을 보여준다. 유대 전통에서 탈무드 학습이 질문 중심으로 이루어지는 것도 이 원리 때문이다. 랍비들은 학생들에게 답을 가르치기보다는 더 좋은 질문을 할 수 있도록 훈련시킨다. "좋은 질문 하나가 백 개의 답보다 낫다"는 유대격언은 단순한 수사가 아니라 하브루타 교육철학의 핵심을 담고 있다.

둘째, 질문은 생각을 자극한다 : 하브루타의 뇌과학적 근거

현대 뇌과학은 질문이 뇌의 신경가소성을 활성화시키는 강력한 촉매임을 증명하고 있다. 질문하는 순간, 뇌는 잠에서 깨어난다고 해도 과언이 아니다. 질문을 받는 순간 뇌의 전전두엽, 해마, 편도체 등 여러 영역이 동시에 활성화되며, 기존 신경망과 새로운 정보를 연결하는 시냅스가 급속도로 형성된다. 이는 단순한 정보 전달과는 근본적으로 다른 뇌의 반응이다.

하브루타에서 상호 질문과 응답이 오가는 과정은 뇌의 주의 집중 네트워크를 활성화시킨다. 특히 파트너와의 대화적 사고 과정에서는 상대방의 관점을 이해하려는 인지적 노력이 뇌의 여러 영역을 통합적으로 작

동시킨다. 더 중요한 것은 질문이 뇌의 인지적 불협화음 Cognitive Dissonance 을 유발한다는 점이다. 기존 지식과 새로운 질문 사이의 긴장이 뇌로 하여금 더 정교한 답을 찾도록 동기화시킨다. 하브루타의 '논쟁 전통'이 바로 이러한 인지적 불협화음을 의도적으로 만들어내는 교육적 장치다.

셋째, 질문을 하면 정보를 얻는다 : 하브루타의 지식 구성주의 원리

하브루타에서 질문을 통한 정보 획득은 구성주의 Constructivism 학습 이론과 완벽하게 일치한다. 하브루타의 핵심은 정보를 받는 것이 아니라 만드는 것이다. 전통적 교육에서는 정보가 교사로부터 학생에게 일방향으로 전달되지만, 하브루타에서는 질문을 통해 학습자가 능동적으로 지식을 구성해나간다. 이 과정에서 중요한 것은 '스캐폴딩 Scaffolding' 효과다.[16]

파트너의 질문이 학습자의 근접발달영역에서 인지적 비계 역할을 함으로써, 혼자서는 도달하기 어려운 이해의 수준에 이르게 한다. 하브루타의 '하베르 파트너' 시스템이 바로 이러한 상호 스캐폴딩을 제도화한 것이다. 또한 질문을 통한 정보 습득은 메타인지를 강화한다. 학습자는 자신이 무엇을 모르는지, 어떤 질문을 해야 하는지를 끊임없이 성찰하게 된다. 이는 단순한 지식 습득을 넘어 '학습하는 방법을 학습하는' 상위 인지 능력을 기르는 결과를 낳는다.

---

16) 비고츠키교육학실천연구모임, 『관계의 교육학, 비고츠키』, 살림터, 105p

넷째, 질문을 하면 통제가 된다 : 하브루타의 정서 조절 메커니즘

질문의 통제 효과는 하브루타의 독특한 정서 조절 메커니즘을 설명하는 핵심 개념이다. 텍스트가 들어오는 순간, 감정은 이성에게 자리를 내주게 된다. 감정적 흥분 상태에서 질문을 던지거나 받는 순간, 뇌의 편도체 (감정 중추) 보다는 전전두엽 (이성 중추) 이 더 활발하게 작동하게 된다. 이는 의식적인 인지 처리가 자동적 감정 반응을 조절하는 과정이다.

하브루타에서 텍스트는 감정의 객관화 도구 역할을 한다. 개인적 감정이나 편견이 대화를 지배하려 할 때, 텍스트라는 제3의 준거점이 개입하여 대화를 이성적 궤도로 되돌린다. 이는 하브루타가 단순한 대화가 아니라 '텍스트를 놓고 하는 삼자 대화'인 이유이기도 하다. 특히 유대 전통의 논쟁은, 개인적 감정이나 승부욕이 아닌 진리 추구를 위한 논쟁에서는 자연스럽게 감정이 통제되고 이성적 사고가 활성화된다. 질문은 이러한 초월적 목적을 향한 의식적 전환의 촉매 역할을 한다.

다섯째, 질문은 마음을 열게 한다 : 하브루타의 공감적 소통 원리

질문의 마음열기 효과는 하브루타의 관계적 차원을 설명하는 핵심이다. 좋은 질문은 마음의 문을 여는 열쇠와 같다. 마음이 질문을 통해 활성화되는 것이다. 질문을 하는 순간 우리는 상대방의 관점에서 세상을 바라보려는 인지적 전환을 시도하게 된다. 하브루타에서 질문은 판단이 아닌 탐구의 도구다. "왜 그렇게 생각해?"라는 탐구적 질문은 성찰적 대화를 촉진한다.

유대 전통에서 진정한 학습은 상대방에 대한 사랑과 존중을 바탕으로 이루어진다고 본다. 질문을 통한 마음열기는 이러한 사랑의 실천적 표현이다. 상대방의 내면 세계에 대한 진정한 호기심과 관심이 없다면 의미 있는 질문은 나올 수 없다. 또한 하르부타에서 질문하고 응답하는 과정에서 상호 취약성을 드러내게 된다. 이는 관계의 깊이를 만드는 핵심 요소다.

여섯째, 질문은 귀를 기울이게 한다 : 하브루타의 적극적 경청 시스템

하브루타에서 질문하는 자가 더 잘 듣게 되는 현상은 인지과학의 '주의 집중 이론 Attention Theory'으로 설명된다. 질문하는 자가 진정한 경청자가 되는 역설이 여기서 일어난다. 질문을 준비하고 던지는 과정에서 뇌는 상대방의 응답에 대한 예측 모델을 만들고, 이는 자연스럽게 적극적 경청 상태를 만들어낸다. 전통적 강의에서는 듣는 자가 수동적 수용자 역할에 머물지만, 하브루타에서는 질문자가 능동적 구성자가 된다. 상대방의 답변을 바탕으로 다음 질문을 형성해야 하므로, 표면적 듣기가 아닌 깊이 있는 이해가 필수가 된다.

또한 질문 중심의 대화에서는 '확증 편향 Confirmation Bias'이 줄어든다. 자신의 기존 견해를 확인하려 듣는 것이 아니라, 새로운 관점을 발견하려 듣게 되기 때문이다. 이는 하브루타가 추구하는 진리 지향적 학습의 핵심이다.

일곱째, 질문에 답하면 스스로 설득 된다 : 하브루타의 자기주도적 학습 원리

자기설득의 원리는 하브루타 교육효과의 정점이다. 남이 주는 답은 잊혀지지만, 스스로 찾은 답은 삶이 된다는 진리가 바로 여기에 있다. 외부에서 주입된 정보보다 스스로 도출한 결론이 훨씬 강력한 신념체계를 형성한다. 하브루타에서 질문과 응답의 반복적 순환은 바로 이러한 자기설득의 최적화된 과정이다. 이 과정에서 중요한 것은 '소크라테스적 문답법'과의 차이점이다. 소크라테스 방식은 교사가 미리 설정한 답으로 학생을 유도하지만, 하브루타는 진정으로 열린 탐구 과정이다. 답이 미리 정해져 있지 않기 때문에 학습자는 진정한 의미에서 스스로 답을 구성하게 된다.

하브루타에서는 '히트하데쉬 התחדש'원리라는 것이 있다. 새롭게 하기, 새로워지기, 갱신됨이란 뜻의 이 원리는 유대인의 학문과 영성의 핵심 정신을 담고 있다. 이는 단순한 지식의 반복이나 암기가 아니라, 텍스트를 통해 자신을 끊임없이 새롭게 하는 존재론적 교육의 방식이다. 동일한 텍스트라도 새로운 질문을 통해 늘 새로운 의미를 발견할 수 있다는 유대 전통의 해석학이 자기설득의 무한한 가능성을 열어준다. 학습자는 자신이 발견한 의미에 대해 내적 확신을 갖게 되고, 이는 외부 권위에 의존하지 않는 자립적 사고력을 기른다.

도로시 리즈의 7가지 질문 효과는 하브루타에서 단독으로 나타나는 것이 아니라 통합적으로 발현된다. 마치 오케스트라의 7개 악기가 하나의 아름다운 하모니를 만들어내듯이. 하브루타는 질문의 7가지 효과가 시너지를 이루는 무대다. 이것이 바로 하브루타가 단순한 교육기법을 넘어 인간 성장의 근본적 메커니즘으로 작동하는 이유다. 질문을 통해 방향을 잡고, 사고를 자극하며, 정보를 구성하고, 감정을 조절하며, 마음을 열고, 경청하며, 스스로를 설득하는 이 일곱 가지 과정이 하나의 유기적 순환 구조를 이룬다. 결국 하브루타는 질문이라는 하나의 도구로 인간의 인지적, 정서적, 관계적, 영적 차원을 동시에 변화시키는 통합적 학습 생태계인 것이다. 하브루타에서 질문은 단순한 도구가 아니라 변화의 엔진이다. 우리가 지금까지 교육이라고 부른 것은 정보 전달에 불과했다. 진정한 교육은 질문을 통해 인간의 모든 차원이 동시에 성장하는 것이다. 하브루타는 이 모든 것을 하나의 대화 속에서 일으키는 기적의 시스템이다.

4 하브루타 질문 VS 코칭 질문

하브루타 질문과 코칭 질문에는 어떤 결정적인 차이가 있을까?

진정한 질문은 교사가 만드는 것이 아니라 학습자의 마음에서 우러나오는 것이다. 하브루타의 질문은 코칭 질문과는 근본적으로 다른 성격을 가진다. 이 차이를 이해하는 것은 하브루타의 본질을 파악하는 데 매우 중요하다. 코칭 질문은 본질적으로 전략적 질문이다. 코치는 클라이언트를 특정한 깨달음이나 행동 변화로 이끌기 위한 명확한 의도를 가지고 질문을 설계한다. "당신이 정말 원하는 것은 무엇인가요?", "그 목표를 달성했을 때 어떤 기분일까요?"와 같은 질문들은 모두 클라이언트의 내적 동기를 자극하고 행동 계획을 세우도록 유도하는 목적성을 가진다. 이는 코칭의 효과성을 높이는 중요한 기법이지만, 여전히 질문자가 주도권을 가지고 있는 구조다.

코칭 질문은 답을 향한 길을 만들지만, 하브루타 질문은 길 자체를 탐구한다. 하브루타의 질문은 훨씬 더 순수하고 자발적이다. 정말 모르겠고, 정말 궁금하고, 정말 알고 싶어서 하는 질문이다. 여기에는 상대방을 어떤 방향으로 이끌려는 의도가 없다. 오히려 함께 모르는 상태에서 시작해서 함께 탐구해 나가는 것이다. 하브루타에서는 질문하는 사람도 답을 모르는 경우가 대부분이다. 이것이 하브루타 질문의 가장 큰 특징이다.

코칭에서는 코치가 질문의 방향성과 깊이를 조절한다. 클라이언트가 답할 준비가 되었다고 판단될 때 더 깊은 질문을 던지고, 저항이 있을 때는 다른 각도에서 접근한다. 이는 코치의 전문성이 발휘되는 부분이다. 하지만 하브루타에서는 질문의 방향성을 아무도 통제하지 않는다. 질문이 어디로 향할지 예측할 수 없고, 그 예측 불가능성이야말로 하브루타의 생명력이다.

또한 코칭 질문은 개인의 성장과 목표 달성에 초점을 맞춘다. 클라이언트의 잠재력을 이끌어내고, 내재된 답을 발견하도록 돕는 것이 목적이다. 이는 "답은 이미 당신 안에 있다"는 코칭의 기본 철학에 기반한다. 하지만 하브루타는 다르다. 답이 우리 안에 있을 수도 있고, 텍스트 안에 있을 수도 있고, 혹은 아직 존재하지 않아서 함께 만들어가야 할 수도 있다는 열린 자세를 가진다. 하브루타에서 질문은 권력 관계를 해체한다. 코칭에서는 아무리 수평적 관계를 지향해도 여전히 코치가 질문하고 클라이언트가 답하는 구조가 기본이다. 하지만 하브루타에서는 누구나 질문할 수 있고, 누구나 답할 수 있으며, 누구나 모를 수 있다. 질문 앞에서 모든 사람이 평등해진다. 질문 앞에서는 교사도 학생도 없다. 오직 함께 탐구하는 동반자만 있을 뿐이다.

이런 질문의 순수성이 만들어내는 것은 전혀 다른 차원의 교육적 관계다. 교사는 더 이상 답을 가진 자가 아니라 함께 고민하고, 함께 탐구하고, 함께 답을 찾아가는 동반자가 된다. 학습자도 수동적 수용자가 아니라 능동적 탐구자가 된다. 이런 관계에서는 예상치 못한 깊이의 배움이 일어난다. 하브루타의 질문이 가진 이런 순수성과 자발성은 단순히 기법의 차이가 아니다. 교육과 배움에 대한 근본적으로 다른 철학을 반영한다. 코칭이 효율적인 변화를 추구한다면, 하브루타는 진정한 변화를 추구한다. 그리고 그 진정한 변화는 통제할 수 없는 질문에서 시작된다. 최고의 질문은 질문자도 답을 모르는 질문이다. "좋은 질문이야!" 이 말을 들으면 왠지 기분이 좋아진다. 하지만 우리는 깊이 생각해 보아야 한다. 과연 누가 '좋은 질문'을 판단하는가? 교사가 미리 정해놓은 답에 가까운 질문만이 '좋은 질문'이 되는 것은 아닐까?

심지어 학습자가 질문할 때도 교사의 승인을 받아야 했다. '좋은 질문', '흥미로운 질문', '어려운 질문'이라는 평가를 통해 질문마저 교사의 통제 하에 놓였다. 이런 구조에서 교사의 질문은 본질적으로 확인용 질문이다. 이미 정답을 알고 있는 상태에서 학습자가 그 답에 도달했는지 확인하는 목적을 가진다. "이 구절에서 말하고자 하는 핵심 메시지는 무엇일까요?"와 같은 질문은 사실상 "내가 생각하는 정답을 맞춰보세요" 라는 의미다. 이런 질문은 창의적 사고를 제한하고, 학습자를 수동적 위치에 고착시킨다.

교사 중심의 질문 구조는 또한 위계적 권력관계를 강화한다. 질문하는 자는 지식을 가진 자이고, 답하는 자는 지식이 부족한 자라는 전제가 깔려 있다. 이는 학습을 일방향적 전달 과정으로 만들어 버린다. 학습자는 자신의 의문이나 호기심보다는 교사가 원하는 답을 찾기 위해 노력하게 된다. 하브루타는 이런 질문의 권력구조를 완전히 뒤엎는다. 하브루타에서는 학습자의 질문이 출발점이다. 교사는 답을 주는 사람이 아니라 더 깊은 질문을 유도하는 촉진자 역할을 한다. 학습자가 질문하고 물으면, 교사는 역질문으로 되묻는다. 이때 중요한 것은 질문의 정답 여부가 아니라 질문을 통해 드러나는 학습자의 사고 과정이다.

학습자 중심의 질문은 본질적으로 탐구용 질문이다. 정답을 확인하기 위함이 아니라 진정한 궁금증에서 출발한다. 내가 실제로 강의 중에 받았던 "예수님은 왜 때로 동문서답 같은 대답을 하실까요?"라는 질문은 언뜻 보기에는 불경건스럽기도 하고, 또한 금기시되는 질문 같기도 하다. 그런데 오히려 이런 질문이야말로 텍스트의 새로운 차원을 열어주는 열쇠가 된다. 학습자의 질문은 텍스트에 생명을 불어넣는다. 이런 전환이 만들어내는 변화는 혁명적이다. 먼저 학습자는 수동적 수용자에서 능동적 탐구자로 변한다. 자신의 질문이 존중받고 탐구의 출발점이 된다는 경험을 통해 더욱 적극적으로 참여하게 된다. 질문할 권리를 갖게 된 학습자는 더 이상 교사의 기대에 맞추려 하지 않고, 자신의 진정한 궁금증을 표현한다. 어떤 질문이든 학습자가 정말 궁금한 질문을 했다는 점 자체로 이미 훌륭한 질문인 셈이다.

교사의 역할도 완전히 달라진다. 더 이상 지식의 전달자가 아니라 탐구의 동반자가 된다. 학습자의 예상치 못한 질문 앞에서 교사도 함께 고민하고 탐구한다. "이런 질문은 처음 받아보네요. 함께 생각해 볼까요?"라고 말할 수 있는 겸손함이 오히려 더 깊은 배움을 이끌어 낸다. 질문의 주도권이 학습자에게 넘어가면서 일어나는 가장 중요한 변화는 사고의 자율성 회복이다. 전통적 교육에서 학습자는 교사가 던진 질문의 틀 안에서만 생각할 수 있었다. 하지만 하브루타에서는 자신만의 관점에서 텍스트를 바라보고, 자신만의 방식으로 질문을 던질 수 있다. 이는 단순한 학습법의 변화가 아니라 인식론적 전환이다.

질문의 자유가 사고의 자유를 만든다. 학습자의 질문은 또한 예측 불가능성을 가진다. 교사가 아무리 준비해도 학습자가 어떤 질문을 던질지 완전히 예상할 수는 없다. 이런 예측 불가능성이야말로 진정한 배움이 일어나는 조건이다. 교육학에서 말하는 잠재적 교육과정이 폭발하게 된다. 예상 가능한 질문과 답의 반복은 지식의 재생산일 뿐이지만, 예상 불가능한 질문은 새로운 지식의 창조를 가능하게 한다. 하브루타에서 학습자의 질문은 때론 불편하고, 때로는 도전적이며, 때때로 기존의 해석을 뒤흔들기도 한다. 하지만 바로 그런 질문들이 텍스트의 새로운 차원을 열어준다. "왜 하나님은 이렇게 하셨을까?"라는 질문에는 신학적 정답이 있을 수 있지만, "하나님도 후회하실까?"라는 질문은 전혀 다른 탐구의 영역을 연다.

가장 깊은 배움은 가장 순수한 질문에서 시작된다. 질문의 권력이 학습자에게 이양되면서 만들어지는 또 다른 변화는 공동체적 탐구 문화의 형성이다. 교사 중심의 질문 구조에서는 학습자들 간의 상호작용이 제한적이었다. 모든 질문과 답변이 교사를 통해 매개되었기 때문이다. 하지만 학습자 중심의 질문 구조에서는 학습자들이 서로의 질문에 반응하고, 서로의 질문을 발전시켜 나간다. 이렇게 형성된 탐구 공동체에서는 집단 지성이 발현된다. 한 사람의 질문이 다른 사람의 통찰을 자극하고, 그 통찰이 또 다른 질문을 낳는다. 이런 선순환을 통해 개인의 사고 한계를 넘어선 공동체적 앎이 창발한다.

학습자의 질문이 해방되면 사고도 해방된다. 결국 하브루타가 만들어 내는 교사와 학습자 질문의 역할 전환은 단순한 교육 기법의 변화를 넘어선다. 이는 권위주의적 교육 패러다임에서 민주적 교육 패러다임으로의 전환이며, 수직적 지식 전달에서 수평적 지식 창조로의 이동이다. 그리고 이런 변화의 핵심에는 질문할 권리의 회복이 있다.

코칭 질문은 답을 향한 길을 만들지만, 하브루타 질문은 길 자체를 탐구한다. 질문자도 답을 모르는 순수한 질문에서 진정한 변화가 시작된다. 질문이 질문을 낳는 순환구조를 통해 하나의 텍스트에서 무한한 탐구가 시작된다. 답을 찾는 자는 하나를 얻지만, 질문을 찾는 자는 무한을 얻는다."

"당신의 질문은 '전략적 질문'인가요, 아니면 '순수한 질문'인가요?"

5 물음표와 느낌표의 넘나듦

故이어령 선생의 『젊음의 탄생』에서 발견한 "인생은 물음표와 느낌표가 교차하는 길"이라는 표현은 하브루타의 본질을 꿰뚫는다. 이 명제는 단순한 수사적 표현을 넘어 학습과 성장의 핵심 메커니즘을 정확히 포착한다. 물음표 없는 느낌표는 공허하고, 느낌표 없는 물음표는 절망이다. 젊음은 나이의 문제가 아닌 질문의 문제다. 질문이 멈추는 순간 늙음이 시작된다. 질문이 살아있는 한 영혼은 젊다. 이는 하브루타가 추구하는 평생학습의 정신과 정확히 일치한다. 이는 학습을 일회성 사건이 아닌 지속적 과정으로 보는 관점의 전환을 의미한다. 진정한 젊음은 질문하는 용기에서 나온다.

하브루타에서 일어나는 학습 과정은 이어령 선생이 말한 '물음표와 느낌표의 교차'와 정확히 부합한다. 이는 단순한 순차적 진행이 아니라 변증법적 구조를 가진다. 질문 정명제에서 시작해서 깨달음 반명제에 도달하고, 그 깨달음이 다시 새로운 질문 합명제을 낳는 순환이 무한히 반복된다. 이런 구조에서 물음표는 미지에 대한 열림을 의미하고, 느낌표는 깨달음의 순산을 표현한다. 하지만 하브루타에서 중요한 것은 이 두 요소가 대립하는 것이 아니라 상호보완적으로 작용한다는 점이다. 질문이 깨달음을 낳고, 깨달음이 더 깊은 질문을 유발하는 창조적 긴장이 학습의 동력이 된다. 질문과 깨달음의 교차점에서 진정한 학습이 일어난다.

"두 사람이 함께 걸으면 세 번째 목소리가 들린다." 하브루타의 신비는 바로 여기에 있다. 나와 상대방의 목소리 외에 제3의 목소리, 즉 진리의 목소리가 대화 속에서 울려 퍼진다. 이는 단순한 의견 교환을 넘어선 영적 현상이다. 두 사람의 진실한 만남에서 하나님의 임재가 경험되는 것이다. 혼자서는 자신의 편견과 한계를 발견하기 어렵다. 하지만 타자와의 만남에서 나의 사각지대가 드러나고, 새로운 관점이 열린다. 상대방의 질문이 내 안에 잠들어 있던 의문을 깨우고, 나의 질문이 상대방의 고정관념을 흔든다. 이런 상호 작용을 통해 둘 다 이전보다 더 나은 질문을 하게 된다.

이러한 점에서 하브루타는 영적 성숙에 대한 새로운 정의를 제시한다. 전통적으로 신앙의 성숙은 의문이 없어지고 확신이 강해지는 것으로 이해되었다. 하지만 하브루타에서 보는 진정한 신앙 성숙은 더 이상 질문하지 않는 것이 아니라, 더 깊고 본질적인 질문을 할 수 있게 되는 것이다. 이는 앎에 대한 패러다임 전환을 의미한다. 완성된 지식의 소유에서 지속적인 탐구의 과정으로, 정적인 확신에서 동적인 신앙으로의 이동이다. 물음표와 느낌표의 넘나듦을 통해 우리는 나이와 상관없이 영원히 성장하는 영혼을 유지할 수 있다.

이어령 선생의 물음표와 느낌표가 교차하는 길은 하브루타가 추구하는 이상적 학습 모델의 완벽한 표현이다. 이는 단순한 정보 습득을 넘어 지혜의 창조, 개인적 성장을 넘어 공동체적 변화, 일회적 학습을 넘어 평생 여정으로서의 배움을 의미한다. 그 여정 위에서 우리는 끝없이 질문하고 끊임없이 깨달으며 지속적으로 성장하는 존재가 된다. 우리가 모든 답을 얻었다고 생각하는 순간, 우리의 영적 성장은 멈춘다. 하지만 여전히 질문할 것이 있다고 느끼는 한, 우리는 살아있는 것이다.

물음표와 느낌표가 교차하는 이 길에서 우리는 나이를 초월한 영원한 젊음을 경험한다. 이는 육체의 젊음이 아니라 영혼의 젊음이며, 시간에 구속받지 않는 영적 활력이다. 하브루타는 이런 영원한 젊음을 가능하게 하는 구체적인 방법이자, 동시에 그 젊음이 추구해야 할 궁극적 목표인 것이다. 질문이 있는 곳에 하나님이 계시고, 하나님이 계신 곳에 새로운 가능성이 열린다. 이것이 물음표와 느낌표가 교차하는 길, 하브루타가 우리에게 제시하는 희망의 메시지다.

하브루타는 이어령 선생이 말한 '물음표와 느낌표가 교차하는 길'의 완벽한 실현이다. 질문 물음표 에서 깨달음 느낌표 에 도달하고, 그 깨달음이 다시 새로운 질문을 낳는 무한 순환이 진정한 젊음의 비밀이다. 나이는 숫자가 아니라 질문의 유무로 결정된다.

"당신의 마지막 진짜 질문은 언제였나요?"

6 질문하는 다음세대를 꿈꾸며

한국교회는 오랫동안 질문을 금기시해왔다. "목사님 말씀에 아멘만 하면 돼", "의심하지 말고 믿어라", "가만히 있으면 중간이라도 간다"는 말들이 성도들의 영적 호기심을 가로 막았다. 그 결과 다음세대는 하나씩 교회를 떠났다. 의문을 표현할 수 없는 곳에서 더 이상 머물 이유를 찾지 못했기 때문이다. 이는 한국교회가 직면한 실존적 위기의 핵심이다. 권위주의적 신앙 전수 방식은 급변하는 시대 속 젊은 세대에게는 더 이상 통하지 않는다. 그들은 맹목적 수용을 거부하고 합리적 설득을 요구한다. 그들에게 신앙은 받아들여야 할 교리가 아니라 탐구해야 할 진리다.

하지만 하브루타를 통해 질문 문화가 확산되면서 새로운 변화가 일어나고 있다. 아이들이 질문하기 시작했고, 청년들이 돌아오기 시작했다. 의심과 의문을 솔직하게 나눌 수 있는 공간에서 오히려 더 깊은 믿음이 자라고 있다. 질문하는 세대는 근본적으로 다르다. 그들은 맹목적으로 따르지 않는다. 의문을 제기하고, 탐구하고, 스스로 답을 찾는다. 그래서 그들의 신앙은 견고하다. 남이 주입한 믿음이 아니라 스스로 발견한 믿음이기 때문이다. 이는 신앙 교육학적으로 매우 중요한 변화다. 전통적인 주입식 신앙 교육은 일시적 효과는 있을지 몰라도 지속가능하지 않다.

반면 탐구를 통해 형성된 신앙은 내재적 동기에 기반하므로 외부 환경의 변화에도 흔들리지 않는다. 스스로 찾은 믿음은 흔들리지 않기 때문이다.

질문하는 세대의 또 다른 특징은 완벽한 답을 요구하지 않는다는 것이다. '함께 고민'하고, '함께 탐구'하고, '함께 성장'하고 '행복한 성장'을 하는 그 과정 자체를 가치있게 여긴다. 이런 성숙함이 한국교회의 미래를 밝게 한다. 그들은 모르는 것을 인정하는 것을 부끄러워하지 않는다. 오히려 모름을 탐구의 출발점으로 삼는다. 완전한 앎에 도달하지 못했다고 해서 탐구를 포기하지 않는다. 질문을 통해 성숙해진 세대가 교회를 이끌어갈 것이다.

질문하는 세대는 포용적이다. 서로 다른 의견을 존중하고, 다양성을 인정한다. 획일적인 사고를 강요당해본 경험이 있기 때문에 다른 사람의 생각을 억압하지 않는다. 이들은 다양성을 인정하면서도 진리를 추구하는 균형 감각을 가지고 있다. 이는 한국교회의 고질적 문제인 분열과 갈등을 해결할 수 있는 열쇠다. 다른 의견을 적으로 보지 않고 성장의 기회로 보는 세대가 자라고 있는 것이다. 그들은 논쟁을 통해 진리에 더 가까이 다가갈 수 있다고 믿는다. 다양성을 인정하면서도 진리를 추구하는 세대인 것이다.

이들이 품고 있는 질문의 스펙트럼은 이전 세대와는 차원이 다르다.

그들의 질문은 파괴적이지 않다. 오히려 건설적이고 창조적이다. 기존의 틀을 깨되 무너뜨리는 것이 아니라 새롭게 세우기 위해서다. 질문은 파괴가 아니라 재창조의 도구다. 질문하는 다음세대, 이들이 바로 한국교회의 희망이다. 그들은 기존의 권위주의적 교회 문화를 바꿀 것이다. 일방적 전달에서 쌍방향 소통으로, 맹목적 복종에서 자발적 참여로, 획일적 사고에서 창의적 탐구로 교회 문화를 전환시킬 것이다.

질문하는 다음세대는 나이와 지위에 관계없이 진리 앞에서 평등하다는 믿음을 가지고 있다. 이들은 목회자를 절대적 권위자로 보지 않고 함께 진리를 탐구하는 동반자로 본다. 이는 교회 내 권력 구조의 근본적 변화를 가져올 것이다. 기존의 신앙 교육이 기성세대가 가진 신앙을 다음세대에게 전수하는 방식이었다면, 새로운 패러다임은 모든 세대가 함께 신앙을 탐구하는 방식이다. 이는 하브루타에서 '하베르^짝'가 단순한 친구가 아니라 함께 학습하고 탐구하는 동반자, 서로의 성장을 돕는 영적 친구를 뜻하는 것과 같은 이치다. 이는 교사와 학생의 수직적 관계가 아닌 친구와 친구의 수평적 관계다. 나이가 많고 적음, 지식이 많고 적음과 상관없이 진리 앞에서 평등한 탐구자로 만나는 것이다.

하베르 관계에서는 가르치는 자와 배우는 자의 경계가 모호해진다. 오늘 내가 당신에게서 배울 수 있고, 내일은 당신이 나에게서 배울 수 있다. 아이의 순수한 질문이 어른에게 새로운 깨달음을 주고, 어른의 경험은 아이에게 지혜를 선사준다. 이런 상호작용을 통해 모든 참여자가 함께 성장한다. 이는 교회를 더욱 역동적이고 생명력 있는 공동체로 만들 것이다. 일방향적 지식 전달의 교실이 아니라 쌍방향적 지혜 탐구의 공동체가 되는 것이다. 하베르 관계가 확산될 때, 교회는 모든 세대가 함께 배우고 함께 성장하는 진정한 학습 공동체가 될 것이다.

하지만 이 희망이 현실이 되려면 지금의 어른들이 변해야 한다. 아이들의 질문을 환영하고, 청년들의 의문을 격려하며, 다음세대와 함께 배우는 겸손을 가져야 한다. 목회자들도 완벽한 답을 제시하는 권위자에서 함께 탐구하는 안내자로 역할을 바꿔야 한다. 부모들도 아이들을 가르치는 존재에서 함께 배우는 동반자가 되어야 한다. 교사들도 지식을 전달하는 사람에서 질문을 촉발하는 사람으로 변해야 한다. 변화는 언제나 어렵다. 기존의 안전지대를 벗어나는 것은 불안하다. 하지만 질문하는 다음세대와 함께 걸어가는 길에서 우리는 예상치 못한 기쁨을 발견하게 될 것이다. 그들의 질문이 우리에게 새로운 관점을 열어주고, 우리의 경험이 그들에게 지혜를 전해줄 때, 진정한 세대 간의 만남이 일어난다.

질문을 묻는 "네 질문이 뭐니?" 이 한 마디부터 시작하자. 이 질문이 다음세대를 깨울 것이다. 이 질문이 한국교회를 살릴 것이며, 기적을 만들 것이다. 질문하는 다음세대가 자란 후에는 지금과는 완전히 다른 교회를 만들 것이다. 질문이 환영받는 교회, 의문이 성장의 기회가 되는 교회, 다양성이 아름다움으로 인정받는 교회를 만들 것이다. 그들이 만들 교회는 두려움이 아닌 사랑으로, 강요가 아닌 자발성으로, 획일성이 아닌 다양성으로 충만할 것이다. 그곳에서는 모든 사람이 자신만의 고유한 질문을 가지고 진리를 탐구할 것이다. 그들이 만들 교회는 상상만 해도 가슴이 뛴다.

이들이 세워갈 교회는 침묵의 교회가 아니라 대화의 교회일 것이다. 일방적 선포의 공간이 아니라 상호적 나눔의 공간일 것이다. 완벽함을 가장하는 곳이 아니라 연약함을 인정하고 함께 성장해가는 곳일 것이다. 그곳에서는 실수할 권리가 보장되고, 모르는 것을 인정할 용기가 격려받을 것이다. 실패를 두려워하지 않는 교회, 그곳에서는 진짜 성장이 일어난다. 물론 아직 갈 길이 멀다. 여전히 많은 교회에서 질문은 금기시되고 있다. 여전히 많은 어른들이 아이들의 질문을 불편해한다. 하지만 변화는 이미 시작됐다.

한 명의 아이가 용기내어 질문하면, 다른 아이들도 따라한다. 한 교회가 질문 문화를 만들면, 다른 교회들도 관심을 갖는다. 한 가정이 하브루타를 시작하면 이웃 가정들도 궁금해한다. 이렇게 작은 변화가 큰 변화를 만든다. 이것이 바로 희망이다. 질문하는 다음세대가 한국교회의 희망인 이유다. 그들은 단순히 교회를 다니는 것이 아니라 교회를 변화시킬 것이다. 그들은 기존의 틀에 갇히지 않고 새로운 길을 열어갈 것이다.

질문하는 세대는 맹목적으로 따르지 않고 스스로 답을 찾기 때문에 그들의 신앙은 견고하다. 그들은 완벽한 답을 요구하지 않고 함께 탐구하는 과정 자체를 가치 있게 여기며, 다양성을 인정하면서도 진리를 추구하는 균형 감각을 가지고 있다. 이들이 만들 교회는 침묵이 아닌 대화, 강요가 아닌 자발성, 획일성이 아닌 다양성으로 충만할 것이다.

"당신은 다음세대에게 맹목적인 '아멘'을 요구하는가, 아니면 '질문'을 격려하는가?"

질문하는 다음세대, 그들이 한국교회의 희망이다.

하브루타 독서토론 worksheet

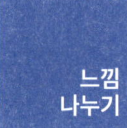

이번 챕터를 읽고 난 뒤, 마음에 남은 **전체적인 느낌**을 기록해 보세요.

마음에 와닿은 문장을 옮겨 쓰고, 그 이유를 적어보세요.(페이지 기재 필수)

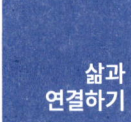

책의 내용과 비슷한 경험 혹은 가족, 친구, 사회 현상, 다른 책과 **연결지어 보세요.**

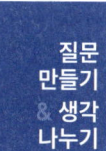

책을 읽으면서 궁금했던 나만의 질문,
혹은 나누고픈 **하브루타 질문 세 가지**를 적고 생각을 나누어 보세요.

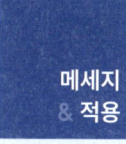

이번 챕터를 통해 얻은 **느낀 점**과 **깨달은 점**,
그리고 일상에서 이어갈 **실천할 점**을 기록해 보세요.

하브루타 독서토론 후 기억에 남는 대화와 그 속에서 얻은 배움,
앞으로 내 **삶에서 적용하고 싶은 점**을 기록해 보세요.

chapter 4 하브루타 질문 7가지

1. G20 오바마 기자 회견장의 침묵과 대한항공 괌 사고의 '기장님, 그런데…'라는 말을 끝맺지 못한 순간을 떠올리면서, 지금 내 삶에서 '질문에 말끝을 삼키고 있는 자리'는 어디인가? 나는 어떤 관계, 어떤 공간, 어떤 조직에서 진심어린 질문을 포기한 채 살아가고 있는가?

2. 나는 언제부터 질문이 두려워졌는가? '질문은 불손, 순종은 미덕'이라 배운 우리는 지금 '왜?'라는 물음 앞에서 어떻게 반응하는가? 나는 질문하는 아이를 격려하는가, 억누르는가?

3. 후츠파는 단지 뻔뻔함이 아니라, 진리를 향한 '거룩한 배짱'이다. 나는 지금까지 '질문하는 용기'를 반항으로 오해한 적은 없는가? 나이와 지위, 분위기에 눌려 진실한 질문을 포기해 본 적은 없는가? 그리고 그 결과, 나는 무엇을 잃고 살아 왔는가?

4. 도로시 리즈가 말한 질문의 7가지 원리는 내 삶에 얼마나 적용되고 있는가? 나는 '나를 설득시킨 질문'을 해 본 경험이 있는가? 그리고 누군가의 마음을 연 질문을 던져본 적이 있는가?

5. AI가 모든 정답을 줄 수 있는 시대, 인간의 고유한 인간지능은 '질문하는 존재'로서의 능력이다. 나는 정답을 외우는 데 익숙한 사람인가, 아니면 새로운 질문을 만들어내는 사람인가? 내 삶의 영역—가정, 교회, 직장, 공동체—에서 나는 어떤 질문을 던지며 살아가고 있는가?

6. 하브루타에서 교사는 더 이상 '답을 가진 권위자'가 아니라 '함께 묻고 탐구하는 동반자'이다. 나는 내 자녀와 성도, 제자들과의 관계 안에서 '정답을 요구하는 사람'인가, 아니면 '질문을 나누는 사람'인가? 내가 진심으로 상대의 질문을 기다려준 적은 언제였는가?

7. "네 질문이 뭐니?"라는 단순하지만 강력한 물음이 다음세대를 깨운다. 나는 지금 이 세대의 자녀들, 청소년들, 청년들에게 그들의 질문을 묻고 있는가? 나는 그들의 질문을 환영할 준비가 되어 있는가?

리얼하브루타

chapter 5
시간의 문화

뉴욕에서 만난 시간 건축가
1 시간을 지키는 민족의 비밀
2 안식, 시간 속의 궁전
3 반복이 만드는 몸기억 교육
4 예시바, 엉덩이 힘의 원조
5 절기 하브루타, 시간을 영원으로

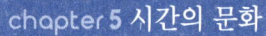

chapter 5 시간의 문화
뉴욕에서 만난 시간 건축가

"새벽 4시 30분에 일어나신다고요? 매일요?"

뉴욕 맨하탄 어퍼 웨스트 사이드의 한 시나고그에서 만난 70대 랍비의 일상은 내게 시간에 대한 새로운 시각을 선물했다. 그는 하루 24시간을 마치 정교한 건축가처럼 설계하고 조각하는 사람이었다.

"새벽 4시 30분은 시작일 뿐이에요." 랍비가 온화하게 웃었다.
"사실 나는 '시간의 건축가'라고 생각해요. 매일 아침 하나님이 주신 24시간이라는 원재료로 아름다운 건축물을 만드는 거죠." 그의 서재 벽에는 독특한 시계가 걸려 있었다. 일반적인 12시간이 아니라 24시간으로 나뉘어 있었고, 각 시간대마다 작은 히브리어 글씨가 적혀 있었다. "현대인들은 시간을 소비한다고 하지만, 우리는 시간을 투자해요." 랍비가 시계를 가리키며 설명했다. "소비는 없어지지만, 투자는 영원히 남죠."

"왜 하필 새벽 4시 30분인가요?"

"하루 중 가장 조용한 시간, 가장 순수한 시간이 새벽이에요."

랍비의 눈이 반짝였다. "센트럴파크도, 타임스퀘어도 모두 잠든 시간이죠. 이 도시의 모든 소음이 사라지고 하나님의 음성만 들리는 시간이에요. 이때 하브루타를 하면 텍스트가 완전히 다르게 읽혀요."

랍비는 매일 새벽 5시부터 아침 7시까지 2시간 동안 혼자 하브루타를 한다고 했다.

"혼자 하브루타라니, 그게 가능한가요?"

"물론 가능해요. 나는 텍스트와 대화하고, 고대 랍비들과 대화하고, 하나님과 대화해요. 가장 깊이 있는 하브루타죠." 전통하브루타에서는 이 단계가 필수다. 텍스트를 해석하는 하브루타의 첫 번째 단계로서 텍스트와 먼저 대화하는 것이다. 그는 탈무드의 한 페이지를 펼쳐 보여 주었다. 여백 곳곳에 작은 글씨로 빼곡히 메모가 적혀 있었다.

"이 메모들이 모두 새벽 시간의 대화 기록이에요. 어떤 날은 라시와 논쟁하고, 어떤 날은 마이모니데스와 토론해요." 랍비의 시간 관리에서 가장 인상적인 것은 '정교함'이었다. 오전 9시부터 12시까지는 예시바 학생들과의 하브루타, 오후 2시부터 4시까지는 월스트리트에서 일하는 유대인들과의 하브루타, 저녁 7시부터 9시까지는 은퇴한 교수들과의 하브루타.

"각 그룹마다 시간 활용법이 달라요." 랍비가 설명했다. "젊은 학생들은 빠르게 여러 주제를 다루고 싶어하고, 바쁜 직장인들은 핵심만 압축해서 다루길 원해요. 은퇴한 분들은 천천히 음미하며 삶의 지혜와 연결하려 하죠.", "시간을 나누는 것도 예술이에요. 30분 하브루타에서 15분은 질문하고, 15분은 답하는 거예요." 더 놀라운 것은 하브루타 시간 내에서의 정교한 배분이었다. "하브루타는 시간의 민주주의예요." 랍비가 강조했다. "말하는 시간과 듣는 시간이 정확히 50:50이어야 해요." 1시간이면 30분씩, 2시간이면 1시간씩. 절대 한 사람이 독점해서는 안 돼요."

"하루에 몇 시간이나 하브루타를 하시나요?"

"순수한 하브루타 시간만 계산하면 하루 6시간 정도예요."

"정확히는 일상이 곧 하브루타죠" 랍비가 답했다.

"하지만 중요한 건 시간의 양이 아니라 질이에요." 그는 흥미로운 비교를 해주었다.

"뉴욕 사람들은 많은 시간을 공부에 쓰지만 얻는 건 적어요. 우리는 적은 시간을 쓰지만 얻는 건 많아요. 차이가 뭔지 아세요? 집중도예요. 하브루타 시간에는 핸드폰도, 컴퓨터도, 심지어 시계도 보지 않아요." 랍비가 책상 위의 시계를 뒤집어 놓으며 말했다.

"오직 텍스트와 파트너에게만 집중해요. 이런 완전한 집중 상태에서는 30분이 3시간 같기도 하고, 3시간이 30분 같기도 해요."

랍비는 자신의 50년 하브루타 경험을 "시간의 복리"라고 표현했다.
"하브루타는 복리와 같아요. 오늘 배운 것이 내일의 밑바탕이 되고, 내일 배운 것이 모레의 기초가 되죠." 그는 서재에서 낡은 공책 하나를 꺼내 보여 주었다. 1970년부터 시작된 하브루타 일지였다. "매일 하브루타 후에 5분씩 시간을 내어 핵심 내용을 기록해요. 50년간 5분씩 모으니까 어마어마한 지혜의 보고가 되었죠, 축적이 쌓이는 것이죠."

"어떻게 그렇게 많은 하브루타 시간을 확보하시나요?"
"미켈란젤로가 다비드 상을 조각할 때 '나는 불필요한 부분을 제거했을 뿐'이라고 했어요." 랍비가 미소 지었다. "시간도 마찬가지예요. 불필요한 시간을 제거하면 하브루타 시간이 조각되어 나와요." 그의 시간 제거 목록은 놀라웠다. TV 시청 시간 제로, 소셜미디어 시간 제로, 브로드웨이 쇼나 메츠 경기 같은 오락 시간 최소화, 심지어 식사 시간도 최적화했다.

"사람들은 이걸 극단적이라고 해요. 하지만 나는 이렇게 생각해요. 뉴욕 사람들은 시간을 죽이려고 노력해요. 우리는 시간을 살리려고 노력해요. 죽인 시간은 영원히 사라지지만, 살린 시간은 영원히 남아요."
대화가 깊어지면서 랍비는 더욱 철학적인 이야기를 꺼냈다.
"하브루타 시간은 영원한 시간이에요. 텍스트는 3500년 전에 쓰였지만 지금도 살아있고, 3500년 후에도 살아있을 거예요."

"브로드웨이 뮤지컬이나 양키스 경기에 쓴 시간은 끝나면 그걸로 끝이에요. 하지만 하브루타에 쓴 시간은 계속 자라나요. 마치 씨앗을 심은 것처럼 평생에 걸쳐 열매를 맺어요."

"시간이 돈이라고 하지만, 하브루타에서는 시간이 생명이에요. 죽은 시간을 살아있는 시간으로 바꾸는 연금술이죠."

"50년간 하브루타를 해오시면서 가장 큰 깨달음은 무엇인가요?"

"시간은 혼자 쓸 때보다 나눌 때 더 커져요. 하브루타에서 2시간을 함께 보내면, 각자 4시간씩 공부한 효과가 나요."

"시간은 혼자 쓸 때보다 나눌 때 더 커져요." 랍비가 깊이 있게 답했다.

"하브루타에서 2시간을 함께 보내면, 각자 4시간씩 공부한 효과가 나요. 이건 수학적으로 설명할 수 없는 신비예요."

"그리고 가장 중요한 건…" 랍비가 잠시 말을 멈췄다.

"시간의 진정한 의미는 다음세대에게 물려주는 것이에요. 내가 50년간 쌓은 시간의 건축물을 제자들에게 전수하는 것, 그것이야말로 시간의 완성이죠."

"뉴욕 사람들은 시간을 절약하려 하지만, 우리는 시간을 투자하려 해요. 절약한 시간은 사라지지만, 투자한 시간은 영원히 자라나요."

그날 맨하탄의 시나고그를 나서며 나는 완전히 새로운 시간관을 갖게 되었다.

랍비가 보여준 것은 단순한 시간 관리가 아니라 시간 예술이었다.

시간을 소비하는 것이 아니라 시간을 창조하는 것이었다.

"시간은 흘러가는 것이 아니라 쌓아올리는 것입니다. 하브루타는 시간의 건축술이죠."

"뉴욕 사람들은 시간을 절약하려 하지만, 우리는 시간을 투자하려 해요." 랍비의 마지막 말이 귓가에 맴돌았다. "절약한 시간은 사라지지만, 투자한 시간은 영원히 자라나요." LA에서의 신혼 1년된 남자들의 시간투자 철학이 되새겨지는 시간이었다.

숙소로 향하는 택시 안에서 나는 내 하루 24시간을 다시 설계해 보았다.

얼마나 많은 시간을 죽이고 있었는지, 얼마나 많은 시간을 낭비하고 있었는지 깨달았다. 하브루타는 시간을 배우는 교육이 아니라 시간으로 배우는 교육이다. 시간 자체가 스승이고, 도구이고, 목적이다. 시간은 흘러가는 것이 아니라 쌓아 올리는 것이다 싶었다.

하브루타는 시간의 건축술이다. 매일매일 정교하게 설계하고 조각하여 아름다운 지혜의 건축물을 만들어가는 거룩한 작업이었다.

이것이야말로 급하게만 살아가는 현대인들이 회복해야 할 가장 소중한 지혜가 아닐까?

1 시간을 지키는 민족의 비밀

유대인들이 수천 년을 흩어져 디아스포라로 살면서 지키려고 했던 것은 무엇일까?

그들에게는 성전도 없었고 땅도 없었다. 하지만 한 가지만큼은 절대 포기하지 않았다. 바로 '시간'이었다. 그들은 '시간을 지키는 것이 정체성을 지키는 것'임을 알고 있었다.

하브루타는 단순한 교육 방법이 아니다. 그것은 시간에 대한 철학이자, 시간을 다루는 예술이다. 아브라함 헤셀의 표현처럼 시간 속에서 이루어지는 의미심장한 형식의 예술, 곧 시간의 건축술이야말로 유대 전례의 특징이다. 하브루타는 바로 이 시간의 건축술을 통해 세대와 세대를 잇고, 과거와 미래를 연결하는 다리 역할을 해왔다. 현대 교육은 효율성을 추구한다. 빠르게 정보를 전달하고, 신속하게 결과를 확인하려 한다. 하지만 하브루타는 정반대의 길을 간다. 천천히, 반복적으로, 지속적으로 시간을 투자한다. 이것이 바로 하브루타가 갖는 시간에 대한 독특한 철학이다.

대부분의 교육은 일회성이다. 한 번 가르치고, 한 번 배우고, 한 번 평가

하면 끝이다. 하지만 하브루타는 다르다. 같은 텍스트를 수십 번, 수백 번 반복해서 읽는다. 같은 질문을 다시 던지고, 다시 답한다. 언뜻 비효율적으로 보이지만, 이 반복 속에서 진짜 배움이 일어난다. 신명기 6장 7절의 쉐마 명령을 보라. "네가 집에 앉아 있을 때에든지 길을 갈 때에든지 누워 있을 때에든지 일어날 때에든지 이 말씀을 강론할 것이며" 이것은 단순한 반복이 아니다. 시간과 공간을 초월한 전방위적 반복교육을 의미한다.

하브루타는 특정 시간이나 특정 장소에서만 하는 것이 아니라, 삶의 모든 순간에 스며들어 있어야 한다는 것이다. 이런 반복적 교육이 왜 중요할까? 인간의 뇌는 반복을 통해 신경회로를 강화한다. 한 번의 강렬한 경험보다 지속적이고 반복적인 자극이 더 깊은 변화를 만들어낸다. 하브루타는 이 원리를 3500년 전부터 알고 있었던 것이다.

시간을 거룩하게 만드는 것, 이것이 하브루타의 시간 철학이다. 시간을 효율성의 도구로 사용하는 것이 아니라, 시간을 관계와 성장의 공간으로 만드는 것이다. 하브루타를 통해 우리는 시간을 소비하는 것이 아니라 시간을 창조하고 시간을 투자하는 것이 아니라 시간을 선물한다. 하브루타의 반복은 단순한 되풀이가 아니다. 나선형 구조로 계속 깊어져 간다. 같은 텍스트를 읽지만 매번 새로운 질문이 생긴다. 같은 주제를 다루지만 매번 다른 관점에서 접근한다. 이것이 바로 같은 텍스트, 다른 깨달음의 순환이다.

하브루타를 실천해보며 깨닫게 된 것이 있다. 하브루타를 실천할 때 가장 어려운 것이 바로 이 '시간을 지키는 싸움'이다. 좋은 질문을 만드는 것도, 깊이 있는 대화를 나누는 것도 중요하지만, 그 모든 것의 전제는 꾸준히 시간을 확보하고 지켜나가는 것이었다. 이러한 철학을 바탕으로 온라인 줌 ZOOM 하브루타 교육을 하면서 "시간을 내어 줌 ZOOM, 마음을 내어 줌 ZOOM"이라는 슬로건을 만들었다. 단순히 접속하는 것이 아니라 시간과 마음을 온전히 투자하여 참여하라는 의미였다. 또한 한국인의 고질적인 코리안 타임을 없애는 '온타임 문화운동'을 하는 이유도 바로 이런 시간을 지키는 철학 때문이었다. "온타임은 내가 온전해지는 시간입니다"라는 슬로건으로 약속된 시간을 지키는 것이 단순한 예의가 아니라 나 자신이 온전한 사람으로 성장하는 과정임을 강조했다.

앞서 말한대로 유대인들에게는 "유대인이 안식일을 지킨 것이 아니라 안식일이 유대인을 지켰다"는 유명한 말이 있다. 이것은 시간을 지키는 힘에 대한 깊은 통찰이다. 우리가 시간을 지키는 것 같지만, 사실은 그 시간이 우리를 지키고 있다는 것이다. 하브루타 시간을 지키는 것도 마찬가지다. 우리가 하브루타 시간을 지키는 것 같지만, 사실은 그 시간이 우리 가족을 지키고, 우리의 정체성을 지키고 있는 것이다. 유대인들에게 시간 지키기는 단순한 스케줄 관리가 아니다. 그것은 정체성을 지키는 싸움이다. 안식일을 지키고, 절기를 지키고, 매일의 기도 시간을 지키는 것은 "우리가 누구인가"를 끊임없이 확인하는 과정이다.

하브루타도 마찬가지다. 가족이 함께 모여 하브루타하는 시간, 부부가 함께 성경을 읽고 나누는 시간, 부모와 자녀가 함께 질문하고 답하는 시간, 이런 시간들을 지키는 것은 우리 가족의 정체성을 지키는 것이다. 현대 사회는 이런 시간을 빼앗으려고 한다. 바쁜 일정, 끝없는 업무, 디지털 기기의 유혹들이 우리의 의미 있는 시간을 조각조각 내어버린다. 하지만 하브루타는 이런 흐름에 맞서 '시간의 주권'을 회복하라고 말한다. 우리가 시간의 노예가 아니라 시간의 주인이 되어야 한다는 것이다.

유대인들이 수천 년 간 나라 없이 디아스포라로 살면서도 정체성을 잃지 않을 수 있었던 것은 이런 시간을 지키는 싸움 덕분이었다. 그들에게는 안식일이라는 시간의 성전, 절기라는 시간의 축제, 그리고 매일의 하브루타라는 시간의 교육이 있었다. 오늘날 한국교회 가정도 마찬가지다. 하브루타 시간을 지키는 것은 단순히 교육 시간을 확보하는 것이 아니다. 그것은 우리 가족이 무엇을 소중히 여기는지, 어떤 가치로 살아갈 것인지를 선언하는 것이다. 시간을 지켜서 정체성을 지키는 하브루타의 지혜를 우리도 배워야 한다.

현대 교육은 빠른 답 찾기에 집중하지만, 하브루타는 천천히 질문을 키워가는 시간의 예술이다. 같은 텍스트를 수십 번 반복해서 읽고, 같은 질문을 다시 던지는 것이 비효율적으로 보이지만 이 반복 속에서 진짜 배움이 일어난다.

하브루타 시간을 지키는 그 시간이 우리 가정을 지켜줄 것이다.

"당신의 가정에는 '지켜야 할 시간'이 있는가?"

2 안식, 시간 속의 궁전

20세기 가장 뛰어난 유대인 철학자 중 한 명인 아브라함 헤셸 Abraham Joshua Heschel 은 현대인이 잃어버린 가장 소중한 것이 무엇인지 정확히 짚어 냈다. 그것은 바로 시간의 거룩함에 대한 감각이었다. 헤셸의 명저 『안식』을 통해 우리는 하브루타가 단순한 교육 방법이 아니라 시간을 거룩하게 만드는 영적 건축술임을 깨닫게 된다.

"일곱째 날은 시간 속의 궁전이다." 이 한 문장은 우리의 인식을 완전히 뒤바꾼다. 궁전은 공간에만 존재하는 것이 아니다. 시간 속에도 궁전을 지을 수 있다는 것이다. 그리고 하브루타는 바로 이런 "시간 속의 대화 궁전"을 건축하는 예술이다. 현대인들은 공간에 집착한다. 더 넓은 집, 더 큰 교회 건물, 더 화려한 시설을 추구한다. 하지만 정작 중요한 것은 시간의 질이다. 헤셸의 표현처럼 "해결의 열쇠는 기하학과 토목에 있지 않고 토라연구와 기도에 있다." 하브루타가 추구하는 것도 마찬가지다. 화려한 교육 시설이나 첨단 기자재가 아니라, 질 높은 대화 시간을 만드는 것이다.

하브루타는 어떻게 시간 속에 궁전을 짓는가? 두 사람이 텍스트 앞에 앉아 대화를 시작하는 순간, 그들 사이에는 특별한 공간이 형성된다. 물리적 공간이 아니라 영적 공간이다. 랍비 아론페리는 "두 사람이 하브루타를 할 때 쉐키나 신의임재 가 임한다"고 말한다. 질문과 답이 오가고, 생각과 생각이 부딪히며, 깨달음과 깨달음이 만나는 그 공간은 그 어떤 웅장한 건축물보다도 아름답다. 헤셀은 이렇게 말했다. "안식일 속에는 시간 속의 궁전을 지을 수 있는 영의 보석이 들어있다. 그 속에서 인간은 하나님과 친해지고, 하나님을 닮은 것에 닿기를 갈망한다." 하브루타에서도 똑같은 일이 일어난다. 두 사람이 진정성을 갖고 대화할 때, 그들은 서로에게서 하나님의 형상을 발견한다. 대화하는 시간 자체가 거룩한 만남의 장소가 되는 것이다.

이런 시간은 돈으로 살 수 없다. 기술로 만들 수도 없다. 오직 시간과 정성을 투자할 때만 만들어진다. 하브루타 파트너와 함께 보내는 시간이 쌓이면서, 단순한 학습 시간이 '거룩한 만남의 시간'으로 변화한다. 하브루타에서 가장 신비로운 순간은 언제일까? 바로 "아하!"의 순간이다. 질문을 던지고 답을 나누다가 갑자기 새로운 깨달음이 번개처럼 떠오르는 그 순간, 물음표가 느낌표가 되는 그 순간, 시간은 정지하고 영원이 시간 속으로 침투한다. 이것이 바로 시간의 거룩함이다.

평범한 대화와 하브루타의 차이가 여기에 있다. 평범한 대화는 시간을 소비하지만, 하브루타는 시간을 창조한다. 몇 시간의 하브루타가 끝나고

나면 우리는 더 풍성해져 있다. 단순히 정보가 늘어난 것이 아니라 존재 자체가 확장된 느낌을 받는다. 하브루타를 통해 우리는 시간 속에 있는 영원한 것을 공유하게 된다. 함께 텍스트를 읽고, 함께 질문하고, 함께 답을 찾아가는 그 과정에서 우리는 시간을 초월하는 경험을 한다. 과거의 지혜와 현재의 고민, 그리고 미래의 소망이 하나의 대화 속에서 만나는 것이다. 순간이 사물에 의미를 부여한다. 이것은 하브루타를 이해하는 핵심 열쇠다. 하브루타에서 중요한 것은 무엇을 배우느냐가 아니라 어떤 순간을 경험하느냐다.

아버지와 아들이 함께 성경을 읽으며 나누는 순간, 그 순간이 성경 본문에 특별한 의미를 부여한다. 같은 구절이라도 혼자 읽을 때와 가족과 함께 읽을 때의 느낌이 다른 이유가 여기에 있다. 관계가 만드는 순간, 순간이 만드는 의미의 연쇄 작용이 일어나는 것이다.

하브루타에서는 '의미 있는 순간의 축적'이 일어난다. 작은 깨달음들, 짧은 대화들, 순간적인 공감들이 모여서 큰 변화를 만들어낸다. 이것이 바로 '작은 순간, 큰 변화'의 하브루타 원리다. 유대인 가정에서 아이가 아버지에게 던지는 질문 하나하나, 할아버지가 손자에게 들려주는 이야기 한 토막, 이런 소소한 순간들이 모여서 한 사람의 정체성을 만들고, 한 민족의 전통을 이어간다. 순간의 의미를 아는 민족이 역사의 주인이 되는 것이다.

하브루타를 해 본 사람들은 공통적으로 이런 고백을 한다. 시간이 빨리 간다는 느낌과 동시에 시간이 깊어진다는 느낌을 받는다. 이것은 모순적으로 들리지만 실제로 일어나는 현상이다. 몰입의 시간과 성찰의 시간이 동시에 경험되는 것이다. 헤셀이 말한 '시간을 영원으로 바꾸는 것'이 바로 이것이다. 하브루타를 통해 우리는 시간의 양적 차원을 넘어 질적 차원으로 들어간다. 1시간의 하브루타가 10시간의 강의보다 더 깊은 변화를 만들어내는 이유가 여기에 있다. 하브루타 파트너와 함께 머무는 시간은 '거룩한 머무름'이다. 급하게 어디로 가려하지 않고, 지금 이 순간에 온전히 머무르는 것이다. 현대인들이 가장 어려워하는 것이 바로 이런 머무름인데, 하브루타는 자연스럽게 이런 경험을 선사한다.

헤셀의 시간 철학이 주는 또 다른 통찰은 '지속성'에 관한 것이다. 공간은 한정되어 있고 파괴될 수 있지만, 시간 속에 쌓인 경험과 기억은 영원하다. 유대인들이 2000년 동안 나라 없이 살면서도 정체성을 잃지 않을 수 있었던 이유가 여기에 있다. 하브루타도 마찬가지다. 함께 앉았던 교실은 사라질 수 있고, 함께 읽었던 책은 낡아질 수 있지만, 함께 나눈 대화의 기억은 평생 간다. 아버지와 함께 나눈 성경 이야기, 어머니와 함께 오갔던 질문들, 이런 것들이 한 사람의 내면에 '이동 불가능한 성전'을 만든다. 이것이 하브루타 교육의 진정한 가치다. 단순히 지식을 전달하는 것이 아니라 '지울 수 없는 기억'을 만드는 것이다. 그 기억들이 모여서 한 사람의 정체성이 되고, 그 정체성이 다시 다음세대로 전수되는 것이다.

그렇다면 오늘날 우리 가정에서는 어떻게 '시간 속의 대화 궁전'을 지을 수 있을까?

첫째, '거룩한 시간 확보하기'다. 바쁜 일상 속에서도 가족이 함께 모여 대화할 수 있는 시간을 의도적으로 만들어야 한다. 이 시간은 그 어떤 것도 침범할 수 없는 성역이어야 한다.

둘째, '순간의 의미 발견하기'다. 평범해 보이는 대화 속에서도 특별한 의미를 찾아내는 눈을 기르는 것이다. 아이의 질문 하나하나, 부부 간의 나눔 하나하나에서 하나님의 음성을 듣는 것이다.

셋째, '기억 전수하기'다. 좋은 대화의 내용들을 기록하고, 나누고, 전해주는 것이다. 그래서 우리 가정만의 특별한 이야기와 전통을 만들어가는 것이다. 헤셀이 꿈꾼 시간 속의 궁전은 웅장한 건축물이 아니다. 그것은 사랑하는 사람들과 함께 나누는 진솔한 대화의 시간이다.

하브루타를 통해 우리도 그런 궁전을 지을 수 있다. 물리적 공간을 넘어서는 영적 공간, 시간을 넘어서는 영원한 가치를 만들어갈 수 있다. 진정한 부는 시간 속에 쌓인다. 하브루타를 통해 우리는 돈으로 살 수 없고, 기술로 만들 수 없으며, 시간이 지나도 사라지지 않는 가장 소중한 유산을 남기게 된다. 바로 사랑하는 사람과 나눈 거룩한 대화의 기억들 말이다. 2021년 나는 가족과 함께 하는 절대 시간에 대한 철학을 가지고 3개월 제주살이를 떠난 적이 있었다. 다음은 비행기를 타기전 공항에서 SNS에 올렸던 글이다.

제목: 가족과 함께 하는 절대 시간을 마련하라

아 기다리고 기다리던 날이 드디어 왔다! 하율이네 패밀리 석 달간 제주살이 갑니다. 작년 하율이 생일날 3개월 전부터 제주도 여행을 준비했었는데 그 주간에 너무 중요한 미팅 일정이 잡혀 어떻게 해야 하나 고민한 적이 있었다. 고민이 되긴 했지만, 가족들과 미리 정한 여행 일정이기에 예정대로 제주도로 향했고 계획하고 기대한 것보다 가족 간에 훨씬 더 아름답고 행복한 추억을 만들 수 있었다. 그때 내가 깊이 배운 한 가지가 있다면, "떼어놓은 시간만이 온전히 내 것" 이라는 것이다.

이 경험으로 내 마음 깊은 곳에서 질문 하나가 떠올랐다.
"뭣이 중한디?"

그리고 작년 제주도 여행을 마치고 집으로 돌아오는 비행기 안에서 아내와 하율이에게는 말하지 않았지만 나는 아직 다 채워지지 않은 올해 달력을 미리 보며 2021년 4월부터 7월은 온전히 가족과의 시간으로 떼어 놓겠다고 결정했었다. 이것을 우선순위로 두고 먼저 몇 가지 기준을 정했다. 그리고 가족과의 시간을 온전히 빼놓기 위해 정한 기준에 걸리는 제안들을 정중히 거절했다.

뜻이 있는 곳에 길이 있다고 했던가? 한 달 제주살이도 아닌 세 달 제주살이가 현실이 되었고 현재 우리 가족은 제주를 가기 위해 김포공항에 있다. 떼어놓고 쟁취한 시간만이 온전히 내 것인 것이다. 가족 하브루타를 하기 위해 가장 먼저 준비해야 하는 것은 방법이 아닌, 가족의 문화를 만드는 일이다. 이일을 위해서 가장 우선되어야 할 것이 있다면, 가족과의 절대 시간을 마련해야 하는 것이다. 또한 이것을 위해 가장 중요한 일은 가지치기를 하는 것이다.

제주살이를 위해 지난 주 한 주간 내내 이삿짐을 정리하는데 버리고 버려도 끝없이 나오는 짐에 놀랐다. 짐들을 구분하기 위해 박스 위에 써놓은 글씨를 문득 보는데 가장 많은 짐이 무엇인 줄 아는가? 바로 '잡동사니' 였다. "이럴 수가! 내가 잡동사니 속에 살고 있었다니!" 우리는 수많은 잡동사니 물건, 관계, 시간속에서 진짜 '알짜배기' 를 놓치며 살고 있지는 않는가? 인생에 다시 주어지기 힘든 3개월 제주살이! 기준을 정하고 미리 따로 떼어 놓아 쟁취한 소중한 시간인 만큼 진짜 남는 알짜배기 시간들을 보내고 싶다.

"여보, 우리 나중에 나이가 많이 들었을 때, 제수에서 살았던 지금 이 순간들을 서로 이야기 할 수 있다는 게 얼마나 행복할까? 우리 인생에 서로 함께 나눌 소중한 추억이 있다는 것, 그리고 그 추억 속에 아이와 함께한 시간이 있다는 것, 그 자체만으로도 너무 좋겠죠?" 17)

이렇게 어렵게 따로 떼어놓았던 우리 가족의 절대시간, 그때 그 3개월이라는 시간은 우리 가족 모두에게 두고두고 잊지 못할 행복의 추억을 선물해 주었다. 우리는 얼마나 '알짜배기'가 아닌 '잡동사니'에 많은 시간을 할애하고 허비하고 있는가? 뭣이 중할까? 가족과 함께 하는 절대 시간, 그 시간을 지켜내고 쟁취하는 싸움, 이것이 하브루타 철학에서 가장 우선순위가 되는 '시간의 철학'이다.

내가 가지고 있는 이런 시간에 대한 철학이 더욱 견고해졌던 일이 있었다. 목사 안수를 받을 때, 당시 한국 D6 KOREA 커리큘럼 대표였던 내게 D6 대표인 론허터 목사님은 이러한 권면을 해 주셨다.

 [론허터 목사님의 권면 영상]

"이성준 목사님, 에스라는 개인 말씀 공부를 최우선시하면서 자신을 하나님께 드렸습니다. 그리고 공부한 후에 그 말씀을 준행하고, 그리고 가르쳤습니다 에스라7:10. 여기에는 이런 순서가 있습니다. 목사님은 말씀을 공부하고, 말씀을 지키는 자입니다. 그래서 목사님은 말씀을 가르치는 선생입니다. 하나님께서 사역으로 부르신 소명을 잊지 마십시오.

---

17) 정용혁, 『리빙인제주』, 한국NCD미디어, 36p

> 하지만 사역에 안주하지 마십시오. 그것이 목사님이 섬기시는 분들을 위한 것입니다. 가정에 시간을 두시고 헌신하시며, 그들을 잃지 마십시오. 그리고 당신의 자녀를 고아와 같이 방치하지 마십시오. 사역을 시작하게 되었을 때 말씀에 전념하시고, 가정에 충실하시며, 말씀을 지키고 준행하며 가르치십시오. 당신을 위해 기도하겠습니다."

나는 이 권면을 내 마음 속에 새기고 또 새겼다. 말씀 연구만큼 목회자는 가정에 시간을 두고 헌신하는 것, 그들을 잃지 않는 것이 궁극적으로는 우리가 섬겨야 할 분들을 위함이라는 이 권면은 사역의 분명한 우선순위와 균형을 일깨워 주는 귀한 권면이다.

지금 당신의 가정에는 어떤 궁전이 세워지고 있는가?

벽돌과 시멘트로 쌓인 집인가? 아니면 대화와 사랑으로 지어진 시간 속의 성전인가? 아이들은 매일 자라고 있고, 배우자와의 관계는 매 순간 변화하고 있으며, 우리에게 주어진 시간은 돌이킬 수 없이 흘러가고 있다. 그 소중한 시간들 속에서 우리는 무엇을 건축하고 있는가? 단순히 생계를 위한 공간인가? 아니면 세대를 이어갈 영적 유산을 만드는 거룩한 공간인가? 10년 후, 20년 후 우리 아이들이 기억할 것은 집의 크기가 아니라 그 집 안에서 나눈 대화의 깊이일 것이다. 현대인들은 공간에 집착하며 더 넓은 집, 더 큰 교회 건물을 추구하지만 정작 중요한 것은 시간의 질이다. 하브루타를 통해 두 사람이 진정성을 갖고 대화하는 순간, 그들 사이에는 그 어떤 웅장한 건축물보다도 아름다운 영적 공간이 형성된다. 하브루타는 우리에게 선택을 요구한다. 평범한 시간을 거룩한 순간으로, 일상의 대화를 영원한 기억으로, 그리고 우리의 집을 하나님이 거하시는 성전으로 바꾸는 용기 말이다.

3 반복이 만드는 몸기억 교육

역사가 시작될 때 이 세계에는 단 하나의 거룩함, 곧 시간 속의 거룩함만이 존재했다. 하나님이 만드신 첫 번째 거룩함은 성전도, 제단도, 성물도 아니었다. 바로 시간이었다. 일곱째 날, 안식일이 인류 최초의 거룩한 것이었다. 이 깊은 통찰은 하브루타 교육의 본질을 이해하는 열쇠다.

유대인들은 공간을 잃어도 시간은 지켰다. 성전은 파괴되어도 절기는 계속되었다. 그리고 그 절기 속에서 하브루타는 가장 자연스럽고 강력한 형태로 이루어졌다. '절기가 하브루타의 무대이고, 하브루타가 절기의 혼'인 것이다. 유대인들의 절기는 단순한 종교 행사가 아니다. 그것은 시간을 통한 정체성 교육이다. 매년 같은 시기에, 같은 방식으로, 같은 이야기를 반복하면서 유대인이라는 정체성을 몸과 마음에 새겨넣는 것이다. 이것이 바로 반복이 만드는 몸기억 교육의 핵심이다.

오순절 샤부오트 *Shavuot* 는 하브루타의 학습 정신이 가장 극명하게 드러나는 절기다. 이 절기의 전통 중 하나는 "티쿤 레일 샤부오트 *תיקון ליל שבועות*", 즉 밤새도록 토라를 공부하는 '밤샘 하브루타'다. 온 밤을 하브루타로 보내는 이 전통은 시간 투자가 곧 신앙 투자라는 유대인의 시간관을 보여준다. 이날 밤 베이트 미드라쉬 ^{학습의집} 는 특별한 에너지로 가득 찬다. 노인과 젊은이, 랍비와 학생들이 함께 모여 짝을 이루어 하브루타를 한다. 나이도, 지위도 상관없다. 오직 배우고자 하는 열정만이 중요하다. 여기서 중요한 것은 이들이 하룻밤이라는 제한된 시간을 어떻게 사용하느냐다.

한 예시바에서 일어난 일이다. 80세 노 랍비와 20세 학생이 짝을 이루어 밤새도록 하브루타를 하고 있었다. 새벽 3시가 되었지만 둘의 대화는 계속 되었다. 젊은 학생이 노 랍비에게 질문했다. "랍비님, 이 구절의 의미를 60년 간 연구 하셨는데 아직도 새로운 것을 발견하십니까?"

노 랍비가 답했다. "바로 그것이 토라의 신비다. 시간이 흘러도 여전히 배울 것이 있다는 것, 그리고 오늘 밤 이 시간도 영원히 기억될 것이라는 점이다." 이것이 바로 시간의 성화를 통한 학습이다. 샤부오트의 밤샘 학습은 단순히 많은 양을 공부하는 것이 아니라, 하룻밤의 시간을 거룩하게 만드는 것이다. 하나님이 시내산에서 토라를 주신 그 역사적 순간을 현재의 시간 속에서 재현하며, 과거와 현재를 하나로 연결하는 시간의 다리를 만드는 것이다.

만약 절기가 연간 리듬의 하브루타라면, 안식일은 주간 리듬의 하브루타다. 매주 금요일 저녁이 되면 유대인 가정에는 특별한 변화가 일어난다. 평일의 바쁜 일상에서 벗어나 샤밧의 거룩한 시간으로 들어가는 것이다. 헤셸은 이렇게 말했다. "하나님이 창조하신 것 가운데 가장 마지막

작품이자 하나님이 의도하신 것 가운데 가장 첫 작품인 안식일이야말로 천지창조의 목적이다." 안식일은 창조의 완성이면서 동시에 창조의 목적이었다. 하나님이 인간과 함께 시간을 보내시려는 목적으로 만드신 만남의 시간인 것이다."

샤밧 식탁에서 일어나는 하브루타는 가장 자연스럽고 아름다운 형태다. 촛불을 켜고, 포도주를 나누며, 할라 빵을 떼면서 가족들은 자연스럽게 대화를 시작한다. 질문들이 오가면서 일 주일간의 삶을 돌아보고 나눈다. 이런 대화가 매주 반복되면서 안식일 리듬의 하브루타가 형성된다. 아이들은 이 시간을 통해 자연스럽게 신앙을 배우고, 부모들도 아이들의 순수한 질문을 통해 새로운 깨달음을 얻는다. 일주일의 분주함이 안식일의 여유로 정화되는 것이다.

초막절 Sukkot 은 하브루타의 또 다른 차원을 보여준다. 일시적으로 초막에서 생활하면서 광야의 경험을 재현하는 이 절기는 불안정함 속에서 찾는 안정감의 교육이다. 초막이라는 임시 거처에서 가족들은 더욱 가까워진다. 물리적 공간이 좁아지면서 대화의 밀도는 높아진다. 평소 각자의 방에서 지내던 가족들이 한 공간에 모여 있으니 자연스럽게 대화가 늘어난다. 이것이 바로 공간의 제약이 만드는 관계의 확장이다. 초막에서 아이들은 묻는다. "왜 우리가 이렇게 불편한 곳에서 있어야 해요?" 그러면 부모들은 조상들의 광야 여정을 이야기 해준다. 하지만 단순히 과거 이야기로 끝나지 않는다. 우리 인생도 광야와 같으며 하나님만이 우리의 진정한 거처라는 깊은 깨달음으로 이어진다. 이런 대화를 통해 아이들은 의존과 신뢰의 교육을 받는다. 물질적 풍요나 안전한 환경이 아니라 하나님과의 관계가 진정한 안정감의 근원임을 몸으로 체험하는 것이다.

유대인의 7대 절기를 자세히 보면 놀라운 패턴을 발견할 수 있다. 모든 절기에는 기억-질문-대화-적용의 하브루타 구조가 들어있다.

이 패턴이 매년 반복되면서 같은 이야기, 새로운 질문의 순환이 일어난다. 5살 때 들었던 출애굽 이야기와 15살 때 듣는 출애굽 이야기, 그리고 25살 때 자녀에게 들려주는 출애굽 이야기는 같은 내용이지만 완전히 다른 의미로 다가온다. 이것이 바로 나이가 들수록 깊어지는 절기 하브루타의 비밀이다. 반복이 지루함을 만드는 것이 아니라, 깊이를 만드는 것이다. 매번 같은 질문을 하지만 매번 다른 답을 발견한다. 매번 같은 텍스트를 읽지만 매번 새로운 의미를 찾는다.

유대인 절기교육의 가장 놀라운 점은 몸기억 Body Memory 을 만든다는 것이다. 뇌로만 기억하는 것이 아니라 온 몸으로 기억하게 한다.

유월절에는 쓴 나물을 먹고, 초막절에는 임시 거처에서 살고, 욤 키푸르 ^{대속죄일} 에는 금식한다. 이런 신체적 경험들이 절기의 의미를 더욱 깊이 새기게 한다. 하브루타도 마찬가지다. 단순히 머리로만 하는 대화가 아니라 온 존재가 참여하는 대화다. 함께 앉아서, 함께 읽고, 함께 몸짓하며, 함께 감정을 나누는 것이다. 이런 전인적 참여가 절기와 결합될 때 그 교육적 효과는 배가된다.

한 유대인 가정의 이야기다. 할머니가 손녀에게 로쉬 하샤나 ^{새해} 의 의미를 설명해 주고 있었다. "이 날은 하나님이 우리를 심판하시는 날이란다." 손녀가 물었다.
"할머니, 그럼 무서운 날이에요?" 할머니가 답했다.
"아니야, 사랑하는 아버지가 자녀를 돌보시는 날이지.
그래서 우리는 사과와 꿀을 먹으며 단 한 해를 기원하는 거란다."

이때 손녀는 단순히 개념을 배운 것이 아니라 달콤함의 기억을 몸에 새겼다. 사과의 아삭함과 꿀의 달콤함이 로쉬 하샤나와 함께 기억된 것이다. 이것이 바로 오감을 통한 하브루타 교육이다.

절기 속 하브루타의 또 다른 특징은 '질문의 대물림'이다. 할아버지가 아버지에게 했던 질문을, 아버지가 아들에게 다시 한다. 그리고 그 아들이 자라서 자신의 아들에게 또 그 질문을 던진다. 같은 질문이지만 매번 다른 맥락에서, 다른 시대적 배경 속에서 새로운 의미를 갖게 된다.

"왜 우리는 매년 같은 이야기를 반복해야 할까?"라는 질문에 한 랍비가 답했다. "강물은 매일 흘러도 항상 새로운 물이다. 절기도 매년 오지만 항상 새로운 의미를 가져온다." 이것이 바로 반복 속의 새로움이다. 절기를 통해 전수되는 것은 단순한 정보가 아니라 살아있는 질문들이다. "하나님은 누구신가?", "우리는 누구인가?", "어떻게 살아야 하는가?" 이런 본질적 질문들이 절기라는 시간의 틀 속에서 계속 반복되고, 그 반복을 통해 각자만의 답을 찾아가게 된다.

그렇다면 오늘날 우리 가정에서는 어떻게 절기의 하브루타를 회복할 수 있을까? 먼저 시간의 거룩함에 대한 인식 변화가 필요하다. 절기를 단순한 휴일이나 행사가 아니라 가족 정체성을 형성하는 거룩한 시간으로 인식해야 한다. 기독교의 절기들도 하브루타의 관점에서 새롭게 조명할 수 있다. 대림절에는 기다림의 의미에 대해 가족이 함께 질문하고 나눌 수 있다. 사순절에는 절제와 회개에 대해 대화할 수 있다. 부활절에는 새 생명의 의미를 함께 탐구할 수 있다. 중요한 것은 절기를 몸으로 경험하게 하는 것이다. 대림절에는 대림환을 만들고, 사순절에는 금식을 체험하고, 부활절에는 특별한 음식을 나누는 것이다. 이런 신체적 경험과 하브루타 대화가 결합될 때 진정한 절기 교육이 일어난다.

유난히 가족행사가 많은 11월이면, 우리 가정은 추수 감사절 Thanks Giving

Day에 온 가족이 모여 '올해 받은 은혜 나누기' 하브루타를 한다. 가족 구성원 각자가 올 한 해 동안 받은 특별한 은혜를 나누고, 서로 질문하며, 감사의 의미를 깊이 탐구한다. 이렇게 가족만의 반복되는 절기의 전통이 만들어질 때 절기는 단순한 달력의 표시가 아니라 살아있는 신앙 교육의 장이 된다. 결국 절기 속 하브루타가 주는 가장 큰 선물은 시간을 통한 정체성 형성이다. 매년 반복되는 절기를 통해 우리는 우리가 누구인지를 확인하고, 어디에서 왔는지를 기억하며, 어디로 가야 하는지를 생각하게 된다.

헤셸의 말처럼 '안식일은 우리가 시간 속에 있는 영원한 것을 공유하고 창조의 세계에서 창조로 나아가라고 요구받는 날이다' 절기도 마찬가지다. 절기를 통해 우리는 과거와 현재, 그리고 미래를 연결하며, 시간을 초월한 영원한 가치를 발견하게 된다. 유대인들이 3500년 동안 절기를 지켜온 이유가 여기에 있다. 절기는 단순히 반복되는 이벤트가 아니라 시간을 통한 정체성 교육이었다. 그리고 그 절기 속에서 하브루타는 가장 자연스럽고 효과적인 형태로 이루어져 왔다.

신학적으로는 신약의 그리스도인들인 우리는 더 이상 구약의 율법에 매여 율법으로의 절기를 지킬 필요는 없지만, 오늘날 우리 가정들도 절기의 리듬 속에서 하브루타를 회복한다면, 단순히 교육 방법을 배우는 것이 아니라 시간을 거룩하게 만드는 지혜를 얻게 된다. 그리고 시간을 지키는 그 지혜와 정신을 통해 우리 가족만의 독특한 정체성과 전통을 만들어갈 수 있다. 이것이 바로 반복이 만드는 몸기억 교육의 참된 의미다.

유대인의 힘은 쉐마이고, 쉐마의 힘은 반복된 절기교육 ^{몸기억}에 있다. 당신의 가정에는 '매년 반복되는 거룩한 시간'이 있는가?

4 엉덩이힘의 원조, 예시바

예시바 Yeshiva 라는 말은 히브리어 '야샤브 ישׁב 앉다' 에서 나온 말이다. 단순히 앉아서 공부하는 곳을 의미하는 것 같지만, 그 속에는 깊은 철학이 담겨있다. 현대 사회가 빠르게 뛰는 문화라면, 예시바는 앉아서 머무르는 문화다. 이것은 단순한 자세의 차이가 아니라 시간에 대한 근본적으로 다른 접근을 의미한다.『안식』에서 아브라함 헤셸이 말한 것처럼 '안식일의 거룩함으로 들어가고자 하는 사람은 먼저 속물근성, 곧 시끌시끌한 흥정과 수고의 멍에를 내려놓아야 한다.'

예시바도 마찬가지다. 예시바에 들어서는 순간 우리는 바깥 세상의 속도와 경쟁을 내려놓고 '학습의 거룩한 시간'으로 들어간다. 현대인들은 가만히 앉아있지 못한다. 스마트폰을 보며, 메시지를 확인하고, 끊임없이 무언가를 하려고 한다. 하지만 예시바의 앉아있음은 다르다. 그것은 능동적 기다림이다. 텍스트와 씨름하고, 파트너와 논쟁하며, 깊은 사고에 빠지는 생산적인 머무름이다.

베이트 미드라쉬 학습의집 에 처음 들어선 사람들은 놀란다. 신성한 소음으로 가득하기 때문이다. 수백 명의 사람들이 짝을 이루어 하브루타를 하는 소리가 한데 어우러져 특별한 교향곡을 만들어낸다. 이것은 도서관의 조용함과는 정반대다.

한번은 랍비에게 물었다. "이들은 왜 이렇게 시끄럽습니까? 집중이 안 될 것 같은데요?" 랍비가 답했다. "침묵은 죽음이고, 소음은 생명입니다. 이 소리는 수천 년 동안 이어져 온 학습의 소리입니다." 이 소음 속에서 하브루타 파트너들은 자신들만의 시간을 만든다. 주변의 소리는 칵테일 파티효과와 같이 오히려 집중을 돕는 배경음악이 된다. 마치 강물 소리를 들으며 명상하는 것처럼, 다른 사람들의 학습 소리는 자신들의 학습을 더욱 깊게 만든다.

하브루타에서 가장 중요한 것은 짝 하베르 선택이다. 좋은 짝을 만나면 1시간이 1분처럼 빠르게 지나가고, 나쁜 짝을 만나면 1분이 1시간처럼 길게 느껴진다. 이것은 시간의 질이 관계의 질에 의해 결정된다는 것을 보여준다. 예시바에는 유명한 이야기가 있다. 두 학생이 짝을 이루어 하브루타를 시작했다. 처음에는 서로 다른 의견 때문에 자주 다퉜다. 하지만 시간이 지나면서 그들의 다툼은 창조적 긴장으로 바뀌었다. 서로 다른 관점이 부딪히면서 더 깊은 통찰이 나왔다. 몇 년 후 그들은 말했다. "우리는 싸우면서 배웠고, 배우면서 친구가 되었다."

이것이 바로 시간이 관계를 익게 만드는 과정이다. 처음에는 어색하고 불편했던 관계가 시간의 축적을 통해 영혼의 친구로 발전한다. 하브루타 파트너십은 단순한 학습 관계가 아니라 평생의 영적 동반자 관계가 된다.

예시바의 하브루타에서는 '거룩한 논쟁'이 일어난다. 이것은 이기려는 논쟁이 아니라 진리를 찾기 위한 논쟁이다. 탈무드에는 "마하로케트 레쉠 샤마임 מחלוקת לשם שמים" 이라는 표현이 있다. 자신의 체면이나 이익을 위한 논쟁이 아니라 하나님의 뜻을 알기 위한 하늘의 논쟁이라는 뜻이다. 한 예시바에서 두 학생이 어려운 탈무드 구절을 놓고 3시간 동안 논쟁했다. 한 학생은 A라는 해석을, 다른 학생은 B라는 해석을 주장했다. 논쟁이 끝난 후 놀라운 일이 일어났다. A를 주장했던 학생이 B의 해석을 받아들이고, B를 주장했던 학생이 A의 해석을 받아들인 것이다. 논쟁을 통한 상호 변화가 일어난 것이다. 이런 논쟁 속에서 시간은 변화의 매개체가 된다. 처음 가졌던 생각이 시간이 흐르면서 더 정교해지고 더 깊어진다. 시간이 생각을 익게 만드는 과정이 하브루타를 통해 일어나는 것이다.

현대 사회는 시간을 허비하지 말라고 가르친다. 효율성과 생산성을 강조한다. 하지만 예시바는 시간을 거룩하게 사용하라고 가르친다. 이 둘의 차이는 엄청나다. 시간을 허비하지 않는다는 것은 빠른 결과를 추구하는 것이다. 하지만 시간을 거룩하게 사용한다는 것은 깊은 과정을 중시하는 것이다. 예시바에서는 하나의 구절을 하루 종일 연구하기도 한다. 겉보기에는 비효율적이지만, 그 깊은 사고의 시간이 평생의 지혜를 만든다. "빨리 가려면 혼자 가고, 멀리 가려면 함께 가라. 그런데 깊이 가려면 오래 머물러야 한다" 이것이 예시바 하브루타의 시간 철학과 맞닿아 있다. 깊이 있는 학습을 위해서는 충분한 시간의 투자가 필요하다.

현대 사회는 빠른 학습을 강조한다. 속독법, 암기법, 스피드 러닝 등이 유행한다. 하지만 예시바는 상반된 길을 간다. 느린 학습을 추구한다. 이것은 게으름이 아니라 깊이에 대한 갈망이다. 탈무드의 한 구절을 놓고 랍비와 제자가 한 달 동안 공부한 적이 있다. 매일 2시간씩, 30일 동안 같은 구절을 연구했다. 제자가 지겨워하며 물었다. "랍비님, 언제까지 같은 구절만 볼 건가요?" 랍비가 답했다. "이 구절이 우리에게 줄 수 있는 모든 보화를 다 캐낼 때까지다." 이것이 바로 텍스트와 함께 사는 삶이다. 텍스트를 빨리 읽고 넘어가는 것이 아니라, 텍스트와 시간을 공유하는 것이다. 그 시간 속에서 텍스트는 단순한 문자가 아니라 살아있는 동반자가 된다.

그렇다면 오늘날 우리 가정에서도 작은 예시바를 만들 수 있을까? 물론 가능하다. 핵심은 온 가족이 엉덩이를 붙이고 앉아서 함께하는 시간을 만드는 것이다. 스마트폰과 인터넷이 만든 산만한 시대에서 예시바의 지혜는 더욱 빛난다. 우리는 멀티태스킹의 착각에 빠져 살고 있다. 동시에 여러 일을 하는 것이 효율적이라고 생각하지만, 실제로는 집중력의 분산만 일어날 뿐이다. 레너드 스윗 Leonard Sweet 은 『테블릿에서 테이블로』에서 이런 시대에 대한 통찰을 제시한다. "예수님은 어떻게 사람들을 얻으셨을까? 다툼이나 갈등이 아니라 함께 걸어주고 그들을 식탁으로 초청함으로써 그들의 마음을 얻으셨다. 성경에서 천국의 이미지는 잔치와 만찬, 즉 식탁의 자리다." 디지털 기기들이 우리를 개별적 테블릿 앞으로 고립시키는 시대에, 하브루타는 우리를 다시 함께하는 테이블로 불러낸다. 레너드 스윗의 표현처럼 "Just table it!" - 모든 것을 일단 내려놓고 테이블에 앉아 함께 대화하자는 것이다.

예시바 하브루타의 싱글태스킹은 이런 시대에 강력한 대안이다. 오직 한 가지, 지금 이 순간, 앞에 있는 텍스트와 파트너에게만 집중하는 것이다. 이것은 예수님이 보여주신 치유의 식탁과 같다. 스윗의 말처럼 "예수님은 도덕적 식탁이 아니라 치유의 식탁을 펼치셨다. 예수님과 식탁에 앉은 사람들은 그분을 치유자와 친구로 보았다." 하브루타 테이블도 마찬가지다.

판단이나 경쟁의 자리가 아니라 치유와 성장의 자리가 되는 것이다. 이런 깊은 집중의 시간이 쌓이면서 진정한 학습이 일어난다. 『도둑맞은 집중력』책에 의하면 현대인의 평균 집중이 점점 짧아지고 있다고 한다. 하지만 하브루타를 하는 사람들은 2시간도 집중할 수 있다. 이것은 단순히 의지력의 문제가 아니라, 좋은 관계의 시너지가 만드는 집중력의 결과다.

예시바 하브루타의 가장 큰 선물은 학습을 통한 '유대감 형성'이다. 함께 어려운 텍스트와 씨름하고, 함께 새로운 깨달음을 발견하며, 함께 성장해가는 과정에서 영혼의 결속이 일어난다. 이것은 일반적인 우정과는 다르다. 취미나 관심사로 만난 친구들과는 다른 차원의 관계다. 진리 탐구를 함께하는 동지 관계인 것이다. 이런 관계는 시간이 지나도 변하지 않는다. 오히려 시간이 흐를수록 더 깊어진다.

결국 예시바 하브루타가 주는 가장 중요한 교훈은 '시간 투자의 가치'다. 좋은 것은 시간이 걸린다. 깊은 학습도, 진정한 관계도, 성숙한 인격도 모두 충분한 시간의 투자를 통해서만 가능하다. 현대 사회는 즉석 문화다. 즉석밥, 즉석커피, 속성 과정들이 넘쳐난다. 하지만 예시바는 숙성 문화다. 좋은 와인이 오랜 시간 숙성되어야 하듯이, 좋은 학습도 오랜 시간의 숙성이 필요하다는 것을 안다. 앉아서 대화하는 시간, 이것이 예시바가 우리에게 주는 가장 소중한 선물이다.

바쁘게 돌아가는 세상에서 잠시 멈추어 앉아서, 소중한 사람과 함께, 의미 있는 대화를 나누는 것. 이런 시간들이 쌓여서 우리의 삶을 더 풍성하고 깊이 있게 만든다. 예시바의 '앉아있음'은 게으름이 아니라 '적극적 기다림'이다. 진리가 스스로를 드러낼 때까지, 관계가 깊어질 때까지, 깨달음이 익을 때까지 인내하며 기다리는 것이다. 이것이 바로 시간을 낭비하는 것이 아니라 시간과 함께 춤추는 지혜다.

현대인들은 앉아있지 못하고 끊임없이 무언가를 하려 하지만, 예시바의 앉아있음은 능동적 기다림이다. 텍스트와 씨름하고, 파트너와 논쟁하며, 깊은 사고에 빠지는 생산적인 머무름인 것이다. 좋은 것은 시간이 걸리고, 깊은 학습도 진정한 관계도 모두 충분한 시간의 투자를 통해서만 가능하다는 것을 예시바는 수천 년 동안 보여주고 있다.

당신은 '빨리 가는 문화'를 추구하는가? '깊이 가는 문화'를 추구하는가?

5 절기 하브루타, 시간을 영원으로

　한국교회가 주목해야 할 소중한 가치가 있다. 그것은 바로 '시간의 거룩함에 대한 감각'이다. 교회력과 절기에 하브루타의 반복된 루틴을 더하게 될 때 더욱 풍성한 경험을 하게 된다.

　헤셀의 말처럼 '시간을 영원으로 바꾸는 것'이 중요하다. 우리는 시간의 영적 의미를 더 깊이 회복할 필요가 있다. 더 많은 프로그램을, 더 빠른 성장을, 더 큰 성과를 추구하다보면 시간과 함께 머무르는 지혜를 놓치기 쉽다. 우리에게 필요한 것은 일시적 성과가 아니라 영원의 관점에서 시간을 바라보는 눈이다. 특히 이제 가정에서의 신앙 교육을 새롭게 회복할 때가 되었다. 교회에서의 예배와 집에서의 일상이 자연스럽게 연결되어 '일상의 거룩함'을 경험하는 가정 문화를 만들어갈 수 있다. 이것이 바로 시간을 거룩하게 만드는 하브루타의 정신이다.

　한국교회가 일상의 작은 반복을 통해 더 성장할 수 있는 영역이 있다. 큰 행사들도 중요하지만, 진정한 변화는 작은 습관의 반복에서 온다. 유대인들의 절기 교육을 보라. 매년 같은 시기에, 같은 방식으로, 같은 이야기를 반복한다. 겉보기에는 진부해 보이지만, 그 반복 속에서 '깊어지는 이해'가 일어난다. 5살 때 들었던 출애굽 이야기와 50살 때 듣는 출애굽 이야기는 같은 내용이지만 완전히 다른 의미로 다가온다. 우리도 '반복의 교육학'을 회복할 수 있다. 새로운 것만 추구하지 말고, 기본적인 것을 계속 반복하면서 깊이를 더해가는 것이다. 매년 같은 절기를 지키되, 매번 새로운 질문을 던지고, 새로운 적용을 모색하는 '반복 속의 창조'가 필요하다.

절기별 하브루타 : 예수님의 생애를 따라가는 영적 여정

기독교의 아름다운 절기들은 단순한 기념일이 아니라 '예수님의 생애를 따라가는 영적 여정'이다. 각 절기마다 고유한 영성과 메시지가 있고, 그것들이 모여서 완전한 신앙의 그림을 그려낸다.

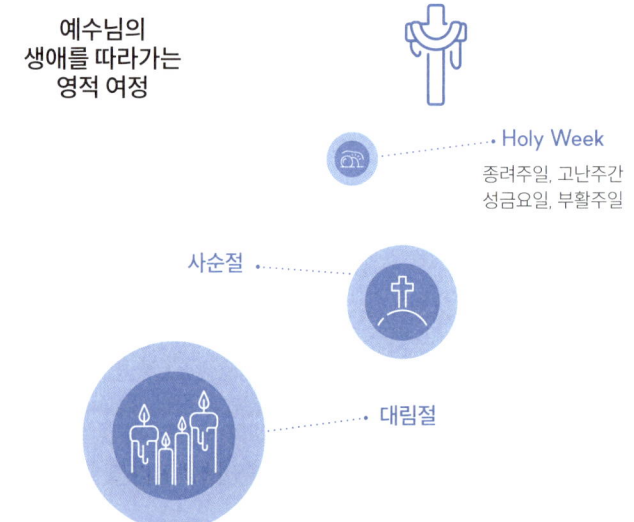

대림절 : 기다림의 하브루타

대림절은 '기다림의 절기'다. 이 시기에 가족들이 함께 모여 나눌 수 있는 하브루타 주제들이 무궁무진하다. "우리는 지금 무엇을 기다리고 있을까? 진정한 기다림과 그냥 기다림의 차이는 뭘까? 기다리는 동안 우리는 어떻게 살아야 할까?" 매일 저녁 촛불을 켜며 희망, 평화, 기쁨, 사랑에 대해 나누는 것만으로도 '기다림의 의미'를 깊이 체험할 수 있다.

사순절 : 절제와 회개의 하브루타

사순절은 '절제와 회개의 절기'다. 이 시기에는 가족이 함께 '무엇을 포기하고, 무엇을 더할 것인가'에 대해 나눌 수 있다. 단순히 금식하는 것이 아니라, 그 의미에 대해 함께 고민하고 나누는 것이다. 디지털 금식을 통해 진정한 소통의 시간을 갖거나, 작은 희생을 실천하며 예수님의 고난을 묵상하는 시간을 가질 수 있다.

Holy Week 하브루타 : 고난에서 부활까지의 영적 여정

부활절은 단순히 하루의 기념일이 아니다. 그것은 예수님의 마지막 일주일을 따라가는 '영적 순례'의 절정이다. 종려주일부터 고난주간, 부활주일까지, 이 거룩한 한 주간은 기독교 가정이 가장 깊이 있는 하브루타를 경험할 수 있는 황금 시간이다.

종려주일 : 환호와 배신 사이의 하브루타

종려주일은 예수님이 예루살렘에 입성하시던 날이다. 사람들이 "호산나!"를 외치며 종려나무 가지를 흔들었던 그 날. 하지만 불과 일주일 후에는 같은 사람들이 "십자가에 못 박으소서"를 외쳤다. 이 극적인 반전이 바로 종려주일 하브루타의 핵심이다. 가족이 함께 나뭇가지를 준비하며 시작하는 종려주일 하브루타. "왜 사람들이 예수님을 환영했을까?", "그런데 왜 나중에는 배신했을까?", "우리도 예수님을 환영하다가 외면할 때가 있을까?" 이것이 바로 '살아있는 역사 체험 하브루타'다. 단순히 성경 이야기를 읽는 것이 아니라 그 상황 속으로 들어가서 등장 인물들의 마음을 이해해 보는 것이다.

고난주간 : 매일 매일 깊어지는 하브루타

고난주간은 예수님의 마지막 일주일을 하루하루 따라가는 특별한 시간이다. 매일 저녁 가족이 모여 그날의 사건을 묵상하고 나누는 '일일 고난주간 하브루타'를 시작할 수 있다.

- 월요일 - 성전 청소 : "예수님이 왜 화가 나셨을까?", "우리 마음의 성전에서 내쫓아야 할 것들은 무엇일까?"
- 화요일 - 비유와 질문 : 지혜로운 처녀와 미련한 처녀 비유를 통해 '준비된 삶'에 대해 토론

수요일 - 향유 부음 : "마리아가 왜 그렇게 비싼 향유를 부었을까?"

"진정한 헌신이란 무엇일까?"

목요일 - 최후의 만찬 : 가족이 함께 특별한 저녁 식사를 준비하며 '섬김'

에 대해 나눔

금요일 - 십자가 : 가장 무거운 주제지만 가장 중요한 하브루타

성금요일 : 침묵과 기다림의 하브루타

성금요일은 특별한 하브루타가 필요하다. 이날은 '말'보다는 '침묵'이, '설명'보다는 '체험'이 더 중요하다. 가족이 함께 십자가 앞에 조용히 앉아서 묵상하는 시간을 갖는 것이다. 때로는 많은 말보다 조용한 침묵과 묵상이 더 깊은 하브루타를 만든다. 성금요일의 무거움을 온몸으로 느낄 수 있도록 하는 것이다. 성금요일 저녁에는 '기다림의 하브루타'를 한다. "지금은 예수님이 무덤에 계신 시간이에요. 제자들은 얼마나 슬프고 무서웠을까요?", "우리도 힘들고 어려울 때가 있지요. 그럴 때 우리는 무엇을 할 수 있을까요?" 이런 질문들을 통해 어려움 속에서도 희망을 잃지 않는 믿음을 배우게 한다.

부활주일 : 기쁨과 새 생명의 하브루타

부활주일은 모든 기독교 절기의 절정이다. 이날의 하브루타는 '폭발하는 기쁨'으로 시작 되어야 한다.

"예수님이 살아나셨다는 것이 우리에게 무엇을 의미할까?", "죽음보다 강한 사랑이 있다는 것을 어떻게 우리 삶에서 보여줄 수 있을까?", "새로운 생명을 받은 우리는 어떻게 살아야 할까?" Holy Week을 통해 각 가정은 자신만의 고유한 전통을 만들어갈 수 있다. 고난주간 동안 매일 하나씩 '작은 희생'을 경험해 보거나, '부활절 달걀'을 만들어 '부활의 기쁨'을 공동체와 함께 나눈다.

Holy Week 하브루타를 통해 아이들은 단순히 "예수님이 죽었다가 살아나셨다"는 정보를 얻는 것이 아니라, '사랑과 희생과 부활'을 온 몸으로 체험하게 된다. 종려주일의 환호성, 고난주간의 묵상, 성금요일의 침묵, 부활주일의 기쁨이 하나의 완전한 스토리를 만들어낸다. 이것은 단순한 교육이 아니라 '영적 드라마'다.

'시간이 없다'는 것은 핑계가 아니라 현실이다. 맞벌이 가정에서 매일 1시간씩 하브루타를 하기는 어렵다. 하지만 시간이 없다고 해서 포기할 수는 없다. 중요한 것은 '완벽한 하브루타'가 아니라 '지속 가능한 하브루타'다. 매일 30분씩 깊이 있게 나누는 것이 어렵다면, 매일 3분씩이라도 진정성 있게 나누는 것이 낫다. 작은 시작이 큰 변화를 만든다. 맞벌이 가정에서는 주말을 적극 활용하고, 조손 가정에서는 할머니, 할아버지의 인생 경험이 오히려 더 깊이 있는 하브루타를 가능하게 한다. 하브루타를 위해 비싼 교재나 도구가 필요한 것은 아니다. 가장 좋은 하브루타 도구는 '성경 한 권'이다. 중요한 것은 어떤 마음으로 나누느냐다. 가장 값진 하브루타는 가장 단순한 재료로 만들어진다.

선순환의 고리: 시간-관계-정체성

하브루타의 시간 회복은 '선순환의 고리'를 만드는 것이다. 하브루타 시간을 지키면 가족 관계가 깊어지고, 관계가 깊어지면 가족의 정체성이 형성되며, 정체성이 형성되면 하브루타 시간을 더욱 소중히 여기게 된다. 이것은 유대인들이 수천 년 동안 경험해 온 '시간-관계-정체성'의 삼각 구조다. 하브루타 시간을 지키는 것은 단순히 교육 시간을 확보하는 것이 아니다. 그것은 '우리 가족이 무엇을 소중히 여기는가'를 선언하는 것이다. '우리는 어떤 가족인가'를 확인하는 것이다.

한국교회가 하브루타의 시간 문화를 회복한다면 어떤 일이 일어날까?

첫째, 가정이 신앙 교육의 중심으로 회복될 것이다. 교회는 가정을 지원하는 역할로, 가정은 신앙을 살아내는 현장으로 자리매김할 것이다.

둘째, 개인주의적 신앙에서 공동체적 신앙으로 전환될 것이다. 하브루타는 혼자 하는 신앙이 아니라 함께 하는 신앙이다. 가족 구성원들이 서로의 신앙 여정에 관심을 갖고 함께 성장해가는 문화가 형성될 것이다.

셋째, 한국교회의 새로운 부흥이 일어날 것이다. 교회 건물 안에서만 일어나는 부흥이 아니라 가정에서 시작되는 부흥, 반복된 일상에서 일어나는 부흥이 한국교회를 새롭게 할 것이다.

하지만 이런 변화가 하루 아침에 일어나는 것은 아니다. 많은 시행착오와 인내가 필요하다. 때로는 포기하고 싶을 때도 있을 것이다. 하지만 포기하지 않고 계속 걸어가는 가정들이 하나 둘 늘어날 때, 한국교회 전체에 새로운 문화가 형성될 것이다.

하브루타는 '마라톤'이지 '단거리 경주'가 아니다. 빨리 가려고 하지 말고, 멀리 가려고 하라. 완벽하게 하려고 하지 말고, 꾸준히 하려고 하라. 거창하게 하려고 하지 말고, 진정성 있게 하려고 하라. 가장 중요한 것은 '사랑'이다. 하브루타를 통해 가족이 서로를 더 사랑하게 되고, 하나님을 더 사랑하게 되는 것이 목표다. 지식 전달이 목적이 아니라 '사랑의 관계' 그리고 '정체성 형성'이 목적이다.

마지막으로, 혼자 하려고 하지 말라. 같은 고민을 하는 다른 가정들과 네트워크를 만들어라. 함께 연대하라. 함께하는 공동체의 연대의 힘은 개인이나 한 가정의 결심보다 강하다. 서로의 경험을 나누고, 어려움을 상담하고, 새로운 아이디어를 공유하라. 함께 가는 하브루타의 여정이 혼자 가는 것보다 훨씬 즐겁고 의미 있다.

헤셀의 말처럼 우리에게 필요한 것은 '시간 속에 있는 영원한 것을 공유하는 것'이다. 시간을 영원으로 바꾸는 절기 하브루타는 매년 돌아온다. 그리고 매년 반복된다. 이렇게 반복된 절기 하브루타 교육의 힘은 생각보다 훨씬 놀랍다. 우리 다음세대들에게 자연스레 기독교 세계관이 확립되고, 정체성이 형성될 것이다. 한국교회 가정들이 영원에 잇대어 살아가는 진정한 신앙 공동체로 거듭나게 될 것이다. 이것이 바로 '시간의 문화'가 한국교회에 가져다 줄 가장 큰 선물이다.

하브루타 독서토론 worksheet

이번 챕터를 읽고 난 뒤, 마음에 남은 **전체적인 느낌**을 기록해 보세요.

마음에 와닿은 문장을 옮겨 쓰고, 그 이유를 적어보세요.(페이지 기재 필수)

책의 내용과 비슷한 경험 혹은 가족, 친구, 사회 현상, 다른 책과 **연결지어 보세요.**

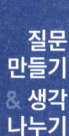

책을 읽으면서 궁금했던 나만의 질문,
혹은 나누고픈 **하브루타 질문 세 가지**를 적고 생각을 나누어 보세요.

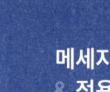

이번 챕터를 통해 얻은 **느낀 점**과 **깨달은 점**,
그리고 일상에서 이어갈 **실천할 점**을 기록해 보세요.

하브루타 독서토론 후 기억에 남는 대화와 그 속에서 얻은 배움,
앞으로 내 **삶에서 적용하고 싶은 점**을 기록해 보세요.

chapter 5 하브루타 질문 7가지

1. 하나님이 주신 하루 24시간이라는 원재료를 나는 어떤 방식으로 사용하고 있는가? 오늘을 흘려 보냈는가, 아니면 하나님의 손에 올려 드릴 의미 있는 시간으로 빚어냈는가?

2. 당신에게 '시간의 궁전'은 실제로 존재하는가? 분주한 일상 속에서도 하나님과 마주하는 거룩한 쉼과 만남이 있는가? 가족과 마음을 나누고, 텍스트 앞에 침묵하며 머무는 시간의 궁전을 세우고 있는가?

3. 나는 하브루타의 반복 속에서 지루함이 아닌 성숙과 깊이를 경험하고 있는가? 같은 말씀을 반복해서 읽고, 같은 절기를 매년 지키며 새로운 깨달음을 얻고 있는가?

4. 나는 '앉아 있음'이라는 시간을 통해 진리를 기다리는 훈련을 하고 있는가? 빠름과 효율을 숭배하는 시대 속에서 얼마나 자주 멈추어 앉아 텍스트와 삶을 응시하는가?

5. 우리 가정에는 신앙의 절기와 일상 속 리듬이 정착되어 있는가? 세상의 흐름에 휩쓸리지 않고 우리 가족만의 신앙적 리듬을 만들기 위해 의도적으로 시간을 지키고 있는가?

6. 기독교의 절기들마다 우리는 자녀들과 단순한 기념을 넘어 삶과 신앙의 근본을 묻는 질문을 나누고 있는가? 그 신앙의 대화들이 우리 자녀의 기억 속에 어떤 인상을 남기고 있는가?

7. 나는 어떤 시간에 가장 깊은 대화를 나누고 있으며, 그것이 내 인생에 어떤 열매를 맺고 있는가? 내가 사랑하는 사람과 마주 앉아 아무 방해 없이 나누는 대화는 하루 중 언제 일어나고 있는가?

chapter 6
관계의 교육

LA에서 만난 70년 우정의 비밀
1 같은 원리 다른 이름, 하브루타와 체다카
2 하브루타의 진짜 이름 : 친구, 우정, 관계
3 철이 철을 날카롭게 하는 것 같이
4 하늘을 위한 거룩한 논쟁
5 하브루타 파트너십의 신비
6 관계의 혁명, 위계속의 상호 학습

chapter 6 관계의 교육

LA에서 만난 70년 우정의 비밀

"그는 내 절반이에요. 나 혼자서는 완전한 생각을 할 수 없어요"

"70년이요? 결혼 생활도 이렇게 오래 하기 어려운데, 공부를 70년간 함께 했다고요?"

LA 페어팩스의 한 카페에서 만난 두 유대인 노신사의 이야기는 내 마음에 큰 도전을 주었다. 사무엘 Samuel, 83세 과 데이비드 David, 82세. 이들은 13세 바르 미츠바 때부터 지금까지 70여 년간 하브루타 파트너로 함께해 온 친구들이었다.

"결혼? 하하하!" 사무엘이 크게 웃었다. "내 아내도 농담으로 그래요. '당신은 데이비드와 더 오래 함께 지냈다'고 말이죠. 실제로 그렇기도 하고요." 데이비드가 조용히 말했다. "사람들은 70년이면 지겹지 않느냐고 묻는데, 그건 하브루타를 모르는 소리예요. 우리는 서로 다른 사람이 아니에요. 우리는 하나의 마음이 두 몸에 나뉘어 있는 거죠."

이 말이 과장이 아님을 곧 깨달았다. 내가 질문을 하나 던지면, 둘 중 한 명이 말을 시작하고 다른 한 명이 자연스럽게 이어 받았다. 마치 오케스트라의 바이올린과 첼로처럼 완벽한 하모니를 이루고 있었다. 실제로 『하브루타란 무엇인가』에서도 "토론을 원활히 진행하는 그룹들을 살펴보니, 대부분 짝들이 서로 오랫동안 알고 지낸 경우가 많았다"고 언급[18] 하고 있는데, 이들의 70년 관계야말로 이 말을 증명하는 완벽한 사례였다.

"랍비가 우리를 짝 지어준 순간, 이미 우리의 운명은 결정되었죠."
"70년 전 가을이었어요." 사무엘의 눈이 70년전으로 돌아갔다.
"브루클린의 작은 시나고그에서 바르 미츠바 준비를 하던 중이었죠. 랍비가 우리를 하브루타 파트너로 짝지어 줬어요."
"처음엔 정말 싫었어요." 데이비드가 웃으며 고백했다.
"사무엘은 너무 조용했고, 나는 너무 시끄러웠거든요.
그는 신중하게 생각하는 타입이고, 나는 즉석에서 말하는 타입이었어요."
"하지만 바로 그 차이 때문에 우리가 완벽한 파트너가 된 거예요." 사무엘이 설명했다. "같은 사람 둘이 모이면 맹점만 두 배가 되죠. 다른 사

---

18) 엘리홀저 외, 『하브루타란 무엇인가』, D6, 46p

람이 만나야 시너지가 나는 거예요." 첫 몇 달은 힘들었다고 했다. 사무엘은 한 구절을 30분씩 곰곰 생각하는데, 데이비드는 5분 만에 결론을 내리려 했다. 데이비드는 큰 소리로 토론하고 싶어했지만, 사무엘은 조용히 속삭이듯 대화하길 원했다.

"우리는 70년 동안 매일 싸웠어요." 데이비드가 진지하게 말했다.
"하지만 그 싸움이 우리를 더 완전하게 만들었죠."
예를 들어, 아브라함이 하나님의 부르심을 받고 고향을 떠나는 이야기를 읽을 때의 일이다.

데이비드는 '아브라함의 순종이 위대하다'고 즉시 결론을 내렸다. 하지만 사무엘은 다른 관점을 제시했다. "잠깐, 데이비드. 아브라함이 정말 망설임 없이 떠났을까? 성경에는 그의 내적 갈등이 기록되지 않았지만, 75세 노인이 모든 것을 버리고 떠난다는 게 쉬웠을까?"

"나는 숲을 보고, 사무엘은 나무를 봐요." 데이비드가 설명했다. "나는 감정으로 읽고, 그는 논리로 읽어요. 나는 빨리 결론을 내리고, 그는 천천히 과정을 밟아가요. 그래서 우리가 함께 읽으면 입체적인 이해가 가능해지죠." 이런 차이점들이 처음엔 갈등을 일으켰지만, 시간이 지나면서 서로를 보완하는 강점이 되었다. 데이비드의 직관력이 사무엘의 분석력을 만나 더 깊은 통찰을 낳았고, 사무엘의 신중함이 데이비드의 성급함을 조절해 더 정확한 결론에 도달할 수 있었다. 가장 놀라운 것은 이들의 일관성이었다.

"매주 화요일 오후 3시, 70년간 단 한 번도 빠트리지 않았어요." 사무엘이 자랑스럽게 말했다. "전쟁이 나도, 병원에 입원해도, 다른 도시로 이사를 가도."

"1970년대에 사무엘이 시카고로 이사 갔을 때는 어떻게 했나요?"

"편지로 했어요." 데이비드가 답했다. "일주일에 한 번씩 같은 텍스트를 읽고 서로의 생각을 편지로 주고 받았죠. 1980년대에는 전화로, 2000년대부터는 이메일과 화상통화로."

"기술은 바뀌어도 본질은 변하지 않았어요. 함께 읽고, 함께 생각하고, 함께 자라는 것. 그게 하브루타의 핵심이거든요."

대화가 깊어지면서 더 개인적인 이야기가 나왔다.

"2010년에 내가 우울증에 걸렸을 때, 사무엘이 나를 살렸어요." 데이비드의 목소리가 떨렸다. "아내를 잃고, 사업이 망하고, 모든 것이 무너졌을 때 말이에요. 그때 우리가 읽던 게 욥기였어요." 사무엘이 이어받았다. "데이비드가 욥의 고통에 자신을 투영하면서 조금씩 회복되기 시작했죠. 하브루타가 아니었다면 나는 포기했을 거예요." 데이비드가 진솔하게 고백했다.

"하지만 매주 화요일마다 사무엘과 만나 성경을 읽으면서, 내 고통이 혼자만의 것이 아니라는 걸 깨달았어요. 욥도, 다윗도, 예레미야도 모두 깊은 고통을 겪었지만 결국 희망을 찾았잖아요."

"하브루타는 단순한 공부가 아니에요." 사무엘이 조용히 말했다.

"서로의 인생을 함께 짊어지는 것이에요. 기쁠 때는 함께 기뻐하고, 슬플 때는 함께 슬퍼하는 거죠."

"요즘 젊은이들을 보면 안타까워요." 데이비드가 말했다. "친구도 클릭 한 번으로 만들고, 클릭 한 번으로 끊어버려요. 하지만 진짜 관계는 시간이 필요해요. 마치 와인처럼 숙성되어야 하는 거죠."

"우리 손자들도 처음엔 이해하지 못했어요." 사무엘이 웃었다. "할아버지, 왜 70년 동안 같은 사람하고만 공부해요? 다른 사람들과도 해보면 안 돼요?라고 묻더라고요." 그들이 손자들에게 해준 답이 인상적이었다.

"다양한 사람과 만나는 것도 좋지만, 한 사람과 깊이 가는 것은 더 귀해요. 넓이만 있고 깊이가 없으면 그건 웅덩이예요. 바다가 되려면 깊이가 있어야 해요."

대화의 마지막에 이들이 전한 메시지는 단순하지만 강력했다.

"사람들은 하브루타를 공부법이라고만 생각해요." 데이비드가 말했다.

"하지만 그건 빙산의 일각만 보는 거예요. 하브루타의 본질은 사랑이에요. 텍스트에 대한 사랑, 진리에 대한 사랑, 그리고 무엇보다 서로에 대한 사랑."

"70년 전 13세 소년이었던 우리가 지금 83세, 82세 할아버지가 되어서도 여전히 함께 배우고 있어요." 사무엘이 감동적으로 말했다.

"이게 가능한 이유는 우리가 서로를 진심으로 사랑하기 때문이에요."

"진정한 하브루타는 상대방을 이기려는 게 아니라 함께 성장하려는 거예요." 데이비드가 강조했다. "경쟁이 아니라 협력이죠. 내가 틀렸을 때 사무엘이 바로 잡아주고, 사무엘이 막힐 때 내가 새로운 관점을 제시해 주는 거예요."

대화를 마치며 나는 완전히 다른 관점을 갖게 되었다.

하브루타는 단순한 토론 방법이 아니었다. 그것은 평생에 걸친 '영적 동반자 관계'였다. 지식을 나누는 것을 넘어 인생을 함께 걸어가는 것이었다. 한국 교육이 놓친 것이 바로 이거구나 싶었다. 우리는 경쟁을 가르쳤지, 협력을 가르치지 못했다. 승부를 가르쳤지, 사랑을 가르치지 못했다. 개인의 성취를 강조했지, 관계의 성숙을 간과했다. 사무엘과 데이비드의 70년 우정은 하브루타의 진정한 의미를 보여 주었다. 그것은 단순히 더 나은 학습 결과를 위한 방법이 아니라, 더 나은 인간이 되기 위한 관계였다. 서로 다른 두 사람이 만나 하나의 완전한 존재가 되어가는 아름다운 여정이었다.

이제 이해했다. 하브루타는 교육법이 아니라 삶의 방식이다. 혼자서는 불완전한 인간이 관계를 통해 완전해져가는 하나님의 설계다. 그리고 이것이야말로 한국 교육이, 나아가 한국 사회가 절실히 필요로 하는 지혜가 아닐까? 70년의 우정이 증명했듯, 가장 깊은 배움은 가장 오래된 사랑에서 나온다.

진정한 배움은 누군가를 이기는 것이 아니라, 누군가와 함께 자라는 것이다.

1 같은 원리 다른 이름, 하브루타와 체다카

체다카는 단순히 자선이 아니라, 지극히 관계적인 단어이다.

우리는 체다카 צדקה 를 단순한 자선이나 기부로 알고 있다. 체다카 하면 아이들이 저금하는 체다카통이 떠오르는 것도 그러한 인식의 단면이다. 하지만 이는 빙산의 일각에 불과하다. 체다카의 본질은 '관계 속에서 도리를 다하는 것', 그것이 바로 '진정한 정의 justice'라는 깊은 철학적 개념을 담고 있다.

체다카는 세 가지 핵심 요소로 구성된다.

첫째, 바른 관계이다. 이는 단순히 사람들이 만나는 것을 넘어서 올바른 위치에서 서로를 인식하는 것을 의미한다. 도움을 주는 자와 받는 자 모두가 동등한 하나님의 자녀임을 인정하며, 일방적인 선행이 아닌 당연한 나눔으로 접근하는 것이다.

둘째, 관계 속에서 도리를 다함이다. 각자의 역할과 책임을 명확히 하고 이를 성실히 수행하는 것이다. 가진 자는 나누어야 할 책임을, 받는 자는 감사하며 다시 일어설 의무를 다하는 상호적 관계를 말한다.

셋째, 마음을 같이함이다. 이는 단순한 동정이나 연민을 넘어서 진정한 공감과 연대를 의미한다. 타인의 고통을 자신의 것으로 여기고, 그들의 회복을 진심으로 원하는 마음의 일치를 뜻한다.

체다카가 있는 아빠는 단순히 경제적 부양자가 아니다. 그는 아빠와 자녀 사이의 관계에서 아버지로서의 도리를 다하는 사람이다. 자녀의 성장을 위해 때로는 엄격하게, 때로는 따뜻하게 자신의 역할을 온전히 수행하는 존재다. 체다카가 있는 남편은 남편과 아내 사이에서 남편으로서 도리를 다하는 사람이다. 그는 단순히 함께 사는 동거인이 아니라, 아내를 존중하고 보호하며 함께 성장해 나가는 진정한 배우자다. 체다카가 있는 선생님은 학생과의 관계에서 도리를 다하는 교육자다. 지식을 전달하는 것을 넘어서 학생의 인격적 성장을 돕고, 때로는 인생의 멘토 역할까지 감당하는 존재다. 친구 사이에서 체다카가 있는 친구는 의리 있는 친구다. 좋을 때만 함께 하는 것이 아니라, 어려울 때도 곁에 서서 진정한 우정을 보여주는 사람이다. 이처럼 체다카는 본질적으로 관계적인 의미를 담고 있는 단어이다.

체다카는 세 가지 차원에서 그 완전한 모습을 드러낸다.

첫째, 사람이 하나님께 대하여 가지는 체다카는 믿음이다. 창세기 15장 6절에서 "아브람이 여호와를 믿으니 여호와께서 이를 그의 의로 여기시고"라고 기록된 것처럼, 이는 인간이 창조주와의 관계에서 가져야 할 올바른 자세를 의미한다.

둘째, 하나님이 사람에 대해서 가지시는 체다카는 구원이다. 이사야 56장 1절, 예레미야 23장 6절, 로마서 1장 17절에서 언급되듯이, 하나님의 의로우심은 인간을 구원하시는 사랑으로 나타난다. 이는 완전한 존재가 불완전한 존재에게 베푸는 궁극적 체다카다.

셋째, 사람이 사람에게 대하여 가지는 체다카는 공감이다. 로마서 12장 15절과 같이 함께 즐거워하고 함께 울며 함께 살아가는 것이다. 이는 수평적 관계에서 이루어지는 가장 인간적인 체다카의 모습이다.

여기서 우리는 놀라운 발견을 하게 된다. 하브루타의 본질이 바로 체다카와 동일하다는 것이다. 이는 단순한 유사성을 넘어서 본질적 동일성을 의미한다. 하브루타는 단순히 두 사람이 마주 앉아 토론하며 배우는 학습법 일 뿐 아니라, 학습이라는 거룩한 행위를 통해 구현되는 관계의 정의 Justice 학이다.

하브루타에서 가장 중요한 것은 지식의 전달이나 정보의 습득이 아니라, 두 사람이 진리를 향해 함께 나아가는 그 관계의 질이다. 전통적인 하브루타에서 학습자들은 서로를 '하베르 동반자'라고 부른다. 이는 단순한 학습 파트너가 아니라 생명의 여정을 함께 걷는 동반자라는 의미. 이들은 서로에게 질문을 던지고, 답변을 듣고, 반박하고, 다시 생각하는 과정을 통해 진리에 한 걸음씩 다가간다. 이 과정에서 중요한 것은 옳고 그름을 가리는 것이 아니라 함께하며 서로의 성장을 돕는 것, 이것이 진정한 체다카의 의미이다.

하브루타는 체다카의 삼중 구조와 정확히 일치한다. 먼저 사람이 하나님께 대한 체다카의 차원에서 하브루타를 보면, 학습자들은 진리의 원천이신 하나님 앞에서 겸손하게 배움의 자세를 취한다. 토라나 탈무드를 함께 읽으며 신의 뜻을 깨달아가는 과정에서, 두 사람은 각각 하나님과의 관계에서 믿음이라는 의로움을 실천하고 있는 것이다.

하나님이 사람에 대한 체다카의 차원에서 하브루타는 더욱 놀라운 의미를 드러낸다. 하나님께서 인간에게 지혜와 깨달음을 주시는 그 은혜가 바로 하브루타를 통해 구현된다. 두 사람이 함께 토론하고 학습하는 가운데 예상치 못한 통찰이 떠오르고, 새로운 이해가 열리는 순간들이 있다. 이는 하나님의 구원적 체다카가 학습이라는 행위를 통해 나타나는 것이다.

가장 명확하게 드러나는 것은 사람이 사람에게 대한 체다카로서의 하브루타다. 두 학습자는 서로의 무지를 비웃지 않고, 서로의 실수를 지적하되 상처주지 않으며, 서로의 성장을 위해 최선을 다한다. 상대방이 어려워할 때는 함께 고민하고, 상대방이 깨달을 때는 함께 기뻐한다. 이는 함께 즐거워하고 함께 울며 함께 살아가는 공감적 체다카의 완벽한 구현이다.

하브루타에서 두 사람은 단순히 개별적인 학습자가 아니라 하나의 학습 공동체를 이룬다. 이 공동체에서는 개인의 성취보다 공동체의 성장이 우선된다. 한 사람이 뛰어난 통찰을 얻으면 그것은 개인의 자랑거리가 아니라 공동체의 자산이 된다. 반대로 한 사람이 이해하지 못하면 다른 사람이 그를 끝까지 도와준다. 이는 관계 속에서 도리를 다하는 체다카의 정신이 학습 현장에서 생생하게 실현되는 모습이다.

> "하브루타 학습자는 짝과의 협력 학습에 적극적으로 참가하기 위해 자신들 안의 수동적인 학습 성향의 유혹을 떨쳐 버리고, 교사가 말하는 것에만 귀 기울이는 것을 넘어 짝과 능동적으로 협력하며 역동적으로 학습하는 법을 배워야 한다. 또한 자기 혼자만의 성취에만 관심을 가지는 것을 넘어서 짝의 성공적인 학습을 지원하고 돕는 책임감도 가져야 한다." [19]

전통적인 유대 사회에서 하브루타는 평생에 걸쳐 지속되는 관계였다.

---

19) Ibid, 96p

어린 시절부터 함께 토라를 배우기 시작한 하베르들은 성인이 된 후에도, 결혼한 후에도, 늙어서도 계속해서 함께 학습했다. 이는 단순한 학습 관계를 넘어서 평생에 걸친 영적 동반자 관계였다. 이들은 서로의 신앙적 성장을 책임지고, 서로의 삶을 지켜보며, 서로를 위해 기도하는 관계였다. 이것이야말로 체다카가 삶의 전 영역에서 실현되는 완전한 모습이다.

하브루타에서 가장 독특한 점은 격렬한 논쟁과 깊은 사랑이 동시에 존재한다는 것이다. 하베르들은 서로의 의견에 대해 날카롭게 반박하고, 때로는 격정적으로 토론한다. 하지만 이 모든 논쟁은 사랑에 기반한다. 상대방을 이기려는 것이 아니라 상대방과 함께 진리에 도달하려는 것이다. 이는 체다카의 핵심인 '마음을 같이 함'이 지적 탐구의 영역에서 구현되는 모습이다.

학습을 위한 논쟁을 통해 세상에 평화를 가져다 준다. 이는 진정한 하브루타에서 이루어지는 논쟁이 파괴적이지 않고 건설적이며, 분열을 가져오지 않고 오히려 더 깊은 일치를 만들어 낸다는 의미다. 이러한 논쟁은 각자의 위치에서 도리를 다하는 체다카의 실천이다.

하브루타에서는 전통적인 교사-학생의 위계질서가 해체된다. 두 사람은 서로에게 교사이자 학생이다. 오늘은 내가 상대방을 가르치고, 내일은 상대방이 나를 가르친다. 이는 수평적 관계에서 이루어지는 상호적 체다카의 모습이다. 아무리 학식이 높은 사람이라도 하베르 앞에서는 겸손하게 배우는 자세를 취해야 하고, 아무리 초보자라도 자신의 통찰을 당당하게 나누어야 한다. 이러한 상호 교육의 과정에서 두 사람은 각각 주는 자와 받는 자의 역할을 동시에 수행한다. 지식을 나누어 주면서도 새로운 지식을 받아 들이고, 질문을 던지면서도 답변을 경청한다. 이는 체다카의 본질인 관계 속에서의 상호 책임과 상호 돌봄이 학습의 영역에서 실현되는 것이다.

하브루타와 체다카는 같은 원리, 다른 이름이다. 둘 다 관계의 정의로움을 추구하며, 서로를 통해 더 나은 존재로 성장하려는 동일한 원리를 가지고 있다. 하브루타에서 두 사람이 함께 진리를 탐구하는 것은 체다카에서 서로 도리를 다하는 것과 본질적으로 동일하다. 하브루타에서 서로를 존중하고 배려하는 것은 체다카에서 마음을 같이하는 것과 정확히 일치한다. 하브루타의 진짜 이름은 관계다.

그리고 그 관계의 본질은 체다카, 즉 함께 도리를 다하며 마음을 같이하는 정의로운 연대인 것이다. 이것이야말로 진정한 배움이 일어나는 거룩한 공간이며, 인간이 인간다워지는 신성한 순간이다. 하브루타를 통해 우리는 단순히 지식을 습득하는 것이 아니라, 관계의 정의학을 몸소 실천하며 체다카의 삶을 살아가는 법을 배우는 것이다. 혼자 옳다고 외치는 목소리는 메아리일 뿐이지만, 함께 서로의 도리를 다하며 마음을 같이하는 그 순간에 진정한 의로움이 탄생한다.

체다카는 증명한다.

진정한 정의는 혼자 세울 수 없고, 반드시 관계 속에서 함께 이루어진 다는 것을. 지금 당신은 누구와 함께 '도리를 다하며 마음을 같이하는' 관계를 맺고 있습니까?

2   하브루타의 진짜 이름- 친구, 우정, 관계

하브루타의 진짜 이름은 무엇일까?

우리는 하브루타를 질문과 토론의 교육법 정도로만 알고 있다. 하지만 이것은 하브루타에 대한 근본적 오해다. 하브루타 חברותא 어원을 들여다보면 놀라운 진실이 드러난다. 이 단어는 히브리어 חבר chaver 에서 나온 말로, 그 뜻은 '친구', '동반자', '관계' 라는 뜻이다. 질문도 아니고, 토론도 아니다. 바로 '친구됨'이 하브루타의 본질인 것이다.

이 어원을 이해하면 우리가 흔히 오해하는 지점이 명확해진다. 하브루타에서는 질문과 토론은 수단이고, 관계와 공동체가 목적이다. 하브루타는 질문 기법이나 토론 방법론이 아니라 관계를 통한 교육, 공동체를 만드는 교육인 것이다. 그동안 우리는 하브루타의 껍질만 보고 알맹이를 놓쳤다. 유대인들이 3500년 동안 하브루타를 지켜온 이유가 여기에 있다. 단순히 효과적인 학습법만이었다면 진작 더 좋은 방법으로 대체되었을 것이다. 하지만 하브루타는 교육법을 넘어선 삶의 방식이었다. 사람과 사람을 연결하는 끈이있고, 공동체를 하나로 묶는 접착제였다.

20세기 위대한 유대인 철학자 마르틴 부버 Martin Buber 는 하브루타의 관계적 본질을 철학적으로 명확히 규명했다. 그의 대표작 『나와 너 Ich-Du』에서 그는 인간관계를 나-그것 Ich-Es 의 관계와 나-너 Ich-Du 의 관계 두 가지로 구분했다. '나-그것'의 관계는 상대방을 객체로, 도구로, 수단으로 대하는 관계다. 현대 교육의 대부분이 이런 관계다. 교사는 학생을 지식을 집어넣어야 할 '그것'으로 보고, 학생은 교사를 성적을 올려주는 '그것'으로 본다. 여기서는 진정한 만남이 일어나지 않는다. 반면 나-너의 관계는 상대방을 존재 자체로 인정하고 만나는 영원한 관계이다.

부버는 이렇게 말했다 "모든 진정한 삶은 만남이다" 그리고 사람은 너와의 관계에서만 '나'가 될 수 있다. 이것이 바로 하브루타의 핵심이다. 하브루타에서 상대방은 단순히 나의 학습을 돕는 도구가 아니다. 그는 나와 함께 진리를 찾아가는 동반자이며, 나의 존재를 풍요롭게 하는 '너'다. 부버의 표현을 빌리면, 하브루타는 나-너의 관계에서만 가능한 교육이다. 부버는 "교육의 목적은 관계를 통해 사람을 사람답게 만드는 것이다."라 말한다. 지식 전달이 목적이 아니라 인간됨이 목적이라는 것이다. 하브루타가 3500년 동안 유대 민족을 하나로 묶어온 이유가 여기에 있다. 단순히 토라를 가르친 것이 아니라 사람을 사람답게 만드는 관계를 가르쳤기 때문이다.

현대 교육학자 비고츠키 ^{Vygotsky} 는 놀라운 통찰을 제시했다.

> "비고츠키는 학습에 있어 협력의 필요성을 강조한다. 발달은 혼자 이루는 것이 아니라 누군가의 도움을 받아 이루어지는 과정이라고 말한다. 협력이 단지 도덕적 차원에서 좋은 것만이 아니라 인간 발달에 필수적이고 가장 효과적인 과정임을 밝히고 있다. 다시 말해 협력은 관계적 사고를 발달시킨다. 즉 하브루타는 관계의 교육학이다." [20]

이것은 혁명적 발견이다. 20세기 교육학자가 발견한 진리를 유대인들은 3500년 전부터 실천하고 있었던 것이다. 하브루타야말로 관계의 교육학의 원조인 셈이다. 우리가 개별 학습에 매몰되어 있을 때, 유대인들은 이미 함께 배우는 것이 더 깊이 배우는 것임을 알고 있었다.

부버와 비고츠키의 통찰이 만나는 지점이 바로 여기다. 부버가 말한 나-너의 관계에서 비고츠키가 발견한 근접발달영역의 학습이 일어나는 것이다. 진정한 관계 속에서만 진정한 성장이 가능하다. 현대 사회는 개인주의에 빠져 나 혼자 잘하면 된다는 착각에 사로잡혀 있다. 하지만 진정한 성장은 혼자서는 불가능하다. 비고츠키의 근접발달영역 이론이 증명하듯이, 우리는 타인과의 상호작용을 통해서만 다음 단계로 발전할 수 있다.

---

[20] 비고츠키교육학실천연구모임, 『관계의교육학, 비고츠키』, 살림터, 18p

탈무드에는 이런 아름다운 비유가 나온다. "나뭇가지 하나로는 불을 피울 수 없듯이, 토라의 진리도 독학으로는 깨달을 수 없다."[21] 이것은 단순한 은유가 아니라 학습의 본질에 대한 깊은 통찰이다. 나뭇가지 하나로는 왜 불을 피울 수 없을까? 불이 타려면 마찰이 필요하고, 마찰이 일어나려면 최소한 두 개의 요소가 있어야 한다. 학습도 마찬가지다. 진정한 학습이 일어나려면 생각과 생각의 마찰, 관점과 관점의 충돌이 필요하다. 혼자서는 이런 지적 마찰이 일어날 수 없다. 부버의 관점에서 보면, 이 지적 마찰은 '나-너'의 관계에서만 가능하다. '나-그것'의 관계에서는 진정한 충돌이 일어나지 않는다. 상대방을 도구로 보는 순간, 그는 나에게 도전하지 않고 나도 그에게 진정으로 열리지 않는다. 오직 너를 너로 만날 때만 진정한 학습의 마찰이 일어난다.

토라학습에는 두 가지 원칙이 있는데 "첫째, 반드시 질문으로 하라. 둘째, 절대 혼자 하지 마라."이다. 탈무드 Taanit 7a에 따르면, "불은 혼자 켜지지 않는다"고 강조한다. 이는 단순한 은유가 아니다. 혼자 하는 공부는 결국 꺼지고 만다. 지식은 고립된 정신에서 자라지 않는다.

질문은 혼자 할 수 있지만, 진짜 깨달음은 서로의 대화속에서 튀어오른다. 하브루타 없는 학습은, 불씨 없는 모닥불과 같다. 따뜻하지도, 오래 가지도 않는다.

---

21) 엘리홀저, 『하브루타란 무엇인가』, D6, 30p

그렇다면 관계는 어떻게 학습을 만드는가? 이것은 1+1=2가 아니라 1+1=3의 수학이다. 두 사람이 만나면 각자의 지식에 더해 관계 자체가 만드는 새로운 지식이 탄생한다. 부버는 이를 사이 Between 의 철학으로 설명했다. 진정한 만남에서는 '나'도 '너'도 아닌 '사이'에서 새로운 것이 창발한다. 이 사이는 어느 개인에게도 속하지 않지만, 관계 속에서만 존재하는 신비로운 공간이다. 예를 들어보자. 한 사람이 성경 구절을 읽으면서 느끼는 감동과 깨달음이 있다. 다른 사람도 같은 구절을 읽으면서 각자의 경험과 배경에 따라 다른 감동과 깨달음을 얻는다. 이 두 사람이 '나-너'의 관계로 만나 대화를 나누는 순간, 세 번째 깨달음이 나타난다. 그것은 어느 누구도 혼자서는 얻을 수 없었던 관계가 만든 새로운 통찰이다.

이것이 바로 '협력이 관계적 사고를 발달시키는 과정'이다.

우리는 타인과의 관계를 통해 자신의 한계를 넘어서고, 새로운 관점을 발견하며, 더 깊은 이해에 도달한다. 이런 과정을 통해 우리는 단순히 지식을 얻는 것이 아니라 관계적 존재로 성장한다. 부버가 말했듯이, 사람은 '너'와의 관계에서만 '나'가 될 수 있다. 하브루타는 바로 이런 나됨의 교육이다.

하브루타에서는 친구됨이 왜 그렇게 중요할까?

부버의 철학으로 설명하면, 친구는 궁극적인 너다. 친구는 나를 있는 그대로 받아주는 사람이면서 동시에 나의 성장을 위해 도전하는 사람이다. 이런 관계에서만 진정한 학습이 가능하다. 일반적인 교육 관계는 수직적이다. 가르치는 사람과 배우는 사람이 명확히 구분되어 있다. 부버의 표현으로는 나-그것의 관계다. 하지만 하브루타의 친구 관계는 수평적이다. 서로가 가르치고 서로가 배운다. 때로는 내가 선생님이 되고, 때로는 상대방이 선생님이 된다. 이런 역할의 유연성이 하브루타의 큰 장점이다.

더 중요한 것은 안전감이다. 부버가 말한 나-너의 관계에서는 가면을 벗을 수 있다. 친구 앞에서는 '모른다'고 말할 수 있다. 어리석은 질문도 할 수 있고, 실수도 인정할 수 있다. 이런 심리적 안전감이 있어야 진정한 탐구와 성장이 가능하다. 진정한 대화는 각자가 정말로 상대방을 염두에 두고, 상대방을 현재의 특별한 존재로 향할 때 일어난다고 한다. 하브루타의 친구 관계가 바로 이런 진정한 대화를 가능하게 한다. 하브루타의 궁극적 목적은 개인의 학습 향상이 아니다. 그것은 공동체 만들기다. 함께 배우는 과정에서 사람들은 서로를 이해하게 되고, 서로를 존중하게 되며, 서로를 사랑하게 된다. 이것이 바로 관계의 교육학이 추구하는 최종 목표다.

부버는 공동체를, 진정한 공동체 true community 와 집합체 collectivity 로 구분했다. 집합체는 개인들이 모여 있지만 진정한 관계가 없는 상태다. 반면 진정한 공동체는 나-너의 관계들이 네트워크를 이루는 곳이다. 유대인 공동체가 흩어진 상황에서도 하나로 뭉쳐 있을 수 있었던 비결이 여기에 있다. 그들은 하브루타를 통해 학습 공동체를 만들었고, 그 공동체가 생존 공동체가 되었다. 단순히 지식을 전수한 것이 아니라 우리는 하나라는 정체성을 심어준 것이다.

　부버의 표현을 빌리면, 유대인들은 하브루타를 통해 '나-너-우리'의 구조를 만들어낸 것이다. 개별적인 '나-너'의 관계들이 모여서 '우리'라는 더 큰 공동체를 형성한 것이다. 현대 사회가 개인주의와 경쟁 문화로 인해 공동체가 해체되고 있는 상황에서, 하브루타는 새로운 희망을 제시한다. 경쟁이 아닌 협력, 혼자가 아닌 함께, 이기는 것이 아닌 같이 성장하는 것이 하브루타의 철학이다.

　하브루타의 친구됨 철학은 현대 교육의 많은 문제들을 해결할 수 있는 열쇠다. 왕따 문제, 학습 부진, 사회성 결여 등의 문제들이 관계의 부재에서 비롯되는 경우가 많다. 하브루타는 이런 문제들을 근본적으로 해결할 수 있는 근본적인 대안이다.

　교육의 목적은 관계를 통해 사람을 사람답게 만드는 것이다. 하브루타는 바로 이런 교육을 실현한다. 더 나아가 하브루타는 평생 학습자를 만든다. 혼자 공부하는 사람은 동기가 떨어지고 쉽게 포기한다. 하지만 함께 배우는 친구가 있으면 끝까지 포기하지 않는다. 함께라서 가능한 지속성이 생기는 것이다. 인간은 혼자서는 인간이 될 수 없다. 오직 다른 인간과의 관계에서만 진정한 인간이 된다. 하브루타는 바로 이런 인간됨의 교육이다.

하브루타의 진짜 이름은 관계다. 질문도, 토론도, 모든 것이 친구 관계를 전제로 한다. 그리고 그 친구 관계 속에서 진정한 배움이 일어나고, 진정한 성장이 일어나며, 진정한 공동체가 만들어진다. 하브루타는 나-너의 관계에서 일어나는 교육이다. 상대방을 도구나 수단으로 보지 않고, 너로 만나는 교육이다. 그 만남 속에서 새로운 지식이 창발하고, 새로운 관계가 형성되며, 새로운 공동체가 탄생한다.

"질문과 토론은 수단이고, 관계와 공동체가 목적이다."

이것이 하브루타가 우리에게 주는 가장 소중한 가르침이다. 우리가 추구해야 할 것은 더 좋은 교육 기법이 아니라 더 깊은 관계, 더 따뜻한 공동체. 그 안에서 모든 배움과 성장이 자연스럽게 일어날 것이다. 마르틴 부버가 말했듯이, 모든 진정한 삶은 만남이다. 하브루타는 바로 그 진정한 만남을 통한 교육이다. 그리고 그 만남 속에서 우리는 비로소 나가 되고, 너를 만나며, 우리를 이룬다.

"성공적인 대화는 우리의 내면을 변화시킬 무언가를 남긴다.
친구는 대화 속에서 서로를 발견한다.
친구의 모습 속에서 나를 발견하고,
나의 모습 속에서 친구의 모습이 드러난다.
그렇게 대화 속에서 서로가 서로를 위해 함께하는 공동체를 만들어 간다."[22]

---

22) Ibid, 245p

3 철이 철을 날카롭게 하는 것 같이

잠언은 지혜의 말씀이다.
잠언 27장 17절의 말씀이 하브루타의 핵심을 완벽하게 설명한다.

"철이 철을 날카롭게 하는 것 같이 사람이 친구의 얼굴을 빛나게 하느니라."

이 한 구절에는 관계를 통한 교육의 모든 비밀이 담겨있다. 철이 날카로워지려면 마찰이 필요하다. 부드럽게 어루만져서는 절대 날카로워지지 않는다. 거친 숫돌에 문지르고, 다른 철과 부딪혀야 한다. 그 과정에서 불꽃이 튀고, 소음이 나며, 때로는 아프기도 하다. 하지만 그런 과정을 거쳐야만 진정으로 날카로운 철이 된다.

하브루타도 마찬가지다. 편안한 대화로는 성장이 일어나지 않는다. 서로 다른 생각이 부딪히고, 다른 관점이 충돌하며, 때로는 지적 마찰이 일어나야 한다. 그 과정에서 우리의 사고는 더욱 예리해지고, 이해는 더욱 깊어진다. 이것이 바로 상호 연마의 교육학이다. 현대 교육은 이런 건설적 마찰을 회피하려 한다. 갈등 없는 조화로운 분위기를 추구한다.

하지만 진정한 성장은 불편함 속에서 일어난다. 내 생각이 도전받을 때, 내 관점이 흔들릴 때, 그 순간에 새로운 차원의 이해가 열린다.

하브루타의 가장 큰 힘은 다양성을 통한 시너지에 있다. 똑같은 생각을 가진 사람들이 모여서는 새로운 것이 나올 수 없다. 서로 다른 배경, 다른 경험, 다른 관점을 가진 사람들이 만날 때 창조적 에너지가 폭발한다. 하지만 진정한 관계를 맺는다는 것은 위험한 일이다.

요하난 머프스 Yochanan Muffs 의 말이 이를 잘 표현한다.

"서로 다른 인격들이 만나는 데는 엄청난 용기가 필요하다. 타인과 소통하기 위해서는 내 마음을 드러내는 위험을 감수해야 한다. 즉 소통 자체가 위험한 행동이다. 상대방이 어떻게 반응할지 미리 알 수 없기 때문이다. 상대방이 내 말에 전혀 귀 기울이지 않을 가능성도 늘 존재하기 때문에, 참된 소통은 언제나 위험한 시도일 수 밖에 없다. 하지만 만약 뛰어내릴 용기를 결코 불러 일으키지 않으면 고요한 격리 속에서 시들어버릴 것이다."

이 말은 하브루타의 본질을 깊이 있게 설명한다. 하브루타는 안전한 학습이 아니다. 그것은 위험한 만남이다. 내 마음을 드러내는 위험, 거절당할 수도 있는 위험, 이해받지 못할 수도 있는 위험을 감수해야 한다. 하지만 요하난 머프스 Yochanan Muffs 는 이어서 말한다. "하지만 만약 뛰어내릴 용기를 결코 불러일으키지 않으면 고요한 격리 속에서 시들어 버릴 것이다." 위험하지만 뛰어들어야 한다. 안전하지만 고립된 삶보다는 위험하지만 연결된 삶을 선택해야 한다. 이것이 '참된 소통은 언제나 위험한 시도'라는 말의 의미다. 하브루타는 이런 위험을 감수하는 사람들만이 경험할 수 있는 특별한 선물이다. 그 위험을 감수한 만큼 깊은 관계를 얻고, 진정한 성장을 경험한다.

그리고 탈무드는 이렇게 외친다.
"או חברותא או מיתותא O chavruta o mituta" "하브루타 아니면 죽음을."
이 구절은 지식의 생존 조건을 단적으로 드러낸다. 혼자 공부하는 사람은 단지 효율이 떨어지는 것이 아니라, 그 학문 자체가 죽은 것과 다름없다는 선언이다. 이는 단순한 협업의 권장이 아니라, 배움이란 함께 있음 자체를 전제로 한다는 유대적 앎의 철학이다. 함께 묻고, 함께 부딪히고, 함께 흔들릴 때 비로소 배움은 살아 있는 텍스트가 된다. 토라는 텍스트가 아니다. 토라는 만남이다. 하브루타는 공부의 형식이 아니라, 존재의 존재 방식이다.

하브루타에서는 갈등이 성장의 동력이다. 탈무드에서 언급한 "하브루타 오 미투타"는 단순히 함께 공부할 사람이 필요하다는 뜻이 아니다. '나와 갈등할 수 있는 친구', '나에게 도전할 수 있는 동반자'가 없으면 영적으로 죽는다는 뜻이다. 현대인들은 갈등을 회피하려 한다. 평화롭고 조화로운 관계를 선호한다. 하지만 하브루타는 갈등을 환영한다. 물론 파괴적 갈등이 아니라 건설적 갈등이다. 서로를 해치려는 갈등이 아니라 서로를 성장시키려는 갈등이다.

마찰을 통한 성장이 일어나려면 적절한 긴장이 필요하다. 너무 편안하면 성장이 멈춘다. 적당한 불편함이 있어야 새로운 차원으로 도약할 수 있다. 하브루타는 이런 창조적 긴장을 의도적으로 만들어낸다. 이 과정에서 중요한 것은 갈등의 목적이다. 이기려는 갈등이 아니라 함께 진리에 도달하려는 갈등이어야 한다. 상대방을 굴복시키려는 논쟁이 아니라 서로를 날카롭게 만드는 연마여야 한다.

철이 철을 날카롭게 할 때 놀라운 일이 일어난다. 두 개의 무딘 철이 만나서 두 개의 날카로운 철이 된다. 어느 한쪽만 날카로워지는 것이 아니라 둘 다 날카로워진다. 이것이 바로 상호 이익의 원리다. 하브루타도 마찬가지다. 한 사람이 일방적으로 가르치고 다른 사람이 일방적으로 배우는 것이 아니다. 둘 다 가르치고 둘 다 배운다. 둘 다 날카로워지고 둘 다 성장한다. 이것이 Win-Win 교육학의 핵심이다.

더 놀라운 것은 이 과정에서 제3의 지혜가 탄생한다는 점이다. 1+1=2가 아니라 1+1=3의 수학이 일어난다. 개별적으로는 얻을 수 없었던 관계가 만든 새로운 통찰이 나타난다. 이런 경험을 한 사람들은 혼자 공부하는 것을 견딜 수 없게 된다. 함께 배우는 기쁨을 맛본 사람은 혼자 배우는 고독을 참기 어렵다. 이것이 바로 하브루타 중독이다. 좋은 의미에서 중독이 되는 것이다.

가장 날카로운 철은 가장 거친 마찰을 견뎌낸 철이다. 가장 깊은 우정도 가장 치열한 논쟁을 통과한 관계에서 탄생한다.

당신은 지금 누구와 함께 날카로워지고 있는가? 아니면 여전히 혼자서 무뎌져가고 있는가?

4 하늘을 위한 거룩한 논쟁

왜 한국 사람들은 논쟁을 시작하면, 논쟁이 아닌 언쟁이 될까?

대부분의 사람들은 갈등을 피하려 한다. 특히 한국 문화에서는 화합과 조화를 중시하여 의견 충돌을 불편해한다. 하지만 유대인 문화는 정반대다. 그들은 갈등을 환영한다. 미쉬나 아보트 5:17에 보면, 마하로케트 레솀 샤마임 מחלוקת לשם שמים 더 정확하게는 '하늘을 위한 거룩한 논쟁'을 환영한다.

이 개념을 이해하기 위해서는 유대인 역사상 가장 유명한 두 학파인 힐렐과 샤마이의 이야기를 알아야 한다. 이 두 랍비 학파는 거의 모든 문제에서 의견이 달랐다. 종교적 해석, 생활 방식, 교육 방법에 이르기까지 끊임없이 논쟁했다. 하지만 놀라운 것은 그들이 서로를 적으로 여기지 않았다는 점이다. 바빌로니아 탈무드 에루빈 13b Eruvin 13b 에는 아름다운 기록이 있다. '이것도 하나님의 말씀, 저것도 하나님의 말씀 에일루 베에일루'. 서로 다른 의견이지만 둘 다 하나님의 뜻을 찾으려는 진정한 노력이라는 뜻이다. 옳고 그름을 가리기보다, 텍스트와 진리를 향한 경건한 긴장 속의 대화가 중요하다. '에일루 베에일루'는 질문과 대립, 차이를 수용하는 토론 공동체를 위한 선언이다. 이것이 바로 거룩한 논쟁의 핵심이다. 상대방을

적으로 보지 않고 진리 탐구의 동반자로 보는 관점이다.

이런 정신은 현대 교육학자들에게도 깊은 감명을 주고 있다. 강치원 교수는 『토론의 힘』에서 "토론에 지고 사람을 얻으면 이기는 법이다"라고 말했다. 이것은 에일루 베에일루의 정신을 현대적으로 표현한 것이다. 논쟁에서 승리하는 것보다 관계를 얻는 것이 더 큰 승리라는 뜻이다. 리차드 R. 오스머 Richard R. Osmer 도 『신앙교육을 위한 교수방법』에서 토론교육을 '관계를 위한 교육'으로 정의했다. 토론에서의 주고받음을 통하여 학생들은 배움의 공동체에서 소극적인 지식의 수용자의 위치에서 적극적인 기여자로 바뀌어진다. 학습자들이 대화를 함으로써 그들은 서로의 생각과 느낌을 나눌 수 있는 기회와 다른 사람들의 생각과 느낌을 수용할 수 있는 기회를 제공받게 된다. 이처럼 토론은 신앙의 관계적 차원이 지원 받을 수 있는 보다 중요한 방법들 중의 하나다. 이런 통찰들은 하브루타의 '마하로케트 레쉠 샤마임'이 단순한 논쟁 기법이 아니라 '관계 형성의 핵심 도구'임을 보여준다.

힐렐과 샴마이 학파가 보여준 것은 건설적 갈등 모델이다.
이들의 논쟁에는 몇 가지 특징이 있다.

첫째, 논쟁의 목적이 명확했다. 이기는 것이 아니라, 함께 진리에 도달하는 것이 목표였다.
둘째, 상대방의 인격을 존중했다. 의견은 반대하되, 사람은 존중하는 원칙을 지켰다.

셋째, 자신이 틀릴 수 있다는 겸손함을 유지했다.

이런 태도는 현대의 논쟁 문화와는 완전히 다르다. 오늘날의 논쟁은 대부분 승부욕에서 시작된다. 상대방을 굴복시키고, 자신의 우월함을 증명하려 한다. 하지만 하늘을 위한 논쟁은 다르다. 모든 참가자가 더 깊은 이해에 도달하기 위해 노력한다. 하브루타에서도 이런 정신이 그대로 적용된다. 파트너와 의견이 다를 때, 그것을 문제로 보지 않고 기회로 본다. 서로 다른 관점이 만날 때 새로운 통찰이 탄생할 수 있기 때문이다. 이것이 바로 논쟁을 통한 상호 성장의 비밀이다.

유대인들에게는 '토하하 תוכחה' 라는 문화가 있다. 즉 책망, 견책, 경고의 전통이 매우 중요한 윤리적·공동체적 문화로 자리 잡고 있다. 단순한 꾸짖음이 아니라, 관계 회복과 영적 성장을 위한 책임 있는 대면이라는 점에서 깊은 의미를 지닌다. 이것은 사랑으로 하는 건설적이고 지적인 문화이다. 상대방의 잘못을 지적하되, 그 목적은 비난이 아니라 성장이다. 상대방의 인격은 존중하되 잘못된 생각은 바로잡는 방식이다.

토하하의 핵심은 관계 유지를 위한 건설적 피드백의 기술에 있다. 단순히 "당신이 틀렸다"고 말하는 것이 아니라, "이런 관점도 있지 않을까요?"라고 제안하는 방식이다. 상대방의 체면을 세워주면서도 진실을 추구하는 지혜다.

'샬롬 바이트 שלום בית' 문화는, 유대인 공동체 문화에서 가장 핵심적인 실천 가치 중 하나이다. 단순한 평화나 조화가 아니라, 하나님의 임재가 머무는 거룩한 공간을 지키기 위한 영적 사명이기도 하다. 갈등 후 관계 회복을 위한 의도적 노력이다. 논쟁이 끝나면 반드시 화해와 관계 회복의 시간을 갖는다. 이것은 갈등이 관계를 파괴하지 않고 오히려 더 깊은 관계로 발전시키는 비결이다.

탈무드에는 놀라운 말씀이 기록되어 있다.

"랍비 히야 벤 아바가 말했다. 토라를 함께 공부하면 심지어 아버지와 아들의 관계이든, 스승과 제자의 관계이든, 서로 원수가 될 수 있다. 하지만 그들은 서로를 사랑하게 되기까지는 꼼짝하지 않는다."

이 말씀은 하브루타의 본질을 깊이 있게 보여준다. 진정한 학습 과정에서는 갈등이 불가피하다는 것이다. 심지어 가장 가까운 관계에서도 의견 충돌이 일어날 수 있다. 하지만 중요한 것은 그 갈등을 어떻게 다루느냐다. '서로를 사랑하게 되기까지는 꼼짝하지 않는다'는 표현은 유대인들의 관계에 대한 철학을 보여준다. 갈등이 일어났다고 해서 관계를 포기하지 않는다. 오히려 그 갈등을 통해 더 깊은 이해와 사랑에 도달할 때까지 끈기 있게 노력한다.

이것은 현대인들이 가장 어려워하는 부분이다. 우리는 조금만 불편해도 관계를 정리하려 한다. 의견이 다르면 '성격이 안 맞는다'며 거리를 둔다. 하지만 하브루타는 갈등을 관계 발전의 기회로 본다.

그렇다면 어떤 갈등이 거룩한 갈등일까? 여기에는 몇 가지 원칙이 있다.

첫째, 개인 공격이 아닌 아이디어에 대한 도전이어야 한다. "당신이 틀렸다"가 아니라 "당신의 이 아이디어는 문제가 있다"고 말하는 것이다.

둘째, 이기려 하지 않고 함께 진리에 도달하려는 자세여야 한다. 논쟁의 목적이 승리가 아니라 공동의 이해라는 점을 분명히 해야 한다.

셋째, 갈등 과정에서도 상대방에 대한 존중을 유지해야 한다. 아무리 의견이 다르더라도 상대방을 인격체로 존중하는 태도를 잃지 않아야 한다.

넷째, 논쟁 후에는 반드시 화해와 관계 회복의 시간을 가져야 한다. 갈등을 그대로 방치하면 관계가 악화된다. 의도적으로 관계 회복을 위해 노력해야 한다.

하브루타에서 흥미로운 점은 세대나 위계와 상관없이 거룩한 논쟁이 일어난다는 것이다. 아버지와 아들 사이에서도, 스승과 제자 사이에서도, 동등한 친구 사이에서도 모두 가능하다. 아버지와 아들의 관계에서는 권위와 도전의 만남이 일어난다. 아버지의 경험과 지혜에 아들의 새로운 시각과 질문이 더해져 더 풍성한 이해가 만들어진다. 이때 중요한 것은 아버지가 아들의 도전을 받아들이는 겸손함과 아들이 아버지를 존중하는 예의다.

스승과 제자의 관계에서는 존경과 질문의 조화가 중요하다. 제자는 스승을 존경하되 맹목적으로 따르지 않는다. 스승의 가르침에 대해 질문하고, 때로는 도전하기도 한다. 스승은 이런 제자의 질문을 환영하고, 함께 더 깊은 진리를 탐구한다. 동등한 친구 관계에서는 경쟁과 협력의 균형이 핵심이다. 서로 이기려 하되 상대방을 해치지 않는다. 경쟁을 통해 서로를 자극하되 협력을 통해 함께 성장한다.

하브루타의 놀라운 점은 모든 형태의 관계에서 이런 갈등과 화해의 과정이 일어난다는 것이다. 나이나 지위, 성별이나 배경과 상관없이 진정한 학습을 위해서는 갈등이 필요하고, 그 갈등을 건설적으로 해결하는 과정에서 관계가 더욱 깊어진다. 이 과정에서 중요한 것은 갈등을 회피하지 않는 용기와 갈등을 건설적으로 해결하는 지혜다. 갈등을 두려워하면 진정한 대화가 일어날 수 없다. 하지만 갈등만 있고 화해가 없으면 관계가 파괴된다. 둘 사이의 균형이 중요하다.

한국 사회는 전통적으로 갈등을 회피하는 문화이다. "모난 돌이 정 맞는다"는 속담처럼 튀는 것을 좋아하지 않는다. 조화와 화합을 중시하는 문화적 배경이 있다. 하지만 이런 문화가 때로는 진정한 소통을 가로막는 장벽이 되기도 한다. 표면적 평화는 유지되지만 진정한 이해는 부족하다. 서로 다른 의견을 가지고 있으면서도 드러내지 않는다.

하브루타는 나대는 것이 아니라, 나되는 것이다. 참된 내가 되는 것, 그런 아름다운 교육문화가 하브루타다.

하브루타의 거룩한 논쟁 문화는 이런 문제에 대한 대안을 제시한다. 갈등을 숨기지 말고 드러내되, 건설적으로 해결하는 방법을 배우는 것이다. 작은 갈등을 지속적으로 해결해 나가면 큰 폭발을 예방할 수 있다. 하늘을 위한 거룩한 논쟁 '마하로케트 레쉠 샤마임 מחלוקת לשם שמים'은 단순한 토론 기법이 아니다. 그것은 관계를 통해 진리에 접근하는 삶의 자세다. 서로를 적이 아닌 동반자로 보고, 갈등을 파괴가 아닌 창조의 기회로 여기며, 논쟁을 승부가 아닌 성장의 과정으로 받아들이는 지혜다. 이것이 바로 하브루타가 우리에게 주는 선물이다. 진정한 평화는 갈등을 피할 때가 아니라 갈등을 거룩하게 통과할 때 찾아온다. 하늘을 위한 논쟁만이 땅 위에 참된 샬롬을 가져다준다.

당신은 지금 누구와 거룩하게 싸우고 있는가?
아니면 여전히 평화라는 이름으로 진리를 회피하고 있는가?

5 하브루타 파트너십의 신비

하브루타에서 가장 중요한 요소는 무엇일까?

텍스트도 아니고, 질문 기법도 아니고, 토론 방법도 아니다. 바로 하베르 Chaver, 즉 학습 짝이다. 좋은 짝을 만나면 평범한 텍스트도 보물처럼 빛나고, 나쁜 짝을 만나면 최고의 텍스트도 무의미해진다. 짝이 하브루타의 성패를 결정한다는 말이 과언이 아니다. 유대인 교육에서는 이런 말이 있다. '본문과의 관계만큼 학습 짝 하베르 과의 관계가 중요하다.' 이것은 놀라운 통찰이다. 수천 년 동안 연구되어 온 토라와 탈무드라는 위대한 텍스트와 동등한 중요성을 학습 파트너에게 부여하는 것이다. 이것이 바로 관계 중심 교육의 핵심이다. 하지만 좋은 짝을 찾는 것은 쉽지 않다. 지식 수준이 비슷해야 할까? 성격이 맞아야 할까? 관심사가 같아야 할까? 유대인들의 오랜 경험에서 나온 지혜를 살펴보면, 하브루타 파트너십은 하루 아침에 만들어지는 것이 아니라 시간의 축적을 통해 형성되는 것이다.

CGNTV <이스라엘의 진짜 하브루타 이야기> 방송에서 유진상 교수가 들려준 아들의 학교 이야기는 하베르의 진정한 의미를 완벽하게 보여준다. 그의 아들은 이스라엘에서 초등학교를 다니며 같은 반 친구에게 괴롭힘을 당하게 된다. 그런데 1년이 지나 2학년이 되어서도 아들을 괴롭혔던 학생과 또 같은 반이 되자 학교 교장선생님을 찾아 갔다고 한다.

"우리 아들이 조금 힘들어 하는 친구가 있는데 혹시 반을 바꿔줄 수 있나요?"라는 그의 질문에 교장선생님은 단호하게 이야기 했다.
"우리는 6학년때까지 반을 바꾸지 않습니다."
"아이들은 사실상 싸울수도 있고, 싸웠다가 다시 친구가 될 수가 있는데, 1년마다 반을 바꾼다면, 한번 싸워서 관계가 나쁜 친구는 반이 바뀌게 되면, 그 친구와는 영원히 싸운 것으로 남습니다." 라고 했다고 한다. 아름다운 결론은 그의 아들이 결국은 그 아이와 친구가 되었다는 것이다. 이것이 바로 하베르의 정확한 개념이다. 이러한 문화를 통해 이스라엘 초등학교에서는 '누구와도 친구가 될 수 있다는 것'을 가르치는 것이다.

하브루타에서 하베르는 단순히 일시적으로 만나는 학습 파트너가 아니라, 오랜 시간을 함께 하며 서로를 깊이 알아가는 관계인 것이다. 6년이라는 시간 동안 아이들은 서로의 장점과 단점을, 학습 스타일과 성격을, 가정 환경과 꿈을 알게 된다. 처음에는 어색했던 관계가 시간이 지나면서 영혼의 학습 동반자로 발전한다. 이런 관계에서 나오는 질문과 대화는 일회적 만남에서 나오는 것과는 차원이 다른 깊이를 갖는다. 이것은 현대 교육의 단기간 집중 방식과는 정반대다. 우리는 빠른 결과를 원하고, 즉각적 효과를 기대한다. 하지만 진정한 하브루타 관계는 느린 숙성을 통해서만 만들어진다. 마치 좋은 와인이 오랜 시간 숙성되어야 깊은 맛을 내는 것처럼, 하브루타 파트너십도 시간의 축적이 만드는 신뢰와 깊이가 있어야 한다.

시간이 만드는 신뢰가 있어야 진정한 대화가 가능하기 때문이다. 처음 만난 사람과는 표면적 대화만 가능하다. 서로 눈치를 보고, 상대방의 반응을 살피며, 안전한 주제만 다룬다. 하지만 오랜 시간 함께한 파트너와는 깊은 대화가 가능하다. 서로의 약점을 알고 있기 때문에 오히려 더 솔직해질 수 있고, 서로의 성향을 알고 있기 때문에 더 효과적으로 소통할 수 있다. 이런 관계에서는 불편함을 견디는 힘이 생긴다. 연구에 따르면 때로는 짝과 불편하고 의견이 대립되는 순간들이 있더라도 열린 태도를 가지고 대화하는 자세가 중요하다고 한다. 이것은 일회적 만남에서는 불가능하다. 관계가 깨질까 봐 갈등을 회피하게 된다. 하지만 깊은 신뢰 관계에서는 갈등도 성장의 기회로 받아들일 수 있다.

하브루타 파트너십은 몇 가지 단계를 거쳐 발전한다.

첫 번째 단계는 초기의 어색함이다. 서로를 잘 모르기 때문에 조심스럽고, 깊은 질문을 하기 어렵다. 이 단계에서는 주로 정보 교환 수준의 대화가 이루어진다.

두 번째 단계는 신뢰 관계 형성이다. 시간이 지나면서 서로의 성향을 알게 되고, 믿을 만한 사람이라는 확신이 생긴다. 이 단계에서부터 진짜 질문을 할 수 있게 된다. 모른다고 인정할 수 있고, 의견이 다르다고 말할 수 있다.

세 번째 단계는 갈등과 대립을 통한 성장이다. 서로 다른 의견이 충돌하고, 때로는 격렬한 논쟁도 벌어진다. 하지만 이것이 관계를 파괴하지 않는다는 것을 알기 때문에 건설적 갈등이 가능하다. 이 단계에서 진정한 학습이 일어난다.

네 번째 단계는 인격체로의 성장이다. 연구에 따르면 하브루타 본문 학습자로 성장한다는 것은 매우 정교한 하브루타 기술과 더불어 높은 수준의 인격체로서 인식과 의식을 기른다는 것을 의미한다고 한다. 단순히 지식을 얻는 것이 아니라 사람 자체가 성숙해지는 것이다.

진정한 하브루타 파트너는 '영혼의 학습 동반자'가 된다. 이것은 단순한 공부 친구와는 다른 차원이다. 영혼의 동반자는 내 성장을 위해 기꺼이 불편한 질문을 던져주는 사람이다. 내 약점을 지적해도 미워하지 않는 사람이다. 내가 틀렸을 때 용기있게 바로 잡아주는 사람이다.

이런 관계가 형성되려면 상호 투자가 필요하다. 서로에게 시간을 투자하고, 관심을 투자하며, 감정을 투자해야 한다. 이것은 거래적 관계가 아니라 헌신적 관계다. 내가 얻을 것만 생각하는 것이 아니라, 상대방의 성장도 함께 고민하는 관계다. 이런 관계에서는 경쟁이 협력으로 바뀐다. 상대방보다 더 많이 알고 싶은 것이 아니라, 함께 더 깊이 알고 싶어진다. 상대방을 이기고 싶은 것이 아니라, 함께 성장하고 싶어진다. 이것이 바로 Win-Win 학습의 핵심이다.

흥미롭게도 최고의 하브루타 파트너십은 서로 다른 배경을 가진 사람들 사이에서 종종 나타난다. 나이가 다르고, 경험이 다르며, 관점이 다른 사람들이 만날 때 시너지 효과가 극대화된다. 예를 들어 젊은 학생과 경험 많은 랍비가 하브루타를 하면 어떤 일이 일어날까? 학생은 창의적 질문을 제공하고, 랍비는 깊은 통찰을 나눈다. 학생의 순수함이 랍비의 고정관념을 깨뜨리고, 랍비의 지혜가 학생의 사고를 확장시킨다.

또 다른 예로 서로 다른 전문 분야의 사람들이 하브루타를 하는 경우를 보자. 의사와 목사가 함께 성경을 읽으면, 의사는 치유의 관점에서, 목사는 영적 돌봄의 관점에서 접근한다. 이 두 관점이 만나면 통합적 이해가 탄생한다. 이것이 바로 다양성 속의 조화다. 같은 것끼리 모이면 메아리 효과만 일어난다. 서로 비슷한 생각만 확인하고 끝난다. 하지만 다른 것들이 만나면 시너지 효과가 일어난다. 1+1이 3이 되고, 때로는 10이 되기도 한다.

하브루타 파트너십에서 가장 중요한 능력 중 하나는 '갈등을 견디는 힘'이다. 연구에서 발견된 바와 같이 때로는 짝과 불편하고 의견이 대립되는 순간들이 있더라도 열린 태도를 가지고 대화하는 자세가 필요하다. 이것은 현대인들이 가장 어려워하는 부분이다. 우리는 갈등을 회피하려 한다. 불편함을 참지 못한다. 조금만 의견이 다르면 관계를 포기하려 한다. 하지만 하브루타에서는 갈등이 성장의 신호다. 갈등이 일어난다는 것은 진짜 대화가 시작되었다는 뜻이다. 중요한 것은 갈등의 목적이다. 상대방을 굴복시키려는 갈등이 아니라 함께 진리를 찾으려는 갈등이어야 한다. 개인적 감정 싸움이 아니라 아이디어의 경쟁이어야 한다. 이런 건설적 갈등을 통해 양쪽 모두 성장한다.

하브루타 파트너십의 핵심은 '무조건적 신뢰'다. 상대방이 나를 해치지 않을 것이라는 믿음, 나의 성장을 진심으로 원한다는 확신, 내가 실수해도 받아줄 것이라는 안전감이 있어야 한다. 이런 신뢰가 있을 때 학습의 기적이 일어난다. 위험한 질문도 할 수 있게 된다. 모든 사람이 당연하다고 여기는 것에 대해서도 "왜?"라고 물을 수 있다. "정말 그럴까?"라고 의심할 수 있어야한다. 이런 근본적 질문에서 진정한 깨달음이 나온다. 또한 실패할 권리도 보장받는다. 틀린 답을 해도 비웃음 받지 않고, 어리석은 질문을 해도 무시당하지 않는다. 이런 심리적 안전감 속에서 사람들은 창의적 모험을 감행할 수 있다.

진정한 하브루타 파트너십은 '평생 관계'로 발전한다. 학습이 끝나도 관계는 계속된다. 서로의 인생 여정을 함께 걸어간다. 기쁨도 함께 나누고, 슬픔도 함께 견딘다. 이것이 바로 영혼의 학습 동반자가 되는 것이다. 유대인들 중에는 어린 시절 하브루타 파트너와 평생 우정을 유지하는 경우가 많다. 성인이 되어서도 정기적으로 만나 함께 공부하고, 서로의 인생 문제를 상담한다. 이들에게 하브루타는 단순한 학습법이 아니라 삶의 방식이다. 이런 관계에서는 상호 성장이 평생 계속된다. 나이가 들어도 서로에게서 새로운 것을 배운다. 경험이 쌓일수록 더 깊은 대화가 가능해진다. 젊었을 때는 표면적으로만 이해했던 것들을 인생 경험을 통해 다시 탐구한다.

하브루타 파트너십은 단순히 공부를 잘하게 해 주는 관계가 아니다. 그것은 삶을 풍성하게 만드는 관계다. 좋은 하베르를 만나면 세상을 보는 눈이 달라진다. 다른 관점을 경험하게 되고, 새로운 가능성을 발견하게 된다. 무엇보다 혼자가 아니라는 안정감을 얻는다. 어려운 문제에 부딪혔을 때 함께 고민할 사람이 있다는 것, 잘못된 길로 갈 때 바로 잡아줄 사람이 있다는 것, 성장의 기쁨을 함께 나눌 사람이 있다는 것은 엄청난 힘이 된다. 하브루타 파트너십의 신비는 바로 여기에 있다. 학습 짝이라는 단순한 관계에서 시작해서 영혼의 동반자라는 깊은 관계로 발전하는 것. 그리고 그 과정에서 두 사람 모두가 전혀 다른 차원의 존재로 성장하는 것. 이것이 바로 시간의 축적이 만드는 신뢰와 깊이의 참된 의미다.

가장 깊은 학습은 가장 오래된 관계에서 일어난다. 또한 가장 깊은 관계는 가장 오래된 학습에서 일어난다. 텍스트보다 중요한 것은 텍스트를 함께 읽을 사람이다. 우리는 빠른 학습을 원하지만 하브루타는 느린 관계를 요구한다. 갈등을 극복하고, 6년을 함께 한 친구 하베르 앞에서야 비로소 진짜 질문이 나온다.

당신에게는 6년을 함께 할 하베르가 있는가?

6 관계의 혁명 하브루타 위계 속의 상호 학습

하브루타에서 가장 신비로운 현상 중 하나는 무엇일까?

위계가 분명한 관계에서도 상호 학습이 일어난다는 점이다.

스승과 제자, 부모와 자녀, 선배와 후배. 이런 관계에서는 보통 일방적인 가르침만 있을 것이라고 생각한다. 하지만 실제로는 양방향 학습이 활발하게 일어난다. 예를 들어 노련한 랍비와 젊은 제자가 하브루타를 한다고 하자. 랍비는 오랜 경험과 깊은 지식을 바탕으로 텍스트를 해석한다. 하지만 제자는 순수한 호기심과 새로운 관점으로 질문을 던진다. "랍비님, 정말 그럴까요?", "다른 가능성은 없을까요?" 이런 질문들이 때로는 랍비를 당황하게 만들고, 새로운 생각에 눈뜨게 한다. 이것이 바로 평생 스승-제자 관계의 지속성과 깊이를 만드는 비결이다. 만약 스승이 일방적으로만 가르친다면, 제자가 어느 정도 수준에 도달한 후에는 더 이상 배울 것이 없어진다. 하지만 서로 배우는 관계라면 평생 함께 성장할 수 있다.

탈무드에는 Pirkei Avot 2:13 "좋은 친구를 구하라" 라고 말한다.

친구는 토라 공부와 지혜 공유에 핵심적인 존재다 이 말은 하브루타의 깊은 철학을 담고 있다. 체계적인 지식과 전통을 함께 공유하고, 삶의 경험과 새로운 관점을 함께 나눈다는 뜻이다. 우리는 종종 형식적 교육만을 중시한다. 학교에서 배우는 것, 책에서 읽는 것만을 지식으로 인정한다.

하지만 유대인들은 다르다. 그들은 누구나 스승이 될 수 있고, 누구나 제자가 될 수 있다고 생각한다. 특히 주목할 점은 서로가 서로에게 배우는 관계라는 것이다. 심지어 랍비와 제자 사이에서도 랍비는 제자보다 많이 알고, 경험도 풍부하지만, 그렇다고 해서 일방적으로만 가르치지 않는다. 제자의 질문에서 새로운 통찰을 얻고, 제자의 순수함에서 잃어버린 감동을 되찾는다.

전통적 교육 모델에서는 가르치는 자와 배우는 자의 역할이 고정되어 있다. 선생님은 항상 가르치고, 학생은 항상 배운다. 이런 모델에서는 선생님의 권위가 절대적이고, 학생의 질문이나 도전은 불손한 것으로 여겨진다. 하지만 하브루타는 완전히 다른 패러다임을 제시한다. 가르치는 자와 배우는 자의 역할이 유동적이다. 때로는 랍비가 제자에게서 배우고, 때로는 제자가 랍비를 가르친다. 이런 역할 교환이 자연스럽게 일어나는 것이 하브루타의 특징이다.

이런 전환이 일어나려면 무엇보다 겸손함이 필요하다. 아무리 많이 알아도 '나는 모든 것을 안다'고 생각하지 않는 겸손함, 아무리 적게 알아도 '나도 기여할 수 있는 것이 있다'고 믿는 자신감이 있어야 한다. 또한 열린 마음이 필요하다. 기존의 생각에 매여 있지 않고, 새로운 가능성에 열려 있는 마음이 있어야 상호 학습이 가능하다. 특히 나이나 지위가 높은 사람일수록 이런 열린 마음을 유지하기 어렵다. 하지만 진정한 하브루타에서는 이런 장벽을 넘어선다.

하브루타에서 가장 아름다운 모습 중 하나는 '세대 간 하브루타'다. 할아버지와 손자, 아버지와 딸, 어머니와 아들이 함께 텍스트를 읽고 토론하는 모습은 감동적이다. 그런데 진정한 세대간 하브루타가 이루어지기 위해서는 위계에 의한 강압적인 '세대 통합'이 아닌 진정한 '세대 공존의 기술'이 필요하다.『세대 공존의 기술』에서는 세대 공존을 위한 4단계법을 제시한다.[23]

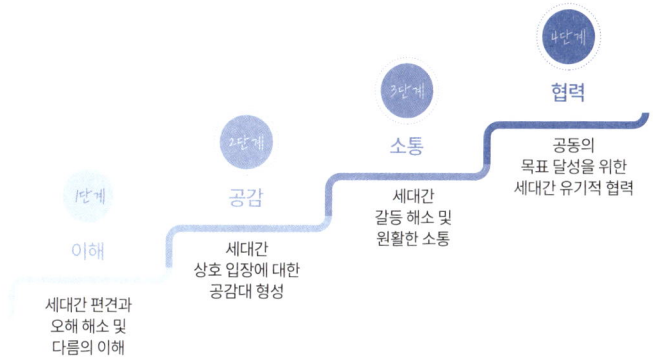

아버지와 아들의 관계에서는 권위와 도전의 만남이 일어난다. 아버지는 인생 경험과 지혜를 바탕으로 텍스트를 해석한다. 아들은 새로운 시각

---

23) 허두영,『세대 공존의 기술』넥서스BIZ, 256p

과 창의적 질문으로 아버지의 생각을 자극한다. 이 과정에서 아버지는 고정관념에서 벗어나게 되고, 아들은 깊이 있는 사고를 배우게 된다. 중요한 것은 이런 과정에서 권위가 파괴되지 않는다는 점이다. 아들이 아버지에게 도전한다고 해서 아버지의 권위가 무너지지 않는다. 오히려 더 깊은 존경심이 생긴다. 자신의 질문을 진지하게 받아들이고, 함께 고민해주는 아버지에 대한 존경심이다.

스승과 제자의 관계에서는 존경과 질문의 조화가 중요하다. 제자는 스승을 깊이 존경하지만, 그렇다고 해서 맹목적으로 따르지는 않는다. 스승의 가르침에 대해 질문하고, 때로는 다른 의견을 제시하기도 한다. 이런 문화에서 자란 제자들은 독립적 사고 능력을 기른다. 권위에 의존하지 않고 스스로 판단하는 능력을 갖추게 된다. 동시에 겸손함도 배운다. 아무리 많이 알아도 배울 것이 더 많다는 것을 깨닫게 된다. 스승도 마찬가지다. 제자들의 질문과 도전을 통해 자신의 생각을 점검하고, 새로운 관점을 발견한다. 이런 과정을 통해 스승은 단순한 지식 전달자에서 벗어나 평생 학습자가 된다.

하브루타에서 가장 일반적인 형태는 동등한 친구 관계에서 이루어지는 것이다. 나이나 지위가 비슷한 사람들이 짝을 이루어 함께 공부하는 것이다. 이런 관계에서는 경쟁과 협력의 균형이 핵심이다. 친구들 사이에서는 자연스럽게 경쟁심이 생긴다. "누가 더 잘 아는가? 누가 더 깊이 이해하는가?" 하는 경쟁 의식이다. 하지만 하브루타에서는 이런 경쟁이 파괴적이지 않다. 오히려 서로를 자극하여 더 열심히 공부하게 만드는 건설적 경쟁이 된다. 동시에 협력도 이루어진다. 서로 모르는 부분을 가르쳐 주고, 어려운 문제를 함께 해결한다. 한 사람이 막히면 다른 사람이 도와준다. 이런 협력을 통해 둘 다 더 높은 수준에 도달할 수 있다.

흥미롭게도 하브루타에서는 관계의 형태와 상관없이 비슷한 성장 과정이 나타난다. 처음에는 서로 탐색하는 단계가 있다. 상대방이 어떤 사람인지, 어떤 학습 스타일을 가졌는지 알아가는 시간이다. 그 다음에는 갈등과 조정의 단계가 온다. 서로 다른 의견이 부딪히고, 때로는 감정적 충돌도 일어난다. 하지만 이 과정을 통해 서로를 더 깊이 이해하게 된다.

마지막에는 조화와 시너지의 단계에 도달한다. 서로의 차이를 인정하고 수용하며, 그 차이를 통해 더 큰 시너지를 만들어낸다. 이 단계에서 진정한 하브루타가 완성된다.

위계는 존재하되 서로 배우고, 차이는 인정하되 함께 성장하며, 갈등은 받아들이되 관계는 더욱 깊어지는 공동체. 이것이 바로 하브루타가 선물하는 관계의 혁명이다.

당신의 권위는 도전받을 때 무너지는가, 아니면 더욱 깊어지는가?
새 술을 새 부대에 담듯, 당신은 하브루타라는 새로운 관계를 받아들일 준비가 되었는가?

하브루타 독서토론 worksheet

이번 챕터를 읽고 난 뒤, 마음에 남은 **전체적인 느낌**을 기록해 보세요.

마음에 와닿은 문장을 옮겨 쓰고, 그 이유를 적어보세요. (페이지 기재 필수)

책의 내용과 비슷한 경험 혹은 가족, 친구, 사회 현상, 다른 책과 **연결지어 보세요.**

책을 읽으면서 궁금했던 나만의 실문,
혹은 나누고픈 **하브루타 질문 세 가지**를 적고 생각을 나누어 보세요.

이번 챕터를 통해 얻은 **느낀 점**과 **깨달은 점**,
그리고 일상에서 이어갈 **실천할 점**을 기록해 보세요.

하브루타 독서토론 후 기억에 남는 대화와 그 속에서 얻은 배움,
앞으로 내 **삶에서 적용하고 싶은 점**을 기록해 보세요.

chapter 6 하브루타 질문 7가지

1. 나는 지금까지 삶을 함께 읽고, 신앙을 함께 걸어온 '하브루타 파트너'가 있는가? 내 인생의 중요한 텍스트와 사건들을 함께 해석해 온 사람이 있다면, 그 관계는 내 사고와 신앙에 어떤 영향을 주었는가? 그런 존재가 없다면, 나는 지금 누구와 그런 길을 시작할 수 있을까?

2. 나는 나와 전혀 다른 생각과 성향을 가진 사람과 깊은 우정을 지속해 본 적이 있는가? 처음엔 불편하고 맞지 않았지만, 오히려 그 다름 속에서 배움과 성장이 일어났던 관계는 내게 어떤 의미로 남아 있는가? 지금 내 곁에는 그런 '불편하지만 유익한' 사람이 있는가?

3. 나는 지금 어떤 관계 안에서 서로의 도리를 다하는 체다카를 실천하고 있는가? 가르치기만 하거나 배우기만 하는 일방향 관계가 아니라, 서로를 책임지고 신뢰하는 상호적 관계는 내 일상에 얼마나 자리하고 있는가? 그 안에서 나는 얼마나 사랑과 정의를 함께 실천하고 있는가?

4. 나는 최근 누군가와 신앙이나 생각의 차이를 두고 '거룩한 논쟁'을 해 본 경험이 있는가? 그 논쟁의 중심에는 하늘을 향한 진리 탐구가 있었는가, 아니면 나의 감정이나 자존심이 더 크게 자리 잡고 있었는가? 나는 거룩한 논쟁을 할 줄 아는 사람인가?

5. 나는 지금 누구와 지적인 마찰을 통해 서로를 연마하고 있는가? 말이 잘 통하는 사람과만 대화하고 있지는 않은가? 나를 날카롭게 하고, 새로운 각도를 열어주는 사람이 곁에 있다면, 나는 그 관계를 어떻게 대하고 있는가?

6. 나는 지금 누구와 함께 '시간을 견디며 깊어지는 배움'을 경험하고 있는가? 쉽게 시작했다 쉽게 끝나는 관계가 아니라, 다투고 실망해도 포기하지 않는 관계 속에서 나는 얼마나 진짜 질문과 진짜 배움을 나누고 있는가?

7. 나는 지금 누구와 세대차이를 넘어 진짜 '세대 공존의 대화'를 시도하고 있는가? 내 자녀, 손주, 혹은 제자와 함께 성경을 읽으며 나의 신앙과 경험을 나누되, 그들의 새로운 질문을 존중하고 배우고 있는가? 그 관계 안에서 나는 진정으로 배우고 있는가?

리얼 하브루타

chapter 7
정체성의 교육

오늘 이 소년은 죽고, 남자가 태어난다

1 13세의 완성되는 유대인 정체성 교육
2 티쿤올람, 세상을 개선하는 존재론적 사명감
3 이야기가 정체성을 만든다
4 헤브라이즘, 존재론적 교육 하브루타
5 하브루타 파트너십의 신비
6 새로운 정체성 교육이 열어갈 놀라운 미래

chapter 7 정체성의 교육

오늘 이 소년은 죽고, 남자가 태어난다.

나는 LA 베버리힐스 템플 이마누엘 Temple Emanuel 에서 목격한 그날 토요일 아침의 광경을 평생 잊을 수 없다. 그날은 아담이라는 13세 소년의 '바르 미츠바'였다. 처음에 나는 그저 호기심 가득한 마음 정도로 참석했지만, 의식을 모두 마친 후에는 완전히 다른 관점을 갖고 나왔다.

"오늘 이 소년은 죽고, 남자가 태어난다."

랍비가 선언을 한 그 순간부터, 나는 진정한 정체성 교육이 무엇인지 깨닫기 시작했다. 아침 9시, 시나고그 ^{회당} 에 들어선 아담의 모습은 여느 13세 소년과 다르지 않았다. 키는 작고, 여드름이 나기 시작한 얼굴, 아직 변성기가 오지 않은 어린 목소리, 하지만 아담은 뭔가 달랐다. 눈빛이 달랐다.

"Baruch atah Adonai..." 아담이 토라 앞에서 히브리어로 축복 기도를 시작했다. 목소리는 떨렸지만 눈빛은 확신에 차 있었다. 1년 간의 하브루타가 만든 변화였다. 내 옆에 앉은 할아버지가 조용히 눈물을 흘렸다.

"내가 저 아이 어릴 적부터 봤는데…" 그가 흐느꼈다.

가장 인상적인 순간은 아담이 토라를 읽을 때였다.

3500년 된 양피지 두루마리 앞에서 13세 소년이 역사와 만나는 순간이었다. 그는 창세기 12장, 아브라함이 하나님의 부르심을 받고 고향을 떠나는 이야기를 읽었다.

"Lech lecha me'artzcha..." _{너는 너의 본토를 떠나라…}

아담이 읽는 동안 나는 깨달았다. 아브라함이 고향을 떠날 때의 나이가 75세였다면, 아담은 13세의 어린 나이에 떠나는 것이었다. 아브라함처럼 미지의 세계로 향하는 여정을 시작하는 것이었다.

토라 읽기가 끝나자 회중이 일어서서 "Yasher koach! _{잘했다!}"를 외쳤다. 아담의 얼굴에 환한 미소가 번졌다. 그 순간 그는 더 이상 어린아이가 아니었다. 토라 읽기 후 아담이 준비한 드라샤 _{설교} 시간이 왔다.

13세 소년이 300명의 어른들 앞에서 자신의 해석을 설교하는 것이다.

"아브라함이 고향을 떠날 때 가장 어려웠던 것은 무엇일까요?" 아담이 질문으로 시작했다. "저는 1년 동안 이 질문을 갖고 하브루타를 했습니다." 이건 단순한 발표가 아니었다. 1년 간의 하브루타 여정에서 얻은 깊이 있는 통찰이었다.

"아브라함이 떠난 것은 집이 아니라 과거의 자신이었다고 생각합니다." 아담이 놀라운 해석을 제시했다. "하나님은 새로운 아브라함이 되라고 부르신 거예요. 저도 오늘 과거의 제가 아닌 새로운 저를 발견했습니다." 회중석에서 감탄의 소리가 나왔다. 이건 13세 소년의 말이 아니었다. 깊이 있게 사고하고 성숙하게 표현하는 어른의 말이었다.

감동의 드라샤가 끝나자 선물 증정 시간이 왔다. 할아버지가 나와서 아담에게 세 가지 선물을 주었다. 시계, 토라, 그리고 자선 기금 카드.

"이 시계는 네가 이제부터 시간의 주인이라는 뜻이다." 할아버지가 설명했다. "이 토라는 네가 말씀의 사람이 되라는 뜻이다. 그리고 이 자선 기금은 네가 세상을 섬기는 자가 되라는 뜻이다."

아담이 시계를 차는 순간, 나는 전율했다. 그것은 단순한 액세서리가 아니었다. 책임의 상징이었다. 의존에서 독립으로의 선언이었다. 부모가 관리해주던 시간이 이제 자신의 것이 되는 순간, 진정한 성인이 되는 것이다. 가장 감동적인 장면은 아담의 부모가 보인 반응이었다. 어머니는 계속 눈물을 흘렸고, 아버지는 자랑스러운 미소를 감추지 못했다.

"오늘부터 아담은 더 이상 우리 아이가 아니에요." 아버지가 회중 앞에서 말했다. "이제 아담은 우리의 동반자이자 공동체의 일원입니다."

아들이 어른이 되는 순간, 부모도 새로운 단계로 성장한다는 것을 깨달았다. 교육자에서 조언자로, 보호자에서 동반자로. 이것이야말로 진정한 교육의 완성이었다.

의식이 끝나자 회중 전체가 일어서서 "마젤 토브! 축하합니다!"를 외쳤다. 300명이 한 목소리로 외친 그 순간, 아담은 더 이상 방관자가 아니었다. 공동체의 정식 구성원이었다. 사람들이 아담을 둘러싸고 축하 인사를 나누는 모습을 보며 나는 깨달았다. 이것이 정체성 교육의 핵심이구나! 개인의 성장과 공동체의 인정이 만나는 순간, 진정한 정체성이 형성되는 것이다. 혼자서는 어른이 될 수 없다. 공동체가 인정해 줄 때 비로소 어른이 되는 것이다.

아담과 잠깐 대화할 기회가 있었다.

"어떤 기분이에요?"라고 묻자, 그는 잠깐 생각하더니 말했다.
"달라요. 정말 달라요. 어제까지는 뭔가 부족한 느낌이었는데, 오늘부터는 완전한 느낌이에요."

바르 미츠바 후 이어진 리셉션에서 나는 더 많은 것을 관찰할 수 있었다.

이건 생일파티가 아니었다. 소년이 죽고 남자가 태어나는 통과의례였다. 아담이 받은 모든 선물이 '이제 네가 책임 있는 어른이다' 라는 메시지를 담고 있었다.

우리의 성인식날 선물인 장미, 향수, 키스 선물과 얼마나 대조적인가?

우리는 성인이 되는 날 개인적 만족을 위한 선물을 받지만, 유대인들은 책임과 사명을 위한 선물을 받는다. 한국의 성인식과는 차원이 달랐다. 나이가 차서 자동으로 어른이 되는 게 아니라, 말씀의 사람으로 준비가 되었을 때 공동체가 인정해 주는 것이었다. 1년 간의 철저한 준비 과정을 거쳐 스스로 준비되었음을 증명했을 때만 가능한 일이었다.

그 날 오후, 베버리힐스를 걸으며 나는 내내 깊이 생각했다.

수천 년 전 아브라함의 후손들이 21세기 미국 LA에서도 같은 의식을 치르고 있다는 것이 놀라웠다. 고대의 전통이 21세기 LA에서도 생생하게 살아 있었다. 시대는 바뀌어도 본질은 변하지 않았다. 다음세대에게 정체성을 전수하는 것, 개인을 공동체의 일원으로 받아들이는 것, 책임 있는 어른으로 성장 시키는 것. 현대적 형태로 포장 되었지만 본질은 그대로였다.

'이것이 수천 년을 버틴 교육의 힘이구나!' 이러한 깨달음이 지식을 넘어서 온몸으로 체득되는 느낌이었다. 나는 계속 생각했다. 우리는 언제 아이들을 진짜 어른으로 인정해 주는가? 수능을 치면? 대학을 가면? 취업을 하면? 아담의 바르 미츠바를 보며 깨달았다. 우리에게는 명확한 성인 되기의 순간이 없다. 그래서 아이들도, 부모도, 사회도 혼란스러워한다. 언제까지 보호해줘야 하는지, 언제부터 책임을 져야 하는지 모르겠다는 것이다.

더 중요한 깨달음은 바르 미츠바가 13세에 끝나지 않는다는 것이었다. 그것은 평생에 걸친 성장의 시작점일 뿐이었다. 아담은 이제부터 평생 하브루타를 하며 계속 성장해야 한다. 질문하고, 토론하고, 공동체에 기여하며 살아야 한다.

아담의 바르 미츠바에서 본 것은 진정한 정체성 교육의 모델이었다. 정체성은 주입되는 것이 아니라 발견되는 것이다. 아담은 1년 간의 하브루타를 통해 스스로를 발견했다. 자신이 누구인지, 어디서 왔는지, 어디로 가야 하는지를 이 과정에서 중요한 것은 이것이 강요가 아니라 선택이라는 것이다. 아담은 스스로 유대인이 되기를 선택했다. 부모가 강요해서가 아니라 1년 간의 탐구 과정에서 그것이 자신의 길임을 확신했기 때문이었다.

LA에서 내가 경험했던 아담의 바르 미츠바는 이런 의미에서 나에게 평생 잊을 수 없는 경험이 되었다. 13세 소년 아담이 나에게 준 것은 단순한 감동이 아니었다. 교육의 본질에 대한 근본적 성찰이었다. 진정한 교육은 지식을 전달하는 것이 아니라 정체성을 형성하는 것이다. 개인을 공동체의 일원으로 만드는 것이다. 과거와 현재와 미래를 연결하는 것이다.

아담이 보여준 하브루타 여정과 그 결실인 바르 미츠바를 보며 나는 깨달았다. 하브루타는 단순한 학습법이 아니라 정체성 형성의 도구였다. 그리고 이것이야말로 수천 년을 버틴 교육의 비밀이었다. 한국 교육도 이제 새로운 선택을 해야 할 때다.

지식 전달에만 머물 것인가? 정체성 형성으로 나아갈 것인가?

아담의 바르 미츠바가 우리에게 던지는 깊은 질문이다.

1 13세 완성되는 유대인 정체성 교육

당신은 13세 아이 하면, 무엇이 떠오르는가?

13세, 유대인에게 이 나이는 단순한 숫자가 아니다. 인생의 가장 중요한 전환점이다. 바르 미츠바 Bar Mitzvah 는 "계명의 아들"이라는 의미로, 이 순간부터 아이는 완전한 유대인 공동체의 구성원이 된다. 이는 현대 사회의 성인식과 근본적으로 다르다. 단순히 나이가 찼다고 자동으로 어른이 되는 것이 아니라, 철저한 준비 과정을 거쳐 공동체가 인정하는 어른이 되는 것이다. 생물학적 성숙이 아니라 정신적, 영적 성숙을 기준으로 하는 것이다. 바르 미츠바의 핵심은 책임의 전환이다. 이전까지는 부모가 자녀의 종교적 의무를 대신 수행했지만, 이제부터는 스스로 책임져야 한다. 의존에서 독립으로, 수동에서 능동으로의 완전한 전환이다.

미쉬나 피르케이 아보트 5장 21절 Pirkei Avot 5:21 은 유대 전통에서 인간의 나이에 따른 삶의 단계와 그 의미를 서술하는 매우 유명한 구절이다. 이 구절을 보면 유대 전통에서 인간의 전 생애를 교육과 성장, 책임, 노년, 죽음에 이르기까지 단계별로 성찰하도록 도와주는 지혜의 문장으로 자주 인용되며 교육 철학, 성장, 책임, 공동체 내 역할이라는 점에서 하브루타나 유대 교육에서도 매우 중요한 본문이다.

> 다섯 살에는 성경을 배우고,
> 열 살에는 미쉬나를 배우며,
> 열세 살에는 계명을 지키고,
> 열다섯 살에는 탈무드를 배우며,
> 열여덟 살에는 결혼하고,
> 스무 살에는 생업을 좇으며,
> 서른 살에는 힘이 넘치고,
> 마흔 살에는 이해에 이르며,
> 쉰 살에는 조언을 주고,
> 예순 살에는 노년에 들며,
> 일흔 살에는 백발이 되고,
> 여든 살에는 힘 ⁽권위 혹은 극복력⁾ 에 이르고,
> 아흔 살에는 몸이 구부러지고,
> 백 살에는 마치 죽은 것과 같아 세상에서 벗어나게 된다.

미쉬나 아보트 5장 21절에서 '열세 살에는 계명을 지킨다'는 선언은 단순히 청소년기의 성장 과정을 말하는 것이 아니다.

이는 유대인 정체성 교육의 핵심이자, 전 생애를 관통하는 종교적 자기인식의 전환점이다. 13세가 되는 순간, 유대인은 '바르 미츠바' 곧 '계명의 아들'로 선언되며, 부모의 신앙 아래 있던 존재에서 하나님의 계명을 스스로 책임지는 성숙한 신앙 주체로 전환된다. 이 시점은 단지 종교적 의무가 시작되는 나이가 아니라, 하나님과의 계약에 자발적으로 응답하는 삶의 첫걸음이다. 13세 이후의 모든 삶은 계명과 함께 걸어가는 여정이며, 이 전환은 단순한 의례가 아니라 존재의 정체성이 바뀌는 교육적 선언이다. 회당에서 처음으로 토라를 낭독하는 바르 미츠바 의식은, 유대인 공동체가 한 청소년을 하나님 백성의 일원으로 공식 인정하는 순간이자, 텍스트와 공동체, 하나님과의 삼중적 언약에 참여하는 의례적 드라마이다.

이처럼 유대인 교육은 단지 지식을 주입하는 것이 아니라, 계명을 삶의 중심으로 받아들이는 정체성의 형성과 내면화에 집중한다. 그리고 그 정점에 위치한 13세는, 한 인간이 '나는 누구인가'를 비로소 하나님의 율법 앞에서 스스로 응답하는 나이로 여겨진다. 이것이 유대인에게 있어 13세가 단순한 통과 의례를 넘어 절대적인 의미를 갖는 이유다.

바르 미츠바는 하루 만에 이루어지는 의식이 아니다. 12세부터 시작되는 1년 간의 집중적 준비 과정이 핵심이다. 이 1년 동안 아이는 매일 하브루타를 통해 자신이 읽을 토라 부분을 깊이 있게 연구한다. 이 준비 과정에서 아이는 단순히 히브리어를 배우는 것이 아니다. 자신이 속한 공동체의 역사와 가치, 사명을 체득한다. 텍스트를 읽고 해석하면서 자신의 정체성을 형성해 나간다. 특히 중요한 것은 질문하는 훈련이다.

하브루타를 통해 아이는 맹목적으로 받아들이는 것이 아니라 능동적으로 탐구하는 법을 배운다. '하나님은 왜 이렇게 하셨을까? 이 말씀이 오늘 나에게 주는 의미는 무엇일까?'

미쉬나 피르케이 아보트 Pirkei Avot, 아보트 2:5 랍비 힐렐의 가르침이 이를 잘 보여준다 "수줍음이 많은 사람은 배울 수 없고, 성급한 사람은 가르칠 수 없다." 진정한 학습을 위해서는 용기 있게 질문하고 인내심 있게 기다리는 자세가 필요하다는 뜻이다.

바르 미츠바 당일, 아이는 회당에서 공식적으로 토라를 읽는다. 이는 단순한 낭독이 아니라 공동체 앞에서 자신의 정체성을 선언하는 순간이다. 수천 년 동안 이어져 온 전통의 계승자가 되는 것이다. 토라 읽기 후에는 드라샤 설교 를 한다. 자신이 연구한 내용을 공동체 앞에서 발표하는 것이다. 이때 아이는 더 이상 가르침을 받는 수동적 존재가 아니라 가르칠 수 있는 능동적 존재가 된다. 이 과정에서 중요한 것은 개인적 해석이다. 천편일률적인 답을 암송하는 것이 아니라 자신만의 통찰을 제시해야 한다. 하브루타를 통해 기른 창의적 사고력이 빛을 발하는 순간이다.

미쉬나 아보트 6:6 [24])에서는 토라를 얻는 48가지 덕목을 이야기 하는데 그 중 하나가 바로 '토론'이다. 바르 미츠바는 바로 이런 토론 문화에 정식으로 참여하는 입문 의식이다.

바르 미츠바의 가장 중요한 의미는 신앙의 주체가 바뀐다는 것이다. 부모로부터 물려받은 신앙에서 스스로 선택한 신앙으로 전환되는 것이다. 이는 맹목적 전승에서 주체적 계승으로의 변화를 의미한다. 이 전환은 쉽지 않다. 때로는 부모의 신앙과 다른 선택을 할 수도 있다. 하지만 유대인 교육은 이런 위험을 감수한다. 진정한 신앙은 강요될 수 없다고 믿기 때문이다.

랍비 가말리엘은 이렇게 말했다 "토라 연구와 세상 일을 함께 하는 것이 좋다. 이 둘의 수고가 죄를 잊게 한다." 신앙과 일상이 분리되지 않는 통합적 삶을 추구하는 것이다. 이런 주체적 신앙은 비판적 사고력을 전제

---

[24]) 미쉬나 아보트 6:6 — 토라를 얻는 48가지 덕목 - 1. 공부하기, 2. 귀 기울여 듣기, 3. 말하기, 4. 마음으로 깨닫기, 5. 경외심, 6. 겸손, 7. 기쁨, 8. 봉사, 9. 친구들과의 토론, 10. 논쟁을 통한 토론, 11. 성경을 통해 배우기, 12. 미쉬나를 통해 배우기, 13. 절제(장사), 14. 절제된 생활, 15. 절제된 쾌락, 16. 절제된 잠, 17. 절제된 대화, 18. 절제된 웃음, 19. 인내, 20. 마음의 선함, 21. 신앙의 충실함, 22. 역경 수용, 23. 자기 자리를 아는 것, 24. 자신의 몫에 만족하기, 25. 자신에게 엄격하기, 26. 행위가 바른 자, 27. 모욕을 견디는 자, 28. 짐을 함께 짊어지는 자, 29. 다른 사람을 공정히 판단하기, 30. 진리에 서게 하는 자, 31. 화평에 서게 하는 자, 32. 마음을 집중하는 자, 33. 질문하기, 34. 배우고 더하는 자, 35. 배우고 가르치려는 자, 36. 배우고 행하려는 자, 37. 스승을 지혜롭게 하는 자, 38. 스승을 정확히 세우는 자, 39. 제자를 이끄는 자, 40. 말씀을 정리하는 자, 41. 진리를 사랑하는 자, 42. 책망을 사랑하는 자, 43. 정직을 사랑하는 자, 44. 사람을 사랑하는 자, 45. 하나님을 사랑하는 자, 46. 자선을 사랑하는 자, 47. 훈계를 사랑하는 자, 48. 용기를 사랑하는 자

로 한다. 무조건 믿는 것이 아니라 왜 믿는지를 스스로 답할 수 있어야 한다. 바르 미츠바는 바로 이런 능력을 시험하는 의식이다.

바르 미츠바에서 받는 첫 번째 선물은 '시계' 다. 이는 단순한 기념품이 아니라 깊은 교육적 의미를 담고 있다. 이제부터는 부모가 아닌 스스로 시간을 관리하는 독립적 존재가 되라는 메시지다. 시간은 하나님이 인간에게 주신 가장 공평한 선물이다. 부자든 가난한 자든 모두에게 하루 24시간이 주어진다. 중요한 것은 이 시간을 어떻게 사용하느냐다. 바르 미츠바는 이런 시간 주권을 선포하는 의식이다.

유대인 격언에 이런 말이 있다.

"시간을 지배하는 자만이 자기 삶을 지배한다."

13세부터 시작되는 시간 관리 훈련이 평생의 자립 능력을 기르는 것이다. 이는 현대 교육이 놓치고 있는 중요한 부분이다. 지식은 가르치지만 시간 관리는 가르치지 않는다. 하지만 유대인 교육은 시간 주권을 성인됨의 첫 번째 조건으로 본다.

두 번째 선물은 '토라'다. 이는 성인식을 'Bar Mitzvah' בר מצוה: 율법의 아들 이라 부르는 것과 같이 이제 스스로 계명의 아들이 되어 영적으로 독립함을 상징한다. 부모의 신앙에 의존하지 않고 스스로 하나님과 관계 맺는 주체가 되라는 의미다.

토라는 평생의 학습 동반자다. 더 이상 부모가 읽어주는 이야기가 아니라 스스로 읽고 해석해야 할 텍스트가 된다. 이는 지적 독립과 영적 독립을 동시에 의미한다. 솔로몬은 이렇게 말했다 "모든 지킬 만한 것 중에 더욱 네 마음을 지키라 생명의 근원이 이에서 남이니라" 잠언 4:23 영적 독립의 핵심은 자신의 마음을 스스로 지키는 것이다.

세 번째 선물은 '돈'이다. 이 돈은 용돈이 아니라 공동체의 펀드레이징 자금이다. 받기만 하는 자에서 베풀 줄 아는 자로, 의존에서 자립으로의 전환을 상징한다. 바르 미츠바를 맞은 아이는 이 돈으로 자선 활동을 기획해야 한다. 어떤 단체에 기부할지, 어떤 방식으로 도울지를 스스로 결정하는 것이다. 이를 통해 경제적 책임감과 사회적 책임감을 동시에 기른다.

이는 단순한 자선이 아니라, '티쿤 올람 תיקון עולם Tikkun Olam: 세상을 고치다' 즉, 정신의 실천이다. 개인의 성공이 공동체의 발전으로 이어져야 한다는 가치관을 체득하는 것이다. 탈무드는 이렇게 말한다 "가난한 자에게 주는 것은 하나님께 빌려 드리는 것이다." 자선은 의무가 아니라 특권이라는 관점이다. 바르 미츠바 이전의 아이는 수동적 수용자. 부모와 스승이 주는 것을 받아들이기만 하면 된다.

하지만 바르 미츠바 이후에는 능동적 참여자가 된다. 스스로 질문하고 탐구하고 결정해야 한다. 이런 전환은 하루 아침에 일어나지 않는다. 1년 간의 집중적 하브루타 훈련을 통해 점진적으로 이루어진다. 텍스트를 읽고 질문하고 토론하면서 능동적 사고력을 기르는 것이다.

가장 중요한 변화는 '신앙의 주체'가 바뀐다는 것이다. 부모로부터 물려받은 신앙이 아니라 스스로 선택한 신앙을 갖게 된다. 이는 위험한 선택이기도 하다. 부모와 다른 길을 갈 수도 있기 때문이다. 하지만 유대인 교육은 이런 위험을 감수한다. 진정한 신앙은 강요될 수 없다고 믿기 때문이다. 자유로운 선택 속에서만 진정한 헌신이 가능하다는 것이다. 바르 미츠바 이후 아이는 단순한 의무 이행자가 아니라 책임 있는 공동체 구성원이 된다. 규칙을 지키는 것 뿐만 아니라 공동체 발전에 기여해야 하는 적극적 역할을 맡는다. 이는 개인주의와 공동체주의를 넘어서는 제3의 길이다. 개인의 자유를 존중하면서도 공동체에 대한 책임을 다하는 성숙한 시민이 되는 것이다.

바르 미츠바의 궁극적 목표는 맹목적 전승에서 주체적 계승으로의 전환이다. 단순히 받은 것을 그대로 물려주는 것이 아니라, 자신이 이해하고 선택한 것을 다음세대에게 전수하는 것이다. 이를 위해서는 비판적 사고력이 필요하다. 전통을 맹목적으로 따르는 것이 아니라 그 의미를 깊이 있게 탐구하고 현재적 의미를 찾아내는 능력이다.

바르 미츠바 준비 과정에서 아이는 네 가지 핵심 질문과 씨름한다.

"나는 왜 이것을 믿는가?" 맹목적 믿음에서 성찰적 믿음으로의 전환. 부모나 공동체가 믿기 때문이 아니라 자신이 선택하기 때문에 믿는 주체적 신앙을 갖는 것이다.

"나는 이 공동체에서 누구인가?" 개인 정체성과 집단 정체성의 통합. 개인의 고유성을 잃지 않으면서도 공동체의 일원으로서 역할을 하는 균형감각을 기르는 것이다.

"나는 어떤 책임을 져야 하는가?" 권리와 의무의 균형. 자유를 누리되 그에 따른 책임도 다하는 성숙한 시민의식을 기르는 것이다.

"나는 다음세대에게 무엇을 물려줄 것인가?" 전통 계승의 사명. 받은 것을 그대로 물려주는 것이 아니라 더 나은 것으로 발전시켜 전수하는 책임감을 갖는 것이다.

이 질문들은 13세에 끝나는 것이 아니라 평생 계속되는 질문들이다. 바르 미츠바는 이런 질문을 시작하는 출발점일 뿐이다. 바르 미츠바는 단순한 종교 의식이 아니다. 수천 년 동안 유대인 정체성을 지켜온 교육 시스템의 핵심이다. 개인의 성장과 공동체의 계승을 동시에 추구하는 놀라운 지혜가 담겨 있다. 그리고 이것이 오늘날 우리 교육이 배워야 할 가장 소중한 유산이다.

당신의 13세 자녀는 지금 무엇을 준비하고 있는가?
시험 점수인가? 아니면 인생의 정체성인가?

2 티쿤 올람, 세상을 개선하는 존재론적 사명감

인류 역사상 가장 놀라운 현상 중 하나는 유대인이 자신들의 정체성을 잃지 않았다는 사실이다. 나라 없이 디아스포라로 떠돌았음에도 불구하고, 언어와 문화, 종교를 온전히 보존해냈다. 이는 단순한 우연이 아니다. 교육의 힘이다. 일반적으로 민족이나 국가가 정체성을 유지하려면 영토와 언어, 문화적 동질성이 필요하다. 하지만 유대인들은 이 모든 것을 잃었음에도 불구하고 살아 남았다. 어떻게 가능했을까? 답은 하브루타에 있다.

하브루타는 단순한 학습법이 아니라 '정체성 보존 시스템'이었다. 어디를 가든 두 명만 모이면 하브루타가 가능했고, 하브루타가 있는 곳에서는 유대인 정체성이 살아 있었다. 교실도 선생님도 필요 없었다. 텍스트와 대화 상대방만 있으면 교육이 일어났다. 유대인 정체성의 핵심은 쉐마 Shema 에 담겨 있다. "들으라 이스라엘아, 우리 하나님 여호와는 오직 유일한 여호와시니" 신명기 6:4. 이 한 구절이 유대인 정체성의 모든 것을 담고 있다.

하브루타에서 가장 중요한 것은 텍스트가 살아있는 이야기가 되는 순간이다. 고대의 이야기가 현재의 삶과 연결되고, 집단의 경험이 개인의 경험으로 내재화된다. 이 과정에서 중요한 것은 동일시 identification 다. 단순히 이야기를 듣는 것이 아니라 그 이야기의 주인공이 되는 것이다. 아브라함이 고향을 떠날 때 나도 함께 떠나고, 모세가 홍해를 건널 때 나도 함께 건넌다. 이런 동일시는 억지로 만들어지는 것이 아니다. 하브루타를 통한 깊이 있는 텍스트 연구 과정에서 자연스럽게 일어난다. 텍스트를 읽고 토론하면서 자신의 삶과 연결점을 찾아가는 것이다.

유대인들의 공부 목적은 개인의 출세나 성공이 아니다. 세상을 더 나은 곳으로 만드는 것이 진정한 목표다. 이는 학습에 사명감을 부여하고, 교육에 궁극적 의미를 제공한다. 티쿤 올람의 핵심은 하나님의 은혜로 구원받은 성도가 하나님 나라의 확장과 세상의 회복 사역에 동참하는 관점이다. 이미 임했으나 아직 완성되지 않은 Already but Not Yet 하나님 나라의 현재적 표징을 세상에 드러내는 것이다. 하나님의 주권적 사역에 감사의 응답으로 참여하며, 성령의 인도하심을 따라 선한 일에 힘쓰도록 예비하심을 받은 것이다. 이는 단순한 사회봉사를 넘어서는 존재론적 사명감이다.

유대인 교육에서 강조되는 것은 개인의 성공보다 공동체 전체의 번영이다. 이는 경쟁 교육과는 정반대의 철학이다. 나 혼자만 앞서가는 것이 아니라 모든 사람을 함께 끌어 올리는 것이 진정한 성공이라고 본다. 미쉬나 아보트 1:2 Pirkei Avot 1:2 에는 이런 말이 있다: "세상은 세 가지 위에 서 있다. 토라와 예배와 자선행위 위에" 학습 ^(토라) 이 개인적 성취에 머물지 않고 사회적 실천 ^(자선행위) 으로 연결되어야 한다는 뜻이다. 이런 가치관은 하브루타 학습 과정에서 자연스럽게 체화된다. 혼자 공부하는 것이 아니라 파트너와 함께 진리를 탐구하는 과정에서, 개인의 깨달음이 공동체의 유익으로 연결되는 경험을 하게 된다.

티쿤 올람은 단순한 자선 활동이 아니라 사회 정의 실현을 위한 체계적 노력이다. 교육을 통해 능력을 갖춘 사람은 그 능력을 사회의 약자를 위해 사용해야 한다는 의무감을 갖는다. 구약성경에서 반복적으로 강조되는 "고아와 과부, 나그네를 돌보라"는 명령이 바로 이런 사회 정의 의식의 출발점이다. 능력 있는 자가 능력 없는 자를 돌보는 것은 선택이 아니라 의무다. 현대 유대인 사회에서 의사, 변호사, 학자들이 사회적 약자를 위한 활동에 적극적으로 참여하는 것도 이런 교육의 결과다. 개인의 성취를 사회적 기여로 연결시키는 것이 당연한 삶의 방식으로 여겨진다.

티쿤 올람은 현재만을 위한 것이 아니라 미래 세대를 위한 투자이기도 하다. 지금 세상을 고치는 노력이 후손들에게 더 나은 세상을 물려주는 길이라는 장기적 관점을 갖는다. 미드라쉬 탄후마 "케도심 ^(Kedoshim)" 8:1에는 이런 이야기가 있다. "한 노인이 무화과나무를 심고 있는 것을 본 로마 황제가 '당신은 이 나무의 열매를 먹지도 못하는데 왜 심습니까?'라고 물었다. 노인은 '내 조상들이 나를 위해 나무를 심어 주었듯이, 나도 후손을 위해 나무를 심는 것입니다'라고 답했다." 이런 세대 간 연대 의식은 환경 문제, 사회 문제에 대한 장기적 해결책을 모색하게 만든다. 당장의 이익보다는 지속 가능한 발전을 추구하는 동력이 된다.

티쿤 올람의 놀라운 점은 그 범위가 유대인 공동체에 국한되지 않는다는 것이다. 전 인류의 복지를 위한 사명으로 확장된다. 이는 선민 의식이 배타성이 아니라 책임감으로 이어지는 독특한 사례다. 하브루타를 통해 기른 문제 해결 능력을 인류 전체의 문제 해결에 사용하는 것이 당연한 의무로 여겨진다. 개인의 재능이 공동체를 넘어 전 인류의 유익을 위해 사용되어야 한다는 관점이다. 이런 사명 의식은 21세기가 요구하는 문제 해결 능력의 원천이 된다. '어떻게 이 세상을 더 나은 곳으로 만들 것인가?'라는 질문이 모든 학습의 출발점이 되는 것이다. 기후 변화, 불평등, 분쟁 등 전 지구적 과제들을 해결하는 데 유대인들이 앞장서는 이유가 바로 여기에 있다.

조동화 시인의 '나 하나 꽃 피어'라는 시는 티쿤 올람 정신을 잘 보여준다. "나 하나 꽃 피어 풀밭이 달라지겠느냐고 말하지 말아라. 네가 꽃 피고 나도 꽃 피면 결국 풀밭이 온통 꽃밭이 되는 것 아니겠느냐" 이는 개인의 작은 실천이 결국 세상을 바꾸는 힘이 된다는 티쿤 올람의 핵심을 담고 있다. 세상을 탓하기만 할 것이 아니라 내가 바로 그 변화의 시작점이 되는 것이다. 한국에서 하브루타 운동을 시작하며 우리가 함께 외쳤던 구호가 있다.

"대한민국 교육 문화를 바꾼다! 나부터, 지금부터, 내가 할 수 있는 것부터!" 이다. 이 구호에는 티쿤 올람적 정신이 들어가 있다. 거대한 교육 시스템의 변화를 기다리는 것이 아니라, 한 사람 한 사람이 자신이 있는 그 자리에서 시작하는 것이다. 한 부모가 아이와 대화하는 방식을 바꾸고, 한 교사가 수업 방식을 바꾸고, 한 학생이 공부하는 태도를 바꿀 때, 그 작은 변화들이 모여 결국 전체 교육 문화를 변화시키는 것이다. 이것이 바로 '나 하나 꽃 피어도 풀밭이 달라진다'는 믿음이고, 동시에 '흩어진 거룩한 불꽃을 하나씩 모아가는' 티쿤 올람의 실천인 것이다.

유대인 교육의 또 다른 특징은 평생 학습이다. 학습이 특정 시기에 끝나는 것이 아니라 '요람에서 무덤까지' 죽을 때까지 계속되는 것이다. 이는 단순한 지식 습득이 아니라 정체성 유지를 위한 필수 요소다. 베이트 미드라쉬 학습의집 에 가보면 70세, 80세의 노인들이 여전히 하브루타를 하고 있는 것을 볼 수 있다. 그들은 자신을 '아직 배울 것이 더 많은 사람'이라고 겸손하게 표현한다. 동시에 그들은 '전수자로서의 책임 의식'을 가지고 있다. 배운 것을 다음세대에게 전수할 의무가 있는 사람이라는 정체성이다. 이는 학습을 개인적 소유물이 아니라 공동체적 자산으로 보는 관점에서 나온다.

3500년 동안 유대인 정체성을 지켜온 것은 바로 이런 교육 시스템 때문이다. 하브루타는 단순한 학습법이 아니라 정체성 보존과 전수의 메커니즘이었고, 티쿤 올람은 그 교육에 존재론적 의미를 부여하는 사명이었다. 그리고 이것이 오늘날 우리 교육이 배워야 할 가장 중요한 교훈이다. 단순히 지식을 전달하고 경쟁력을 기르는 것을 넘어, 아이들에게 자신이 누구인지, 왜 배워야 하는지, 그 배움을 어떻게 세상을 위해 사용해야 하는지를 가르쳐야 한다.

당신의 자녀는 매일 저녁 자신이 누구인지 확인하고 잠자리에 드는가?

당신은 아이들에게 성공하는 법을 가르치는가, 아니면 세상을 고치는 법을 가르치는가?

3 이야기가 정체성을 만든다

하브루타의 가장 신비로운 순간은 고대 텍스트가 현재의 살아있는 이야기로 변환되는 순간이다. 수천 년 전의 기록이 오늘 나에게 말을 거는 것이다. 이는 단순한 문학적 체험이 아니라 존재론적 변화의 시작이다. 한 유대인 교육학자는 이렇게 말했다 "하나님은 스토리텔러이시다. 그리고 우리 모두는 그 분의 이야기 속 등장인물이다." 이 관점은 마이클 샌델이 『정의란 무엇인가』에서 제시한 "우리는 모두 이야기 속의 나이다"라는 통찰과 정확히 일치한다. 개인의 정체성이 고립된 자아가 아니라 더 큰 서사적 맥락 안에서 형성된다는 것이다.

이런 관점에서 하브루타는 단순한 텍스트 분석이 아니라 자신이 속한 거대한 이야기를 발견하는 과정이 된다. 하브루타를 통해 학습자는 텍스트를 읽는 것이 아니라 텍스트에 의해 읽힌다. 아브라함의 이야기를 읽으면서 자신 안의 아브라함을 발견하고, 모세의 여정을 따라 가면서 자신의 여정을 재구성한다. 이때 이야기는 단순한 정보가 아니라 정체성 형성의 도구가 된다.

아브라함이 하란을 떠나 가나안으로 향하는 이야기는 단순한 역사적 사실이 아니다. 하브루타에서 이 이야기는 '우리 조상의 이야기'로 재구성된다. 그리고 더 나이가 '나의 이야기'가 된다. 이 과정에서 중요한 것은 시간의 압축이다. 수천 년의 시간 간격이 하브루타의 마법을 통해 사라진다. 아브라함의 선택이 나의 선택이 되고, 그의 고민이 나의 고민이 된다.

> "너는 너의 고향과 친척과 아버지의 집을 떠나 내가 네게 보여 줄 땅으로 가라" 창세기 12:1

이 말씀을 읽는 자녀들은 자신에게도 떠나야 할 것이 있는지, 가야 할 곳이 있는지를 묻는다. 아브라함의 부르심이 나의 부르심으로 연결되는 것이다.

유대 전통은 이 반복을 מעשה אבות סימן לבנים 마아세 아보트 시만 레바님 이라 부르며 이는 "조상의 발자국 위에 후손이 걷는다"는 뜻이며, 단순한 역사 반복이 아닌, 하나님이 역사를 통해 말씀하신다는 확신의 표현이다.

유대인 정체성 형성에서 가장 중요한 이야기는 출애굽이다. 이집트에서의 노예 생활과 해방의 경험이 유대인 정체성의 핵심을 이룬다. 하지만 여기서 중요한 것은 문법이다. 유월절 세데르에서 아버지는 아들에게 '우리 조상들'이 이집트에서 나왔다고 말하시 않는다. '우리'가 이집트에서 나왔다 고 현재형으로 이야기한다. 수천 년 전의 사건이 현재의 경험이 되는 순간이다. 미쉬나 Pesachim 10:5에는 이런 구절이 있다. "우리 각자는 어느 세대에나 자신이 이집트에서 개인적으로 나온 것처럼 여겨야 한다." 이는 출애굽이 단순히 역사적 사실을 기억하는 것이 아니라, 현실에서 체험처럼 느끼고 살아내는 방식의 교육이다.

이런 교육을 통해 유대인들은 해방의 경험을 DNA처럼 체화한다. 억압당하는 사람들을 보면 자연스럽게 연대감을 느끼고, 자유를 위해 싸우는 것을 당연하게 여긴다. 이야기가 가치관이 되고, 가치관이 행동이 되는 것이다. 하브루타에서 일어나는 가장 놀라운 변화는 개인사와 민족사가 통합되는 순간이다. 나의 작은 이야기가 우리의 큰 이야기와 연결되면서 삶의 의미와 방향이 생긴다. 이는 현대 심리학에서 말하는 '내러티브 정체성'과 정확히 일치한다.

인간은 자신의 삶을 하나의 일관된 이야기로 구성할 때 정체성이 형성된다. 하브루타는 바로 이런 일관된 이야기를 제공한다. 개인의 경험들이 무작위적 사건이 아니라 더 큰 서사의 일부라는 것을 깨달을 때, 삶은 의미를 갖는다. 실패도 성공도 모두 하나님의 이야기 속에서 내가 있음을 깨달을 때 깊은 의미를 갖는 것이다. 하브루타를 통해 학습자는 자신이 방관자가 아니라 주인공임을 깨닫는다. 아브라함, 이삭, 야곱의 후손으로서 그들의 이야기를 계승할 책임과 권리가 있는 존재라는 것이다. 이런 소속감은 단순한 혈통적 연결감이 아니다. 가치와 사명을 공유하는 공동체 일원으로서의 정체성이다.

하브루타에서 텍스트는 도덕 교과서가 아니다. 살아있는 인물들의 생생한 선택과 결과를 보여주는 드라마다. 이를 통해 학습자는 삶의 원칙을 체득한다. 아브라함이 롯을 위해 소돔과 고모라를 두고 하나님과 변론하는 장면, 모세가 자신의 안위보다 백성을 선택하는 장면, 다윗이 자신의 죄를 인정하는 장면 등에서 학습자는 올바른 선택이 무엇인지를 배운다. 이는 추상적 윤리가 아니라 구체적 상황에서의 실천적 지혜다. 딜레마 상황에서 어떤 선택을 해야 하는지, 갈등 상황에서 어떤 가치를 우선해야 하는지를 이야기를 통해 학습하는 것이다.

하브루타를 통해 형성된 내러티브 정체성은 삶의 모든 사건을 해석하는 렌즈가 된다. 성공과 실패, 기쁨과 슬픔이 모두 하나님의 이야기 안에서 의미를 갖는다. 욥의 이야기는 이런 해석 틀의 대표적 예다. 극심한 고난 속에서도 더 큰 이야기의 맥락에서 자신의 상황을 이해하려고 노력한다. 이는 체념이 아니라 의미 추구다. 현대 실존주의 철학자 빅터 프랭클은 이렇게 말했다 "인간은 의미를 추구하는 존재다." 하브루타는 바로 이런 의미를 제공하는 교육이다.

이야기를 통한 정체성 형성이 완성되면 개인은 소속감, 가치관, 미래 지향성을 모두 갖춘 완전한 정체성을 갖게 된다. 나는 누구인가, 어디서 왔는가, 어디로 가는가에 대한 명확한 답을 갖는 것이다. 그래서 영국의 소설가 바이어트는 "이야기는 호흡이나 혈액순환처럼 인간 본질의 한 부분이다." 라고 말했다. 이런 정체성은 혼란의 시대에 흔들리지 않는 내적 안정성을 제공한다. 외부 상황이 아무리 변해도 자신이 누구인지, 무엇을 해야 하는지를 명확히 아는 것이다. 수천 년 동안 유대인들이 정체성을 잃지 않을 수 있었던 것은 바로 이런 '이야기 교육' 때문이다. 하브루타는 이야기를 살아있는 현실로 만드는 마법이었다.

이야기가 정체성을 만든다. 수천 년 동안 나라 없이 떠돌았던 민족이 살아 남은 것은 '이야기의 힘' 이었다. 하브루타는 고대의 텍스트를 현재의 살아있는 드라마로 바꾸는 마법이었다. 그 마법을 통해 아브라함의 후손들은 자신이 누구인지, 어디서 왔는지, 어디로 가야 하는지를 명확히 알 수 있었다.

당신의 자녀는 '나는 누구인가, 어디서 왔는가, 어디로 가는가'에 대한 명확한 답을 가지고 있는가?

4 헤브라이즘, 존재론적 교육 하브루타

현대 교육이 정보 전달에 매몰되어 있을 때, 하브루타는 근본적으로 다른 질문을 던진다. '무엇을 가르칠 것인가?'가 아니라 '어떤 사람을 만들 것인가?'를 묻는 것이다. 이것이 바로 하브루타가 헤브라이즘적 존재론 교육인 이유다. 헤브라이즘 교육은 단순히 히브리어를 배우거나 유대인의 관습을 익히는 것이 아니다. 헤브라이즘 교육이란 히브리 민족의 세계관과 신앙 전통에 기초하여 성경을 삶의 중심에 두고 세대 간에 전수되는 총체적 교육 방식을 의미한다.

유대인 교육 전통에서 가장 중요한 질문은 '나는 누구인가?' 그리고 '우리는 누구인가?'이다. 이 질문들은 단순히 철학적 사유에 머무르지 않는다. 매일의 하브루타 과정에서 텍스트와 씨름하며, 학습자는 자신의 정체성을 공동체 안에서 발견하고 형성해 나간다.

조기학습과 조기교육은 어떤 차이가 있을까?

한국 교육은 지덕체 知德體 의 순서로 지식을 먼저 강조한다. 하지만 유대인 교육은 덕체지 德體知 의 순서로 덕성과 영성, 품성을 먼저 세운다. 이것이 바로 조기학습과 조기교육의 차이다. 조기학습은 더 많은 정보를 더 빨리 주입하는 것이지만, 조기교육은 전인적 존재로 성장할 수 있는 기초를 다지는 것이다. 유대인 부모들이 3세 아이에게 토라를 가르칠 때, 그들은 히브리어 문법을 가르치는 것이 아니다. '어떤 사람이 될 것인가'에 대한 방향성을 심어주는 것이다.

> "마땅히 행할 길을 아이에게 가르치라 그리하면 늙어도 그것을 떠나지 아니하리라" 잠 22:6

하브루타에서는 이런 말이 있다. "학습자가 텍스트를 읽는 것이 아니라, 텍스트가 학습자를 읽는다." 이는 하브루타에서 일어나는 변화의 본질을 보여준다. 텍스트와의 만남이 단순한 지식 습득이 아니라 텍스트를 통한 자아 발견의 순간이 된다.

미쉬나 피르케이 아보트 Pirkei Avot, 아보트 1:14 랍비 힐렐의 유명한 말이 이를 잘 보여준다 "내가 나를 위하지 않으면 누가 나를 위하겠는가? 그러나 나 나신만을 위한다면 나는 무엇인가? 그리고 지금이 아니면 언제 하겠는가?" 이 질문들은 단순한 철학적 명제가 아니라, 삶의 방향을 결정하는 존재론적 질문이다.

이 질문들을 살펴보면,

"내가 나를 위하지 않으면 누가 나를 위하겠는가?" 이 질문은 자기 삶의 주체성을 강조하는 부분이다. 아무도 대신 살아주지 않는다. 나의 영혼, 나의 성장은 내가 책임져야 한다는 인간관이다.

"그러나 내가 나만을 위한다면 나는 무엇인가?" 공동체 없이 존재할 수 없는 인간의 본질을 묻는 질문이다. 자기중심적 신앙과 학문은 결국 공허하다는 윤리적, 공동체적 자각이다.

"그리고 지금이 아니면 언제 하겠는가?" 삶의 의미는 '언젠가'가 아닌 '지금 여기'에서 시작된다는 실천 윤리이다. 유대 전통의 교육은 반드시 지금 배우고 지금 행함으로 연결되어야 함을 강조한다.

하브루타는 이처럼 깊은 철학적, 신학적 질문에 대답하는 연습이다. **"나는 무엇을 위해 배우는가? 그리고 지금이 아니면 언제 배우겠는가?"** 하브루타는 자기 자신에게 정직하게 묻는 훈련이며, 동시에 타인과 함께 답을 찾아가는 여정이다. 하브루타에서 일어나는 학습은 일반적인 지식 습득과 근본적으로 다르다. 정보 처리자에서 의미 창조자로의 전환이 일어나는 것이다.

'아는 것 Knowing'에서 '되는 것 Being'으로의 변화가 하브루타의 핵심이다. 학습자는 단순히 텍스트의 내용을 읽기하거나 이해하는 것이 아니라,

그 텍스트와의 상호작용을 통해 자신의 정체성을 재구성한다. 하브루타에서는 학습과 존재가 분리되지 않는다.

이것이 헤브라이즘 교육의 총체성이다. 헤브라이즘 교육은 신앙과 일상, 종교와 삶, 이론과 실천을 분리하지 않는다. 모든 것이 하나님의 주권 아래 있으며, 따라서 삶의 모든 영역이 교육의 장이 된다. 교실에서만 배우는 교육이 아니라 집과 길에서, 눕고 일어나는 모든 순간에서 이루어지는 교육이 바로 헤브라이즘 교육의 특징이다. 텍스트를 읽고 토론하는 과정에서 학습자는 새로운 자신을 발견하고, 동시에 공동체 안에서의 자신의 위치를 확인한다. 이런 변화는 하루 아침에 일어나지 않는다. 매일의 하브루타 과정에서 조금씩, 점진적으로 일어나는 변화다. 마치 물이 바위를 뚫듯이, 지속적인 텍스트와의 만남이 학습자의 존재를 변화시켜 나간다. 하브루타가 단순한 학습법이 아니라 존재론적 교육인 이유가 여기에 있다. 그것은 더 나은 학습자를 만드는 것이 아니라, 더 나은 사람을 만드는 것을 목표로 한다. 그리고 이런 사람들이 모여 더 나은 공동체를 만들어가는 것이다.

하브루타에서 가장 신비로운 순간은 텍스트가 거울이 되는 순간이다. 학습자가 고대 텍스트를 읽으면서 자신의 현재 상황을 발견하고, 자신의 내면을 들여다보게 되는 것이다. 예를 들어, 아브라함이 고향을 떠나는 이야기를 읽을 때, 단순히 역사적 사실을 학습하는 것이 아니다.

바르 미츠바에서 아담이 성찰했던 질문과 같이, '나에게도 떠나야 할 것이 있는가?, 내가 가야 할 길은 무엇인가?'라는 질문으로 이어진다. 텍스트가 자신의 삶을 비추는 거울이 되는 순간, 학습은 존재의 변화로 이어진다.

하브루타의 독특함은 개인 정체성과 공동체 정체성을 동시에 형성한다는 점이다. 혼자서는 불가능한 일이다. 하브루타 파트너와의 상호작용을 통해 자신의 생각을 명확히 하면서도, 동시에 공동체의 가치와 전통을 내재화한다. 이 과정에서 흥미로운 역설이 일어난다. 개인성이 강해질수록 공동체 의식도 강해진다. 자신의 고유함을 발견할수록 공동체 안에서의 자신의 역할도 명확해지는 것이다. 이는 개인주의와 집단주의의 대립을 넘어서는 제3의 길을 보여준다.

하브루타는 '존재론적 교육'으로서 더 나은 인간을 만드는 교육 철학이다. 그리고 이런 인간들이 모여 더 나은 세상을 만들어가는 것이다. 이것이 하브루타가 수천 년 동안 유대인 공동체를 지켜온 힘이며, 오늘날 우리 교육이 배워야 할 핵심이다.

하브루타는 단순히 더 나은 학습법이 아니다. 그것은 정보처리자를 의미 창조자로, 아는 자를 되는 자로 변화시키는 존재론적 교육이다. 인공지능이 모든 정보를 처리할 수 있는 시대에, 오직 인간만이 할 수 있는 것은 의미를 창조하고 자신의 존재를 성찰하는 것이다. 수천 년 동안 유대 공동체를 지켜온 이 교육 철학이 바로 여기에 있다.

헤브라이즘 교육이 현대 교회 교육에 주는 메시지를 한 마디로 요약한다면, 교육의 본질 회복이다. 효율성과 체계성에 매몰되어 잃어버린 교육의 본래 목적과 의미를 되찾아야 한다는 것이다. 교육은 단순히 지식을 전달하는 것이 아니라 온전한 인간을 형성하는 거룩한 과정이어야 한다. 가장 중요한 것은 교육을 통해 아이들이 단순히 똑똑한 사람이 되는 것이 아니라, 하나님의 형상을 닮아가는 온전한 인간으로 자라가도록 돕는 것이다. 이것이야말로 헤브라이즘 교육이 현대 교회 교육에 던지는 가장 본질적인 메세지라 할 수 있다.

당신의 교육은 지금 '무엇을 가르치고' 있는가, 아니면 '어떤 사람을 만들고' 있는가?

5 새로운 정체성 교육이 열어갈 놀라운 미래

"정체성이 회복되면 모든 것이 달라진다."

한국교회에 새로운 여명이 밝아오고 있다. 수천 년 동안 유대인들의 정체성을 지켜온 하브루타교육이 한국교회의 정체성 위기를 해결할 열쇠가 되려 한다. 이는 단순한 교육 방법의 변화가 아니다. 우리 다음세대들이 자신이 누구인지를 새롭게 발견하는 혁명적 전환이다.

하브루타의 가장 큰 힘은 내러티브와 질문들을 통해 정체성을 형성한다는 것이다.

'나는 누구인가? Who Am I, 내가 믿는 하나님은 어떤 분인가?, 나는 왜 이 신앙을 가져야 하는가?' 이런 근본적 질문들이 자유롭게 허용되고 격려된다. 좋은 질문이 좋은 정체성을 만든다. 질문을 통해 아이들은 스스로 신앙을 탐구하고, 자신만의 확신을 만들어간다. 부모나 교회에서 주입된 신앙이 아니라, 스스로 발견하고 선택한 신앙이 된다. 의심은 믿음의 적이 아니라 믿음의 친구다.

하브루타로 변화될 한국교회를 꿈꾼다.

하브루타는 나의 정체성과 우리의 정체성을 동시에 세워준다. 현대 한국교회의 개인주의적 신앙관을 넘어서는 새로운 정체성이 형성된다. 개인의 고유성을 존중하면서도 공동체에 대한 책임감을 기른다. 나는 하나님의 특별한 자녀이면서 동시에 하나님 백성의 일원이라는 통합적 정체성이 형성된다. 나의 성장이 공동체의 유익과 연결되고, 개인의 구원이 세상의 변화로 이어진다. 홀로 서되 함께 서는 사람으로 키워낸다.

하브루타를 통해 한국 기독교인들은 문화적 이중성에서 벗어난다. 더 이상 서구 종교와 한국 문화 사이에서 방황하지 않는다. '가장 한국적인 것이 가장 세계적인 것이다'라는 말처럼 '한국적 기독교 정체성'이라는 새로운 정체성을 형성한다. 한국적인 영성을 바탕으로 "내가 한국인이기 때문에 더 깊이 하나님을 사랑할 수 있다."고 고백할 수 있다. 효도하는 마음으로 하나님을 섬기고, 공동체를 중시하는 문화로 교회를 세워간다. 성경 속 다니엘이 바벨론에서 자신의 정체성을 지켰듯이, 한국 기독교인들도 자신만의 독특하고 아름다운 정체성을 찾아간다. 한국의 땅에서 피어나는 복음의 꽃이 더욱 아름답다.

하브루타를 통해 가장 먼저 회복되는 것은 '성경 이야기'와 '개인 이야기'의 통합이다. 하나님의 큰 이야기 속에서 내 작은 이야기의 의미를 발견하는 것이다. 아브라함의 여정이 나의 여정이 되고, 모세의 사명이 나의 사명이 된다. 요셉의 고난이 나의 시련을 이해하는 열쇠가 되고, 다윗의 찬양이 나의 감사를 표현하는 언어가 된다. 성경이 박물관의 유물이 아니라 살아있는 하나님의 말씀, 나의 정체성을 형성하는 거울이 된다. 아브라함, 이삭, 야곱의 하나님이 나의 하나님이 되는 것이다.

하브루타 교육의 궁극적 목표는 '왕같은 제사장'으로서의 정체성을 회복하는 것이다.

"그러나 너희는 택하신 족속이요 왕 같은 제사장들이요 거룩한 나라요 그의 소유가 된 백성이니" 베드로전서 2:9 이는 개인 구원에 머무르는 신앙을 넘어선다. 나 하나만 잘 믿는 것이 아니라, 세상을 하나님의 뜻대로 변화시키는 사명자로서의 정체성을 갖는다. '구원받은 자에서 사명자'로의 정체성 전환이 일어난다. 하브루타를 통해 성경은 단순한 지식의 원천이 아니라 삶의 나침반이 된다. 말씀이 삶을 인도하고, 삶이 말씀을 증명하는 '말씀의 사람' 정체성이 형성된다. "말씀으로 키운 자녀가 세상을 이긴다." 이는 일주일에 한 번 성경을 읽는 것과는 차원이 다르다. 매일 매순간 말씀으로 살아가는 정체성이다. 말씀의 사람은 어떤 환경에서도 흔들리지 않는다. 자신이 누구인지 알고, 어디로 가야 할지 아는 사람이기 때문이다. 성경을 읽는 사람에서 성경대로 살아내는 사람으로 변화한다.

하브루타는 세대와 세대를 잇는 다리가 된다. 기성세대의 신앙 경험과 젊은 세대의 현대적 관점이 만나 새로운 정체성을 형성한다. 할아버지의 믿음이 손자의 믿음으로 이어진다. 같은 믿음이지만 각 세대의 언어와 문화로 표현된다. 신앙의 본질은 유지하면서도 표현 방식은 시대에 맞게 발전한다.

하브루타 정체성 교육을 받은 다음세대는 완전히 다르다. 이들에게는 확고한 자아 정체성과 신앙 정체성이 있다. 나는 하나님이 사랑하시는 독특한 존재이며, '이 세상을 변화시키라고 부름받은 사명자'라는 정체성을 가진 사람들은 어떤 도전 앞에서도 흔들리지 않는다. 자신이 누구인지 알기 때문이다. 하브루타를 통해 획일화된 신앙에서 벗어나 개성 있는 신앙 정체성들이 탄생한다.

하나님이 각자에게 주신 은사와 특성이 신앙 정체성과 조화를 이룬다. 예술가는 예술로 하나님을 섬기는 정체성을, 과학자는 과학으로 창조주를 탐구하는 정체성을, 교육자는 교육으로 다음세대를 세우는 정체성을 형성한다. 아름다운 교회 공동체가 만들어진다.

새로운 정체성을 가진 기독교인들은 세상으로 나간다. 이들에게는 개인 구원을 넘어선 사명감이 있다. 직장에서, 학교에서, 지역사회에서 하나님 나라의 가치를 실현하는 세상 속의 제사장 정체성으로 살아간다.

이들은 성과 속을 구분하지 않는다. 월요일부터 토요일까지의 삶도 예배이고 섬김이다. 이런 정체성을 가진 사람들이 많아질수록 사회 전체가 변화한다. 교회 안에서 키워진 정체성이 세상 밖에서 꽃을 피운다.

"진정한 부흥은 숫자가 아니라 정체성의 회복이다."

하브루타가 가져올 다음세대 부흥은 감정적 흥분이나 외적 성장이 아니라, 깊이 있는 정체성의 회복이다. 각자가 하나님의 자녀로서, 하나님의 백성으로서 확고한 정체성을 갖게 된다. 이런 부흥은 지속가능하다. 감정이 식어도 남고, 환경이 바뀌어도 흔들리지 않는다. 뿌리가 깊은 나무처럼 어떤 풍파도 이겨낸다.

한국교회의 새로운 정체성 시대가 시작된다. 모호한 정체성에서 확실한 정체성으로, 수동적 신앙에서 능동적 신앙으로, 개인주의적 신앙에서 공동체적 사명으로, 하브루타는 단순한 교육 방법이 아니다. 한국교회의 정체성을 회복시키는 하나님의 선물이다.

"이는 그들로 후대 곧 태어날 자손에게 이를 알게 하고 그들은 일어나 그들의 자손에게 일러서 그들로 그들의 소망을 하나님께 두며 하나님께서 행하신 일을 잊지 아니하고 오직 그의 계명을 지켜서 그늘의 조상들 곧 완고하고 패역하여 그들의 마음이 정직하지 못하며 그 심령

이 하나님께 충성하지 아니하는 세대와 같이 되지 아니하게 하려 하심이로다" 시편 78:6-8

우리가 받은 신앙의 유산을 다음세대에게 온전히 전수하는 꿈이 이제 현실이 된다. 하브루타와 함께 한국교회는 새로운 정체성의 시대를 연다. 지금이 바로 그 시작점이다.

"들으라 이스라엘아!" 이제 한국교회가 들을 차례다. 하브루타의 소리가 한국 땅에 울려 퍼진다. 정체성을 찾는 소리, 확신을 얻는 소리, 사명을 발견하는 소리. 한국교회의 새로운 정체성 시대가 지금 시작된다.

당신은 이 부르심에 어떻게 응답할 것인가?

하브루타 독서토론 worksheet

느낌 나누기 — 이번 챕터를 읽고 난 뒤, 마음에 남은 **전체적인 느낌**을 기록해 보세요.

문장 나누기 — **마음에 와닿은 문장**을 옮겨 쓰고, 그 이유를 적어보세요.(페이지 기재 필수)

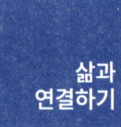

삶과 연결하기 — 책의 내용과 비슷한 경험 혹은 가족, 친구, 사회 현상, 다른 책과 **연결지어 보세요.**

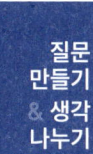

책을 읽으면서 궁금했던 나만의 질문,
혹은 나누고픈 **하브루타 질문 세 가지**를 적고 생각을 나누어 보세요.

이번 챕터를 통해 얻은 **느낀 점**과 **깨달은 점**,
그리고 일상에서 이어갈 **실천할 점**을 기록해 보세요.

하브루타 독서토론 후 기억에 남는 대화와 그 속에서 얻은 배움,
앞으로 내 **삶에서 적용하고 싶은 점**을 기록해 보세요.

chapter 7 하브루타 질문 7가지

1. "나는 누구인가?"라는 질문 앞에서, 나는 지금까지 어떤 이야기 속의 인물로 살아왔는가? 당신의 인생을 하나의 '이야기'로 본다면, 지금까지의 삶은 어떤 서사를 따라왔는가? 당신이 믿는 '정체성 이야기'는 무엇이며, 그것은 어디에서 시작되었는가?

2. 내가 선택한 신앙인가, 물려받은 신앙인가? 지금 당신이 믿고 따르는 신앙은 스스로 선택한 삶의 방식인가, 아니면 부모와 공동체로부터 수동적으로 전승받은 관습인가? 지금 이 자리에서, 당신은 어떤 '선택'을 하고 있는가?

3. 개인의 출세나 성공이 아닌 세상을 더 나은 곳으로 만드는 목적으로 배운다는 것은 구체적으로 무엇을 의미하는가? 티쿤 올람은 세상의 회복을 의미한다. 내 주변의 깨어진 세상을 어떻게 발견하고, 어떻게 참여하고 있는가?

4. 나의 삶은 공동체에 어떤 의미를 더하고 있는가? 공동체가 나를 키웠다면, 나는 지금 공동체에게 무엇을 돌려주고 있는가? 당신은 공동체의 일원으로서 어떤 기여를 하고 있는가, 혹은 하고자 하는가?

5. 나는 어떤 질문으로 다음세대를 키우고 있는가? 유대인 교육은 "다음세대에게 무엇을 물려줄 것인가?"를 삶의 중요한 기준으로 삼는다. 지금 당신은 어떤 질문을 다음세대에게 남기고 있는가?

6. 하나님의 큰 이야기 속에서, 나는 지금 어디쯤을 걷고 있는가? 아브라함, 모세, 다윗이 하나님의 이야기 속에서 자신의 역할을 발견했듯이, 당신은 지금 그 거대한 서사 안에서 어떤 장면을 살아가고 있는가? 당신의 현재는 그 이야기에서 어떤 의미를 갖는가?

7. 나는 정체성을 잃지 않기 위해 무엇을 매일 실천하고 있는가? 유대인들은 매일 쉐마를 암송하며 정체성을 새기듯, 당신은 오늘 나의 '존재'를 지키기 위해 어떤 언어, 어떤 습관, 어떤 기도를 삶 속에 새기고 있는가?

| 에필로그 |

앞으로 하브루타로 할 일이 많은 거 아시죠?

10여 년 전, 한국에서 하브루타 자격과정을 마치던 그날이 아직도 생생하다. 그 당시 나는 미국에서 박사과정 유학 중이었는데 잠시 몇 달간 방문한 고국에서 하브루타 자격과정에 참여했었다. 한국에 하브루타를 처음 소개하신 故 전성수 교수님께서 내게 수료증을 건네주시며 따뜻한 미소를 지으셨다. 그런데 갑자기 그 점잖으신 분이 수료증을 옆으로 딱 빗기시며 장난스럽지만 진지한 표정으로 내게 질문하셨다.

"앞으로 하브루타로 할 일이 많은 거 아시죠?"

그러고는 수료증을 건네주셨다. 그 순간 나는 단순히 자격증을 받는 것이 아니라, 무언가 깊고 무거운 것을 전수받고 있다는 것을 직감했다. 교수님의 눈빛에는 장난기 어린 미소 뒤에 숨겨진 간절함이 있었고, 말씀 속에는 왠지 모를 같은 절박함이 담겨 있었다. 마치 오랫동안 혼자 짊어지고 계셨던 짐을 이제 누군가에게 나누어주려는 심정 같았다.

그리고 2017년, 내가 미국 유학을 마치고 한국에 귀국한 바로 그 해에 교수님께서 갑작스럽게 소천하셨다는 소식을 들었다. 그 순간 나는 깨달았다. 그날 교수님께서 건네주신 것은 단순한 수료증이 아니었다. 그것은 바통이었다. 수천 년 동안 이어져 온 하브루타의 정신을, 한국 땅에서 꽃피워야 할 소명의 바통을 건네주신 것이었다. 지난 10여 년간 나는 정확히 이 심정으로 뛰었다.

그 마음으로 한국과 해외 한인 디아스포라에 누구보다 하브루타 교육을 전파하려 열심히 노력했다. 또한 무엇보다 단순히 하브루타의 교육 방법론만이 아닌 본질을 알리기 위해 노력해왔다. 그 연구와 노력의 결실이 이 책이다. 특별히 나는 이 운동을 시작하며 지금까지, 목사님이셨던 전성수 교수님께서 유대인 교육, 하브루타를 통해 한국 개신교에게 어떤 말씀을 하길 원하셨을까? 하는 질문을 마음속으로 깊이 품고 질문하며, 나 또한 다음세대 목사로서 고민하고 또 고민했다.

모든 장을 지나온 지금, 우리는 다시 한번 분명히 고백한다. 교회의 본질은 어떤 문화나 방법이 아니라, 오직 예수 그리스도 자신이다. 그리스도께서 십자가와 부활로 우리를 구속하셨고, 성령께서 말씀 안에서 우리를 거룩하게 세우신다. 유대인의 하브루타가 아무리 탁월하다 할지라도, 그것은 단지 도구와 참고일 뿐, 교회의 생명은 언제나 '예수 그리스도' 안에서 시작되고 완성된다.

그러나 동시에, 우리는 유대인의 말씀 사랑과 교육적 실천이 오늘 교회에 던지는 묵직한 질문을 진지하게 받아들여야 한다. 그것은 곧 '우리는 말씀을 어떻게 살아내고 있는가?'라는 물음이다. 결국 『리얼 하브루타』의 목적은 유대인의 문화를 흉내 내는 것이 아니라, 그들의 태도를 거울삼아 그리스도를 더욱 닮은 교회, 말씀을 삶으로 살아내는 공동체를 세우는 것이다. '우리는 누구입니까?'라는 질문에, 교회는 언제나 이렇게 대답한다. "우리는 예수 그리스도 안에 있는 새사람이다."

지난 10여 년간 이 바통을 이어받아 달려오면서, 나는 하브루타의 진정한 무게를 조금씩 깨달아가고 있다. 그것은 단순한 교육 방법론이 아니었다. 그것은 이미 임한 하나님 나라의 현재성 속에서 살아가며, 또한 아직 완전히 임하지 않은 하나님 나라를 고대하는 우리의 사명을 이 땅 가운데서 감당할 수 있게 해주는 하나님께서 주신 원안 原案 이었다.

여러분의 가정에서 일어나야 할 작은 혁명들, 여러분의 교회에서 시작되어야 할 말씀 운동들, 여러분을 통해 다음세대에게 전해져야 할 신앙의 유산들. 이 모든 것들이 여러분을 기다리고 있다. 하브루타는 이제 여러분의 것이다. 이 귀한 보물을 혼자만 간직하지 말고, 여러분의 가족과 나누어보면 어떨까? 여러분의 교회와도 함께 나누며, 여러분이 만나는 모든 사람들과도 함께 나누어보기 바란다.

한 사람이 한 가정을 변화시키고, 한 가정이 한 교회를 변화시키며, 한 교회가 한 지역을 변화시킬 때, 우리는 비로소 이미 임한 하나님 나라의 현재성 속에서 살아가며, 동시에 완전히 임할 하나님 나라를 소망하는 하나님의 일에 동참하게 될 것이다. 그것이 고대의 지혜를 계승하여 한국 개신교가 이어가야 할 '티쿤 올람'의 정신일 것이다. 한국 땅에 심겨진 작은 씨앗이 이제 큰 나무가 되어 한국 땅에 많은 열매를 맺고 있다.

우리에게는 정말 할 일이 많다. 그러나 두렵지 않다. 왜냐하면 우리는 혼자가 아니기 때문이다. 우리에게는 하브루타가 있고, 함께 걸어갈 동역자들이 있으며, 무엇보다 우리를 이 일로 부르신 하나님께서 함께 하시기 때문이다. 이제 책을 덮고 일어나보면 어떨까? 그리고 오늘 저녁부터라도 가족과 함께 앉아 성경을 펼쳐보기 바란다. 하브루타는 실천이 답이다. 나부터, 지금부터, 내가할 수 있는 것부터 실천해 보자. 그 작은 시작이 한국 교회의 새로운 부흥을, 여러분 가정의 놀라운 변화를, 그리고 하나님 나라의 확장을 이루어갈 것이다.

한국교회 희망 있다! 다음세대 희망 있다!

"이스라엘아 들으라 우리 하나님 여호와는 오직 유일한 여호와시니 너는 마음을 다하고 뜻을 다하고 힘을 다하여 네 하나님 여호와를 사랑하라 오늘 내가 네게 명하는 이 말씀을 너는 마음에 새기고 네 자녀에게 부지런히 가르치며 집에 앉았을 때에든지 길을 갈 때에든지 누워 있을 때에든지 일어날 때에든지 이 말씀을 강론할 것이며 너는 또 그것을 네 손목에 매어 기호를 삼으며 네 미간에 붙여 표로 삼고 네 집 문설주와 바깥문에 기록할 지니라." 신 6:4-9

이 영원한 쉐마의 명령이 하브루타를 통해 우리 시대에 새롭게 성취되기를 간절히 소망하며, 여러분과 함께 걸어갈 앞으로의 여정을 기대해 본다. 이제 나는 이 책의 마지막 페이지를 읽고 계신 여러분께 전성수 교수님께서 나에게 하셨던 그 말씀을 마지막으로 전하고 싶다.

"앞으로 하브루타로 할 일이 많은 거 아시죠?"

감사의 마음을 담아

이 책을 세상에 내놓으며 감사드려야 할 분들이 있습니다. 이분들 없이는 이 책도, 지금의 저도 존재할 수 없었을 것입니다. 이 자리를 빌려 진심 어린 감사의 인사를 전합니다.

사랑하는 아내와 하율이에게

가장 먼저 나의 소중한 내 짝꿍, 사랑하는 아내 성인혜에게 감사를 전합니다. 당신은 이 책의 모든 여정에 헌신적인 사랑으로 함께 해 주었습니다. 미국 유학 생활 중 유대인들을 만날 때마다 완벽한 이중언어로 유대인의 깊은 문화를 온전히 느낄 수 있도록 통역해 준 당신의 역할, 단순한 번역을 넘어 그들의 마음과 정서까지 전해주던 당신의 섬세함. 때로는 내가 놓친 문화적 뉘앙스를 조용히 귀띔해 준 당신 덕분에 나는 단순히 유대인들과 만나는 것을 넘어, 그들의 삶 속으로 깊이 들어가 그들의 이야기를 진정으로 들을 수 있었습니다. 그 소중한 만남들이 없었다면 이 책도 태어날 수 없었을 것입니다. 또한 당신은 최고의 내조뿐 아니라 탁월한 육아로 우리 하율이를 사랑으로 키워 주었습니다. 당신의 이름 Grace처럼, 당신은 내 삶에 임한 하나님의 은혜 그 자체였습니다. 사랑합니다. 그리고 고맙습니다.

그리고 우리의 보물, 아들 하율이에게 감사와 사랑을 전합니다. 아빠가 책상에 앉아 있을 때마다 조용히 다가와 "아빠 힘내세요" 라며 어깨를 토닥여주던 작은 손길이 얼마나 큰 힘이 되었는지 모릅니다. 하나님께서 내게 허락하신 가장 소중한 존재이사 나의 첫 번째 제자인 하율아, 아빠는 네가 네 이름처럼 진정한 '말씀의 사람'으로 자라가기를 축복해. 이 책이 언젠가 네가 아빠를 더욱 깊이 이해하는 하나의 다리가 되기를 소망하며, 그때가 되었을 때 하율이 또한 아빠처럼 하나님의 말씀을 깊이 사랑하는 말씀의 아들이 되길 축복해. 사랑한다!

사랑하는 우리 부모님께

아버지 이상구 장로님, 저는 평생을 성실함으로 가정을 지켜오시며 묵묵히 모범을 보여주신 아버지의 등을 보며 자랐습니다. 아버지의 그 든든한 어깨가 있었기에 두려움 없이 꿈을 향해 달려올 수 있었습니다. 제가 인생의 어려운 결정 앞에 설 때마다 내심 순조로운 길을 가길 바라시면서도 "네가 기도하며 하나님께서 친히 이끌어 주시고 인도하시는 길을 가거라"며 믿고 맡겨주셨던 그 믿음, 잊지 않겠습니다. 평생 장로님으로서 보여주신 신앙의 모범은 목회자의 길을 걷는 제게 가장 큰 유산입니다. 그런 아버지의 삶을 진심으로 존경하고 또 존경합니다. 늘 건강하세요. 사랑합니다.

어머니 한경자 목사님, 자식을 향한 어머니의 사랑은 참으로 깊고 넓습니다. 새벽마다 자식들을 위해 무릎 꿇고 기도하시던 모습, 유학 생활 중 멀리서도 사랑하는 아들을 위해 기도한다고 전해주시는 따뜻한 전화 한 통, 그 모든 것이 제게 흔들리지 않는 뿌리가 되어 주었습니다. 목회자로서의 삶과 어머니로서의 삶을 동시에 감당하시느라 얼마나 힘드셨을지 이제야 조금 알 것 같습니다. 어머니의 눈물의 기도가 오늘의 제게 날개가 되었습니다. 어머니의 기도와 눈물의 헌신이 오늘의 저를 만들었습니다. 마음 깊이 사랑과 존경의 마음을 전합니다.

사랑하는 장인어른과 장모님께

장인어른 성혁준 장로님, 늘 저를 친아들처럼 품어주시고 사랑해 주셔서 감사합니다. 평생을 경찰 공무원으로 섬기시며 정의의 파수꾼으로서 언제나 시민들이 의지할 수 있는 든든한 버팀목이 되어주시고, 사회 정의와 공의를 실현하며 소외받는 이웃들을 따뜻하게 돌보아 주신 장인어른의 모습은 저에게 늘 삶의 참된 본보기가 되었습니다. 또한 교회에서는 장로님으로서 보여주신 신실한 신앙의 모습과 하나님 나라를 위한 헌신은 제게 큰 감동과 깨우침을 주었습니다. 그런 장인어른의 삶을 존경합니다. 늘 건강하시고 행복하세요.

사랑하는 장모님 김순일 목사님, 저를 처음 만났을 때부터 따뜻한 미소로 맞아주시고 가족으로 받아들여 주신 그 마음에 얼마나 감동했는지 모릅니다. 딸을 사랑하듯 사위를 아끼고 돌봐주시는 모습에서 진정한 어머니의 사랑을 느꼈습니다. 특히 처음 결혼을 수락해 주시며 주셨던 편지에서 "평생 사위를 위해 뒤에서 기도하는 엄마가 되어줄게"라고 써주셨던 그 메시지는 지금도 저의 가슴에 깊은 감동으로 남아있습니다. 또한 장모님은 제게 늘 축복의 통로가 되어 주셨습니다. 지금 제가 걷고 있는 하브루타 이 길도 장모님을 통해 시작하게 된 길이기에 늘 축복의 통로가 되신 장모님께 깊은 감사 인사를 전합니다. 늘 깊은 사랑을 베풀어 주심에 진심으로 감사드립니다. 사랑합니다.

네 분 부모님의 뿌리 깊은 사랑이 오늘의 저와 저희 가정을 세우는 든든한 토대가 되었습니다. 그 사랑의 씨앗들이 이제 이 작은 책이라는 열매로 맺어졌습니다. 정말 감사합니다. 이 책의 모든 페이지에 흐르는 온기와 진심은, 바로 부모님들이 제게 주신 사랑의 열매입니다. 부모님들의 사랑 없이는 이 모든 것이 불가능했을 것입니다. 이 작은 책이 네 분 부모님들의 사랑에 대한 보답이 되기를 간절히 소망하며, 앞으로도 더욱 겸손하고 감사하는 마음으로 살아가겠다고 다짐합니다. 감사합니다.

사랑하는 누나와 매형, 조카들에게

세상에 하나밖에 없는 소중한 누나 이현진 집사님과 든든한 매형 채명우 중령님께도 깊은 감사를 드립니다. 어릴 적부터 동생인 저를 한없이 아껴주며, 무엇이든 먼저 양보해 주던 누나의 따뜻한 마음에 감사합니다. 부족한 동생을 위해 묵묵히 희생해 준 그 사랑이 오늘의 저를 있게 했습니다. 매형 채명우 중령님께도 감사를 전합니다. 저를 친동생처럼 아껴주며, 인생의 선배로서 제가 어려움에 처했을 때마다 든든한 버팀목이 되어주고, 늘 올바른 길로 인도해 준 그 은혜를 평생 잊지 못할 것입니다. 평생 자신보다 동생을 먼저 생각하는 두 분의 아름다운 마음을 본받아, 저도 더욱 겸손하고 배려깊은 사람이 되겠습니다.

그리고 사랑하는 우리 조카들 지훈이, 영훈이, 지영이에게! 삼촌이 너희들을 얼마나 사랑하는지 알지? 너희들 한 명 한 명이 우리 가족의 소중한 보물이자 희망이야. 너희들이 앞으로 어떤 길을 걸어가든, 언제나 하나님을 사랑하고 이웃을 사랑하는 아름다운 마음을 잃지 않았으면 좋겠어. 때로는 힘든 일이 있을 수도 있지만, 그럴 때마다 너희들에게는 든든한 가족들이 있다는 것을 기억해. 삼촌도 언제나 너희들의 든든한 응원군이 될게. 사랑하는 우리 조카들, 건강하게 자라고 항상 행복하길 바라며, 삼촌도 언제나 너희들을 위해 기도할게. 사랑해.

사랑하는 처남과 처남댁에게

멀리 태평양 건너 미국에서 미군 의료 연구원으로 아픈 이들을 치료하며 헌신하고 있는 처남, 성욱아! 매형은 네가 정말 자랑스럽다. 단순히 군인의 길이 아니라 생명을 살리는 연구원으로서 군 복무를 선택한 그 사명감이 얼마나 숭고한지 안다. 질병으로 고통받는 전우들과 환자들을 위해 밤낮으로 헌신하는 네 모습에서 진정한 용기와 사랑을 본다. 이국땅에서 묵묵히 생명을 지키는 네 헌신을 우리 가족들 모두 자랑스러워하며, 늘 처남을 위해 기도하고 있어. 자주 만나지 못해 아쉽지만, 너를 생각하면 늘 든든하고 고맙다. 그리고 우리 가족이 되어준 처남댁 차현, 정말 고마워요. 힘든 군 생활 속에서도 처남이 흔들리지 않고 사명을 다할 수 있는 건, 처남댁이 옆에서 함께해 주기 때문이라는 것을 우리 모두 알고 있어요. 고마워요. 처남댁을 우리 가족으로 맞이하게 된 것이 얼마나 큰 축복인지 모릅니다. 두 사람이 함께 일궈 갈 아름다운 가정에 하나님의 은혜가 가득하길, 그리고 늘 건강하고 행복한 날들만 가득하길 진심으로 기도해요.

박정희 대표님께

주 안에서 한 가족 된 동역자 박정희 대표님께도 깊은 감사를 전합니다. 늘 한결같은 마음으로 함께해 주시고, 때로는 든든한 버팀목이, 때로는 따뜻한 격려자가 되어주신 덕분에 이 책이 완성될 수 있었습니다. 대표님은 저의 인생에서 어쩌면 가장 큰 어려움과 고난 한가운데서 하나님께서 제게 붙여주신 동역자라는 생각이 듭니다. 대표님 덕분에 절망의 순간들을 희망으로 바꿀 수 있었습니다. 앞으로도 주 안에서 아름다운 동역을 이어가며, 서로에게 더욱 소중한 하베르가 되었으면 합니다. 진심으로 감사의 마음을 전합니다.

추천사를 써 주신 존경하는 분들께

또한 추천사를 써주신 존경하는 분들께 진심으로 감사를 드립니다. 책을 모두 탈고하고 귀한 한 분 한 분께 추천사를 부탁드릴 때의 그 떨리는 마음을 어떻게 표현할 수 있을까요? "나의 글에 대해 어떻게 말씀해 주실까?" 노심초사하며 두렵고 떨리는 마음으로 이 책의 첫 독자가 되어주시길 용기를 내어 요청을 드렸습니다. 그런데 놀랍게도 한 분 한 분께서 흔쾌히 응해 주셨을 뿐만 아니라, 이렇게 부족한 사람을 위해 정성스럽게 써주신 추천사의 한 글자 한 글자는 제게 너무나도 큰 힘과 위로, 그리고 격려가 되었습니다. 추천사를 받으며 받았던 감동과 큰 격려는 평생 잊을 수 없을 것입니다.

"과연 내가 이런 격려를 받을 자격이 있을까?" 하는 겸손한 마음과 동시에, "이렇게 귀한 분들이 믿어주시니 더욱 열심히 해야겠다"는 다짐이 마음 깊숙이 새겨졌습니다. 각각의 추천사마다 담긴 따뜻한 시선과 격려의 메시지는 제게 단순한 문장이 아니라 살아있는 생명력이었고, 앞으로 나아갈 힘이었습니다. 베풀어 주신 그 귀한 격려의 메시지들에 힘입어, 더욱더 겸손한 마음으로, 그리고 더욱더 힘차게 맡겨진 사명을 감당해 나가겠습니다. 추천해 주신 분들의 기대에 부응하는 사람이 되도록 끊임없이 노력하겠습니다. 진심으로 감사드립니다.

편집과 디자인 책 제작 과정에 수고해 주신 분들께

마지막으로 이 책이 나오기까지 보이지 않는 곳에서 묵묵히 헌신해 주신 소중한 분들이 계십니다. 표지와 내지 디자인으로 수고해 주신 윤선디자인의 정윤선 대표님과 김수경 팀장님께 깊은 감사를 드립니다. "디자인으로 예배하라"는 슬로건처럼 예배하는 마음으로 이 책을 아름답게 디자인해 주신 그 정성과 헌신에 마음 깊이 감동받았습니다. 제가 전하고자 하는 마음과 메시지를 아름다운 디자인으로 담아내어 주신 덕분에 이 책이 더욱 빛날 수 있었습니다. 감사합니다. 또한 편집과 조판으로 수고해 주신 김석범 님과, 교정으로 수고해 주신 티쿤올람연구소 진은혜 대표님, 인쇄와 제작 과정에서 애써 주신 모든 분들께도 진심 어린 감사를 전합니다. 여러분의 전문성과 정성이 없었다면 지금의 이 완성된 책은 존재할 수 없었을 것입니다. 비록 독자들에게는 잘 보이지 않는 뒤편의 일들이지만, 한 권의 책이 탄생하기까지 흘려주신 여러분의 땀과 열정을 결코 잊지 않겠습니다. 책을 이렇게 완성도 있게 만들어 주셔서 진심으로 감사드립니다.

사랑하는 하베르분들께

지난 십 년간 하브루타 독서토론과 성경 하브루타를 함께 꾸준히 실천하며 동행해 주신 하베르분들께 진심으로 감사드립니다. 매번 모일 때마다 서로의 생각을 나누고 질문하고, 때로는 격렬하게 토론하며 함께 성장해 온 그 소중한 시간들이 이 책의 밑거름이 되었습니다. 책 한 문장, 한 단어, 성경 본문 한 절, 한 절을 두고 함께 치열하게 하브루타 했던 지난 세월은 단순한 지식을 넘어 삶의 지혜를 선물해 주었습니다. 질문하고 경청하는 하브루타의 정신으로 서로를 존중하며 함께 배워 온 지난 십 년이 얼마나 큰 축복이었는지 모릅니다. 앞으로도 우리 함께 배우고 성장하는 아름다운 동행을 이어 가길 소망합니다. 하베르분들 한 분 한 분 모두 하나님의 은혜가 충만히 넘치시길 기도합니다. 감사하고, 또 감사합니다.

소중한 독자분들께

마지막으로 이 책을 끝까지 읽어주신 독자분들께 진심으로 감사드립니다. 처음부터 마지막 장까지 함께해 주신 여러분의 동행에 깊이 감사를 드립니다. 이 책을 통해 여러분께서 작은 감동과 도전을 받으셨다면 저는 그것만으로도 이 책을 쓴 보람이 충분합니다. 독자 한 분 한 분이 계시기에 이 책이 의미를 갖게 되고, 여러분의 소중한 시간을 내어 읽어주셨기에 이 글들이 생명력을 얻을 수 있었습니다. 앞으로도 여러분의 인생에 하나님의 은혜와 평안이 충만하시기를 기도합니다. 다시 한번 모든 분들께 진심으로 감사드립니다.

Soli Deo Gloria! 모든 영광 하나님께!

참고도서

강준민, 『천천히 깊이 읽는 독서법』, 두란노, 2007
강치원, 『토론의 힘』, 느낌있는책, 2013
게리 콜린스, 『코칭 바이블』, IVP, 2014
권성달 외, 『미쉬나 세트』, 한길사, 2024
권창규, 『1세기 교회, 가정예배』, 하온, 2023
김상웅, 『백암 박은식, 평전국혼의 지사』, 채륜, 2017
김윤정, 『EBS 당신의 문해력』, EBS한국교육방송공사, 2021
김형종, 『테필린, 유대인 생존비밀 이야기』, 솔로몬, 2013
김형종, 『히브리 사고 베이직』, 솔로몬, 2015
데이빗 비빈, 『유대인의 눈으로 본 예수』, Eastwind, 2018
데이비드 H. 스턴, 『복음의 유대성 회복』, 마온하우스, 2024
데이비드 H. 스턴, 『유대인 신약성경 주석』, 브래드북스, 2024
데이비드 마이클 외, 『우리는 아이들과 함께 예배하기로 했다』, Semi, 2020
도로시 리즈, 『질문의 7가지 힘』, 더난출판사, 2016
로버트 뱅크스, 『1세기교회 예배이야기』, IVP, 2021
로이스 티어베르그, 『랍비 예수』, 국제제자훈련원, 2018
로이스 티어베르그, 『랍비 예수와 함께 성경 읽기』, 국제제자훈련원, 2018
리브카 울머, 모쉐 울머, 『하브루타 삶의 원칙 쩨다카』, 한국경제신문사, 2018
마르틴 부버, 『나와 너』, 대한기독교서회, 2020
마이클 리시, 『유태인의 율법 미츠보트 613』, Miklish, 2014
마이클 샌델, 『정의란 무엇인가』, 와이즈베리, 2014
매튜 티센, 『유대인 신학자 바울』, 새물결플러스, 2025
메이어 레빈, 『유태인이 가르치는 철학 이야기』, 대서, 2010
박상진, 『유바디 교육목회』, 장로회신학대학교출판부, 2020
박승호, 『마 아타 호쉐브』, 국제목회자성경연구원, 2016
변순복, 『탈무드가 말하는 하나님』, 로고스출판사, 2004
복있는사람, 『유대인 스케치』, 알프레드 에더스하임, 2016
사라 이마스, 『유대인 엄마의 힘』, 위즈덤하우스, 2014
사라 이미스, 『유대인 엄마는 회복탄력성부터 키운다』, 위즈덤하우스, 2019
솔로몬 B. 프리호프, 『유대인이 자녀들에게 가르치는 기도』, 누가, 2016
셋 D. 포스텔, 『모세를 읽으며 예수님을 보다』, 이스트윈드, 2020

심정섭, 『질문이 있는 식탁, 유대인 교육의 비밀』, 예담friend, 2016
아브라함 요수아 헤셸, 『안식』, 복있는사람, 2023
에란 카츠, 『천재가 된 제롬』, 민음인, 2007
엘런 F. 데이비스, 『히브리 성서를 열다』, 복있는사람, 2025
엘리 홀저, 『하브루타란 무엇인가』, D6, 2019
엘리 홀저, 『하브루타 맞춤학습이란 무엇인가』, D6, 2021
올리비에 크리스텡, 『종교개혁』, 시공사, 1998
이대희, 『유대인의 파르데스 공부법』, 빅북, 2019
이영희, 『공부 습관 3세부터 확실히 잡아라』, 몽당연필, 2005
이영희, 『침대머리 자녀교육』, 몽당연필, 2009
이유정, 『대화식 가정예배』, 좋은나라, 2023
이어령, 『젊음의 탄생』, 생각의나무, 2009
인발 아리엘리, 『후츠파』, 안드로메디안, 2020
전성수, 『부모라면 유대인처럼 하브루타로 교육하라』, 위즈덤하우스, 2012
전성수, 『자녀교육 혁명 하브루타』, 두란노서원, 2012
진보교육연구소, 『관계의 교육학, 비고츠키』, 살림터, 2015
존 H. 월튼, 『토라의 잃어버린 세계』, 새물결플러스, 2020
존 폴 민다, 『인지심리학』, 웅진지식하우스, 2023
진보교육연구소, 『관계의 교육학, 비고츠키』, 살림터, 2015
폴 존슨, 『기독교의 역사』, 포이에마, 2013
폴 존슨, 『유대인의 역사』, 포이에마, 2014
파커 팔머, 『가르침과 배움의 영성』, IVP, 2014
하워드 가드너, 『다중지능』, 웅진지식하우스, 2007
하워드 헨드릭스, 『삶을 변화시키는 성경연구』, 디모데, 2012
허두영, 『세대 공존의 기술』, 넥서스BIZ, 2019
허정문, 『꿈이 열리는 리쉬마 교육』, KIM, 2015
현용수, 『문화와 종교 교육』, 쉐마, 2011
현용수, 『잃어버린 구약의 지상명령 쉐마』, 쉐마, 2009
현용수, 『하브루타 유대인 아버지의 IQ교육』, 쉐마, 2022
홍익희, 『13세에 완성되는 유대인 자녀교육』, 한스미디어, 2016
홍익희, 『유대인 이야기』, 행성B잎새, 2013
Ron Hunter Jr, 『D6 DNA』, D6 KOREA HOUSE, 2017
SBS스페셜 제작팀, 『밥상머리의 작은 기적』, 리디스북, 2020

교육을 넘어
윤리로
방법을 넘어
철학으로